AF429508

Handboek

HERSTELLEN VAN ROUW

Handboek

HERSTELLEN VAN ROUW

Uitgebreide 20-jarige jubileum editie

Het actieprogramma voor een betere verhouding tot verlies. Helpt om na sterfgevallen, scheidingen en andere significante veranderingen het leven weer volop en vrijuit op te pakken

Inclusief gezondheid, carrière en vertrouwen.

John W. James en Russel Friedman

Oorspronkelijke titel *(Original title)*:

The Grief Recovery Handbook

Oorspronkelijke uitgever: William Morrow,

een imprint van Harper-Collins Publishers

Nederlandse vertaling: Marjan van der Harst

Omslagontwerp: Elina D. Nudelman

Voor de zoon die ik nooit gekend heb – J.W.J.

Voor mijn moeder – je blijft mijn topper! – R.F.

En voor iedereen die volop en vrijuit verder wil leven na een verlieservaring.

Inhoudsopgave

Introducties

Introductie vertaalster

In april 2017 volgde Marjan van der Harst in Engeland het programma voor certificering als specialist in The Grief Recovery Method. Ze hoopte hier een puzzelstukje te vinden om haar eigen verlieservaringen beter in het leven te verweven.

Haar eigen drijfveer is geworteld in rouw. Haar ouders verloren hun oudste zoon op 17-jarige leeftijd bij een vreselijk verkeersongeval. Ze wisten niet hoe te rouwen en hun strategie was "vervang het verlies". Zo maakte ze van dichtbij mee hoe dit vreet aan mensen die in een permanente staat van verdoving leven. Haar ouders gaven haar zo onbedoeld ook rouw om te dragen. Ze waren overmatig beschermend, waardoor ze besloot om hun maar niet tot last te zijn.

Ze realiseerde zich in Engeland dat ze het gemis van een normale jeugd te verwerken had. In Nederland is deze waardevolle werkwijze nog niet bekend, terwijl dit met alle veranderingen in de (werk)wereld een gemiste kans is. Daarom besloot ze dit handboek te vertalen, dat als een gebruiksaanwijzing en gereedschapskist werkt. Het handboek verdient het om voor iedereen toegankelijk te zijn, zodat mensen het leven weer vrijuit en volop aankunnen na een verlieservaring. Nu kan iedereen die dat wil er in de eigen moedertaal mee aan de slag. Zelf heeft ze ervaren hoe essentieel het is om emoties vrij te laten stromen. Ze is buitengewoon blij dat Yithza Davelaar het tegenlezen op zich nam, zodat13 ook het Nederlandse taalgebied voorzien wordt van dit handboek.

Introductie

Het is hoogst onwaarschijnlijk dat iemand op een ochtend opstaat en denkt: "Verliesverwerking, wat een concept, daar ga ik mijn leven aan wijden." Zo ging het dus ook niet bij ons. Wij zijn John W. James en Russell Friedman en samen vertegenwoordigen wij The Grief Recovery Institute.

Hierna volgt een inkijkje in onze levens, de geschiedenis van het instituut en de ontwikkeling van *het handboek*.

John werd pijnlijk geconfronteerd met verlies toen zijn kind in 1977 overleed. Na een rouwproces te hebben doorgemaakt, merkte hij enkele sleutelfactoren op die hem daarbij in het bijzonder hadden geholpen. Dit was echter niet het moment dat hij alles omgooide. Het normale leven ging verder en hij hervatte zijn werk in de duurzame energiebranche. Maar steeds weer opnieuw brachten kennissen, die hadden gehoord of gezien hoe hij na een intensief rouwproces de draad weer had opgepakt, hem in contact met mensen die na een verlies niet verder kwamen. Op een zeker moment besteedde John hier evenveel tijd aan als aan zijn betaalde baan. Hij ontdekte dat het begeleiden van mensen met verlieservaringen hem veel voldoening gaf, en realiseerde zich uiteindelijk dat rouwbegeleiding zijn roeping was. Vanuit dit besef richtte hij The Grief Recovery Institute op (hierna The GRI genoemd).

Russell kwam echter niet door een sterfgeval hiermee in aanraking. Hij had daar na zijn tweede scheiding en een daarop volgend financieel faillissement weliswaar alle reden toe. Hij had zijn reactie op de ontstane situatie niet als rouw ingeschat, tot iemand hem meenam naar een lezing van John en de schellen van zijn ogen vielen. Het was hier dat Russell tot het besef kwam dat er misschien een oplossing bestond voor de overweldigende emoties en pijnlijke gevoelens die hij had. De dag daarop meldde hij zich aan als vrijwilliger bij The GRI. Nu, inmiddels ruim dertig jaar later, is hij hier nog steeds aan verbonden.

The GRI heeft als belangrijk basisprincipe *zoveel mogelijk mensen in een zo kort mogelijke tijd bij hun verliesverwerking te begeleiden*. Hiervoor biedt het instituut in Amerika en Canada een aantal hulpprogramma's aan. In de opstartfase van deze supportgroepen bleek dat er behoefte was aan aanvullende ondersteuning. Zo kwam het *eerste handboek* tot stand, dat destijds in eigen beheer werd uitgegeven. Met het grote succes van het handboek ontstond het idee een reguliere uitgever in te schakelen om een nog breder publiek te bereiken.

In 1988 stemde HarperCollins (toen nog Harper & Row) in met een uitgebreide publicatie van het handboek, zodat aanzienlijk meer mensen in rouw de mogelijkheid kregen hun verliezen effectief te gaan verwerken. Dit bleek een hele goede beslissing. De nationale reikwijdte van HarperCollins heeft geholpen het gedachtegoed te verspreiden. Zo kwam The GRI op diverse plekken en bij verschillende doelgroepen onder de aandacht. En met de bredere beschikbaarheid van het handboek kwam ook het belangrijkste basisprincipe binnen bereik.

Er is geen exact inzicht in hoeveel mensen baat hebben gehad bij de verschillende edities van het handboek. Voorzichtige inschattingen doen echter vermoeden dat het inmiddels meer dan een miljoen mensen heeft bereikt. Daar zijn John en Russell enorm blij mee en het vervult ze met grote dankbaarheid. Door de jaren heen kregen ze diverse reacties op het proces van verliesverwerking, die het mogelijk maakten het handboek steeds verder te verbeteren.

Ze vinden het dan ook enorm belangrijk erkenning te geven aan de mensen die, telefonisch of schriftelijk, hun ervaringen en suggesties met hen hebben gedeeld. Uiteindelijk gaat het er om de effectiviteit van verliesverwerking te verhogen, zodat mensen volwaardig verder kunnen met hun leven. Het is juist deze feedback die hun motiveert het handboek te blijven bijschaven. In de hoop dat het anderen zal helpen hun pijnlijke verlieservaringen hanteerbaar te maken.
Ook spreken ze hun hartelijke dank uit aan professionals die hun inzichten en werk hebben omarmd. De suggesties uit deze professionele praktijkhoek geven de moed en het vertrouwen dat het proces van verliesverwerking betekenisvol en van toegevoegde waarde is.

In 1998 publiceerde HarperCollins een *herziene editie van het handboek*. In de tien jaar volgend op de editie uit 1988 waren diverse verbeterslagen gemaakt in het begeleiden van mensen bij hun verliesverwerking. De herziene editie maakte het mogelijk deze ervaringen op te nemen en zo de verbeterde inzichten ook door te geven aan de lezers. Met nog steeds als doelstelling zoveel mogelijk mensen te bereiken die behoefte hebben aan begeleiding om een verlieservaring te voltooien. De nieuw toegevoegde inzichten in deze editie ondersteunden John's oorspronkelijke idee dat *"iemand met de juiste informatie en de daarop gebaseerde juiste keuzes zichzelf kan hervinden, ongeacht welk verlies hij of zij geleden heeft"*.

Bij het verschijnen van de Engelse versie van deze editie in 2008 zijn we opnieuw tien jaar verder. Tijdens het begeleiden van nog eens duizenden rouwenden hebben John en Russel steeds verfijnder geleerd wat mensen helpt bij het omgaan met verliezen en de bijbehorende rouw. Met groot genoegen geven ze ook deze kennis en inzichten door, zodat zoveel mogelijk mensen hiervan kunnen profiteren. Het nieuwe materiaal is opgenomen in het vierde deel, dat begint op pagina 263.

John en Russel hebben in de afgelopen jaren over de hele wereld lezingen gegeven voor en zijn geconsulteerd door een verscheidenheid aan organisaties, variërend van universiteiten, medische opleidingen, ziekenhuizen, afkickcentra voor alcohol- en drugsverslaving, begrafenisondernemingen, zorginstellingen, publieke en private scholen, en sociale, religieuze en filosofische groeperingen. Deze lijst lijkt academisch interessant, maar ze willen zich daar geenszins op voorstaan. *Weliswaar is deze intellectuele interactie interessant, in emotioneel opzicht is ze volkomen irrelevant.*

De persoonlijke verhalen van John en Russell illustreren dat ze niet vanuit een intellectuele insteek in het werk van The GRI terecht zijn gekomen. Ze zijn er als het ware ingetrokken toen ze in het diepste van hun hart voelden dat iets niet meer klopte. En dat is waarschijnlijk ook precies de reden dat jij dit boek nu in handen hebt. Je weet dat er iets niet meer klopt, en vraagt je misschien af wat je eraan kunt doen. Dit boek geeft daarop antwoord. Het concept van The GRI betekent een doorbraak in het begeleiden van mensen die een verlieservaring voor de kiezen kregen. Het geeft richting aan mensen in rouw hoe hiermee om te gaan.

De meeste professionals benaderen rouw vanuit conceptueel en intellectueel oogpunt. *Dit biedt mensen in rouw vaak wel inzicht, maar inzicht is heel wat anders dan ervaring.* En juist dat is nodig om je beter te verhouden tot verlies. Dit boek is helemaal gericht op het voltooien van de emotionele pijn veroorzaakt door een variëteit aan verliezen, zoals sterfgevallen, scheidingen, etc.

Iedereen die worstelt met onverwerkte verlieservaringen en nog steeds rauwe rouw, raden wij aan de actiestappen te doorlopen. Dit boek loodst je er als het ware dwars doorheen. De stappen zullen resulteren in het voltooien van de

pijnlijke aspecten die onlosmakelijk verbonden zijn
met verlies. We weten dat dit geen gemakkelijke
reis is. We weten dat je je door je verlieservaringen
mogelijk afstandelijk opstelt of zelfs afgesloten hebt
om dat vreselijke voelen buiten te sluiten. Als we
konden, hadden we je graag in persoon bijgestaan
en even met je meegelopen. Doorloop de stappen in
de wetenschap dat je, ook al heb je het alleen te
doen, niet alleen bent. Ze zullen je helpen je hart
weer open te stellen. Misschien ben je bang om
eraan te beginnen, of mogelijk raak je onderweg in
paniek. Onthoud dan goed dat inmiddels duizenden
mensen je voorgingen op dit pad. En weet dat zij je,
net als wij, aanmoedigen de stappen naar
verliesverwerking te zetten. Dit is het begin van de
terugkeer om vrijuit en volop verder te kunnen met
je leven.

Wij wensen je veel geluk en zijn in
gedachten bij je. En weet ons te vinden
wanneer je dat nodig hebt.

John & Russel

Deel EEN

Het probleem (h)erkennen

Als je dit boek leest heb je hoogstwaarschijnlijk een verlies geleden. Dit kan misschien veroorzaakt zijn door een sterfgeval, recentelijk of al langer geleden. Het kan echter ook te maken hebben met één van de veertig andere verliesvormen, die iemand in het leven kan meemaken.

Ook kan het zijn dat je je realiseert dat je leven niet zo gelukkig is en dat je het lastig vindt om vervulling te vinden. Ongeacht wat de oorzaak is van je gebroken hart, jij weet hoe je je voelt en kennelijk is dat niet goed.

Wij gaan je niet vertellen hoe je je voelt. Dat weet je namelijk al. En we zullen zeker niet zeggen: "We weten hoe je je voelt", want dat weten we namelijk niet. Niemand kan precies voelen wat jij voelt. We kunnen ons hoogstens herinneren hoe het voelde toen we zelf onze eigen verlieservaringen hadden.

Ook al heb je de pijnlijke veranderingen in je leven leren te verdragen, we gaan je vertellen welke acties nodig zijn om je gevoel van welzijn terug te krijgen.

HOE GEBRUIK JE DIT HANDBOEK?

Loop niet vooruit bij het lezen van dit boek. Er is een verschil tussen degenen die hun pijn oplossen en degenen waarbij dit niet lukt. We willen je graag met een goed en beproefd proces aan de slag laten gaan, zodat je de sleutel in handen krijgt om je weer goed te voelen.

Dit handboek is zodanig opgezet, dat je gedoseerd de informatie krijgt die nodig is om je verlieservaring te verwerken. Het is van grote betekenis gebleken, zeker voor degenen die bereid zijn om hier echt werk van te maken. Het biedt je de kans op *voltooiing* en *herstel,* dit in tegenstelling tot *isolatie* en *vermijding.* Als je het heel geleidelijk woord voor woord en pagina voor pagina op je in laat werken, zal dit je herstel paradoxaal genoeg tienvoudig versnellen.

In dit handboek tref je allerlei suggesties, opmerkingen en richtlijnen aan. Neem vooral de tijd en de ruimte om aantekeningen te maken. Sla alsjeblieft niets over. Doe je dit wel dan keer je onbedoeld weer terug naar je oude overtuigingen en ben je er niks mee opgeschoten. Dus blijf het programma in dit boek volgen, want dat vormt het pad naar je herstel.

WAARSCHUWING

Dit boek is niet bedoeld als lesmateriaal. Wees je ervan bewust dat uitsluitend het lezen ervan, en het zelf doorlopen van de actiestappen, je er niet op voorbereid om anderen te kunnen begeleiden. We bieden daartoe specifieke en speciaal ontwikkelde Grief Recovery Certificatie programma's aan, die hierin voorzien. Achterin dit boek vind je adressen en telefoonnummers, waarmee je in contact met ons kunt komen, mocht je meer over onze programma's willen weten.

1

Rouw: een verwaarloosd en verkeerd begrepen proces

Rouw is een normale en natuurlijke reactie op verlies in welke vorm dan ook. Daarom is wat je voelt dus ook volkomen natuurlijk en normaal. Het probleem is echter dat we allemaal zijn opgevoed en opgegroeid met de overtuiging dat deze gevoelens abnormaal en onnatuurlijk zijn.

Terwijl rouw feitelijk natuurlijk en normaal is, en overduidelijk de allersterkste emoties in ons oproept, is het tegelijkertijd *de meest ontkende en verkeerd begrepen ervaring, zowel bij de mensen in rouw als die in hun omgeving.*

Rouw gaat gepaard met de conflicterende gevoelens die veroorzaakt worden door het einde van of een verandering in vertrouwde gedragspatronen. Wat bedoelen we met conflicterende gevoelens? Laten we dat aan de hand van een voorbeeld verduidelijken. Als er een dierbare van je overlijdt na een lang ziekbed, dan kan het zijn dat je een gevoel van opluchting ervaart, omdat je dierbare een verdere lijdensweg bespaard blijft. Dat is een positief gevoel over de situatie, ook al gaat het gepaard met een sterfgeval. Tegelijkertijd kan het zijn dat je je realiseert dat je de persoon kwijt bent en niet meer kunt aanraken of ontmoeten. Dat is een heel pijnlijke ervaring voor je. Deze conflicterende gevoelens, opluchting en pijn, zijn volkomen normale reacties op een sterfgeval.

Hoe zit dat dan bij een scheiding? Is daarbij ook sprake van conflicterende gevoelens? Jazeker. Het kan zijn dat je een algeheel gevoel van vrijheid ervaart nu de strijd voorbij is. Dat is een positief gevoel. Tegelijkertijd kan het zijn dat je bang bent "dat je nooit meer iemand vindt die zo mooi kon voorzien in je dagelijkse broodvoorziening." Deze conflicterende gevoelens, vrijheid en angst, zijn eveneens volkomen natuurlijke reacties op verlies.

Allerlei vormen van relaties hebben kenmerken van vertrouwdheid, of ze nu romantisch, sociaal, familie gerelateerd of zakelijk zijn. Welke andere verliesvormen veroorzaken dan vergelijkbare conflicterende gevoelens? Aangezien sterfgevallen en scheidingen heel duidelijk verlieservaringen veroorzaken, zijn er ook nog vele andere verliezen, die tot rouw kunnen leiden. Hieronder volgen een aantal:

De dood van een huisdier

Verhuizing

Met school beginnen

De dood van een eerdere partner

Huwelijk

Afstuderen

Het einde van verslaving

Veranderingen in gezondheid

Pensioen

Financiële veranderingen, zowel
positieve als negatieve

Vakanties

Juridische problemen

Kinderen die uitvliegen

Veelal worden deze volkomen gewone levensgebeurtenissen niet gezien als verlieservaringen. Mensen rouwen echter over alle relaties die belangrijk en betekenisvol voor hen zijn. Want die zullen namelijk bij een verandering ook een emotionele component bevatten.

Als de belangrijkste verlieservaringen in je leven niet gerelateerd zijn aan de dood, leg dan toch dit boek niet naast je neer.

Na 30 jaar werken met mensen in rouw, hebben we diverse andere verlieservaringen geïdentificeerd. Denk daarbij aan verlies van vertrouwen, verlies van veiligheid en verlies van controle over je lichaam (bijvoorbeeld door geestelijk of seksueel misbruik).

In de samenleving worden dergelijke situaties niet herkend als verlieservaring. Situaties die gepaard gaan met verlies van vertrouwen, komen vrijwel in elk mensenleven voor. En die kunnen een enorme en levenslange invloed op iemand hebben. Je hebt wellicht ervaren dat je het vertrouwen in je ouders, in God of in welke andere relatie dan ook kunt verliezen. Heeft verlies van vertrouwen rouw tot gevolg? Het antwoord is *ja*. En je hebt je hoe dan ook te verhouden tot de problemen die dat veroorzaakt. Rouw is een normaal en natuurlijk verschijnsel, echter we zijn er verschrikkelijk slecht op voorbereid. *Rouw gaat over een gebroken hart en niet over gebroken hersenen.*

Alle pogingen om het hart te helen via het hoofd gaan helaas grandioos mis. Het hoofd is namelijk niet het juiste gereedschap voor dit werk. Het is alsof je probeert te schilderen met een hamer, het wordt een grote puinhoop. Vrijwel alle intellectuele opmerkingen komen op hetzelfde neer, "Voel je niet rot." In 1977 toen John's zoontje overleed, zei een goedbedoelende vriend het volgende tegen hem, "Voel je niet rot, gelukkig kun je nog meer kinderen krijgen." Deze intellectuele opmerking was weliswaar feitelijk juist, echter John's fysieke staat om nog kinderen te kunnen krijgen deed nu even niet ter zake. Het deed niets af aan het feit dat hij enorm emotioneel was, en daarmee was het irrelevant om juist dat te zeggen. Het was onbedoeld agressief, omdat zijn vriend daarmee een volkomen natuurlijke en normale reactie negeerde en zelfs bagatelliseerde. John voelde zich daardoor nog rotter, zijn hart was gebroken.

Toen Russell en zijn vrouw in een scheiding lagen, voelde hij zich verslagen en hij was volkomen de weg kwijt. Een vriend zei tegen hem: "Voel je niet rot, een volgende keer doe je het vast beter." De meeste opmerkingen die mensen in rouw te horen krijgen zijn weliswaar intellectueel gezien feitelijk juist, echter in emotioneel opzicht is het armoe troef. Een direct gevolg van deze conflicterende gevoelens, is dat mensen in rouw zich verward en gefrustreerd voelen en dit leidt vaak tot isolatie.

Aangezien de meesten van ons zijn grootgebracht met het gedachtengoed dat we dergelijke situaties intellectueel kunnen oplossen, blijkt rouwen om verlieservaringen een gigantisch groot probleem te zijn. Deze intellectuele focus op emotionele feiten heeft zelfs geleid tot academische artikelen, waarin de suggestie wordt gewekt dat er sekseverschillen zijn in verliesverwerking. We erkennen dat mannen en vrouwen in hun opvoeding andere accenten meekrijgen, maar onze ervaring leert ons ook dat zowel mannen als vrouwen op vergelijkbare universele wijze worstelen met verdrietige situaties, die pijnlijke en negatieve gevoelens opwekken. Wat mensen voelen is niet anders voor mannen als voor vrouwen. Er is niet zoiets als vrouwen verdriet en mannen verdriet of vrouwen vrolijkheid en mannen vrolijkheid.

We zeggen ook niet dat ons intellect volkomen zinloos is, in relatie tot het omgaan met rouw. In alle eerlijkheid moeten we bekennen dat voor het lezen van dit boek toch enige intellectuele activiteit vereist is. Het is belangrijk voor het begrijpen van de inhoud van het concept dat we presenteren, en om de actiestappen te plannen. Dus jazeker er is een zekere mate van intellect nodig voor het verwerken van verlieservaringen.

ROUW EN HERSTEL

Voor velen zal het voor het eerst zijn dat ze de woorden "rouw" en "herstel" aan elkaar koppelen, zoals gebeurt in de titel van dit handboek. Religieuze en spirituele leiders geven al eeuwenlang aan dat we levenscrisis moeten beschouwen als een kans om tot loutering en persoonlijke groei te komen. Echter in de tegenwoordige tijd in onze moderne maatschappij wordt het verwerken van intense en emotionele pijnlijke processen ontzettend verkeerd begrepen. We hebben gewoonweg geen idee hoe we ons kunnen verhouden tot verlieservaringen.

Wat bedoelen we met herstel? Herstel is bedoeld om je weer beter te voelen. Herstel betekent je situatie aanvaarden en erkennen, zoals die is, in plaats van vechten of vluchten, zodat de situatie met je aan de haal gaat. Herstel houdt in dat je nieuwe wegen vindt in je leven, zonder de angst om pijnlijk geraakt te zullen worden. Herstellen brengt met zich mee dat je weer kunt genieten van fijne herinneringen, zonder dat ze overschaduwd worden door pijnlijke gevoelens van spijt of schuld. Herstellen is ook erkennen dat het helemaal prima is als je verdriet voelt en dat verwoordt, ongeacht hoe anderen hierop reageren. Herstel zorgt ervoor dat je in staat bent om anderen te vergeven, die uit onwetendheid of ongemak onbedoeld onhandig op je reageren als je uiting aan je rouw geeft. Herstel doet je realiseren dat het volkomen natuurlijk en normaal is als je zegt hoe je je voelt op dit moment.

En het allerbelangrijkste van herstellen betekent dat je de vaardigheden verwerft, die je in je jeugdjaren niet hebt meegekregen. We leren lopen en lezen en vooral om het leuke in het leven te waarderen. Echter dat laat onverlet dat ook lijden op je pad kan komen. In onze opvoeding, ontwikkeling en opleiding bleef dat leren vrijwel altijd achterwege. Juist deze vaardigheden helpen ons om direct met dergelijke onontkoombare gebeurtenissen om te gaan en ons er beter toe te verhouden. Dat

wordt in de volksmond vaak betiteld als verwerken.
De meesten van ons zijn zich er best van bewust dat
er geen garantie is dat onze dierbaren er nog zijn,
als we thuiskomen aan het eind van de dag.
Degenen die een scheiding hebben meegemaakt
weten dat dit helemaal geen vanzelfsprekendheid is.
De vaardigheden om te herstellen van
verlieservaringen helpen je om je hart te helen,
zodat je je weer voor de volle 100 % in relaties kunt
geven. Naast de kennis en verworven vrijheid die
het verwerken van verlieservaringen je oplevert, is
het geweldig dat er ook nog een bijeffect is,
namelijk dat we weer liefde kunnen geven en
ontvangen.

Vanzelfsprekend is het herstellen van een
verlieservaring geen eenvoudige opgave. Voor het
doorlopen van de actiestappen, die resulteren in je
herstel, is het vereist dat je dit met alle aandacht,
oprechte openheid, en vooral met bereidheid en
moed aangaat.

STEL JE OPEN VOOR ROUW

Wellicht zijn jullie bekend met de volgende
uitspraak van Albert Einstein: "het leven kent drie
zekerheden, twee tegenpolen en één constante":

- De drie zekerheden zijn dood, belastingen
  en problemen
- De twee tegenpolen zijn goed en kwaad
- De enige constante is verandering"

Lezers van dit boek weten dat hier één aspect aan toegevoegd hoort te worden, namelijk verlies. We ervaren allen op onze eigen manier verliezen in het leven. Ondanks de universele ervaring van verlies, weten mensen erg weinig van het proces om hiervan te herstellen.

Wat we wel weten van mensen die een verlieservaring hebben meegemaakt is dat ze willen herstellen. Ze zoeken hulp bij allerlei aanwezige bronnen. Dat kan variëren van het bezoeken van lotgenoten groepen tot het lezen van alles wat los en vast zit over het onderwerp. En nadat ze dit allemaal hebben uitgeprobeerd, merken ze dat er feitelijk in de gehele samenleving gebrek is aan hulp om hun verlieservaring succesvol te verwerken. Zo stapelt de pijn van onverwerkte rouw zich door de tijd heen steeds verder op en blijft het doorwerken in hun leven. Het maakt niet uit wat de veroorzaker van rouw is, of dit nu een sterfgeval, een scheiding of welk andersoortig verlies dan ook betreft, onvoltooide rouwprocessen kunnen een levenslange impact hebben op het persoonlijk welbevinden.

HERSTELLEN VAN VERDRIET, HOE WERKT DAT?

Herstel van verlieservaringen wordt slechts bereikt via een serie van kleine en correcte keuzes gemaakt door degene die rouwt.

Helaas beschikken de meeste mensen niet over de benodigde informatie om passende keuzes te maken. Dit boek heeft als ultiem streven om iedereen die daar behoefte aan heeft de basisbeginselen bij te brengen. Dit helpt om te ontdekken hoe je kunt herstellen van emotionele en pijnlijke verlieservaringen.

De dood van een geliefde veroorzaakt emoties die omschreven kunnen worden als *het gevoel dat je uitreikt naar iemand die er altijd was om dan ineens te ontdekken dat als je hem/haar nog een keer nodig hebt die persoon er niet meer is.*

Sommige mensen zullen dit boek lezen om hulp te vinden bij het omgaan met problematische relaties en/of verhoudingen met reeds overleden personen. We zouden dit kunnen omschrijven als een verhouding met een "minder liefdevolle persoon". Daarbij voelt het *alsof je uitreikt naar iemand die er niet voor je was toen je dat nodig had en dat nu nog steeds niet is.* Dit is vergelijkbaar voor mensen die ontdekken dat er nog onafgemaakte emotionele verbindingen bestaan, met nog aanwezige mensen waarmee de relatie verstoord is, en die daarvan willen herstellen.

Het is meestal zo dat verlieservaringen als gevolg van een scheiding in de categorie van "minder geliefden" valt. Ondanks dat een scheiding de huwelijkse staat ernstig ontregelt, evenals bijbehorende seksuele en sociale verbanden, zijn daarmee de emotionele bindingen niet opgelost. Zonder succesvolle verliesverwerking zie je met regelmaat dat zowel mannen als vrouwen na een scheiding in een nieuwe relatie in herhaling vervallen.

EEN ONVOLTOOID VERLEDEN IS
EEN VLOEK OP DE TOEKOMST

We hebben geen moreel, juridisch, religieus of sociaal probleem met scheiding. We geloven simpelweg dat iedereen die een scheiding heeft meegemaakt in rouw is, inclusief kinderen, ouders, broers en zussen en vrienden van het echtpaar. We weten altijd dat het belangrijkste probleem onverwerkte rouw is.

Scheiding (of een verbroken romantische relatie) veroorzaakt nu eenmaal verdriet. Dit kan een levenslange realiteit worden, die andere relaties negatief blijft beïnvloeden. Onverwerkte rouw over een voormalig partner heeft vrijwel altijd voorspelbare keuzes voortkomend uit angst tot gevolg. Het creëert waakzaamheid die voortkomt uit zelfbescherming, zodat verdere emotionele pijn voorkomen wordt.

Helaas beperkt deze extreme vermijdingsdrang onze mogelijkheid om open, vol vertrouwen en liefdevol te zijn. Daarmee rust er een vloek op toekomstige relaties, die daardoor veelal mislukken.

We hopen dat je herkent dat het belangrijk is om vorige relaties te verwerken, zodat je de gelegenheid krijgt om je huidige relatie een kans te geven. Voor degenen die zich nog steeds eenzaam en alleen voelen hopen we dat dit boek hen de moed geeft om vorige relaties te verwerken. Zodat je daarna de wereld weer in durft te gaan om een nieuwe, gezonde romantische relatie te zoeken en te vinden.

2

Uitdiepen van het probleem

Rouw is al moeilijk genoeg zonder aanvullende complicerende aspecten. Helaas zijn er vele factoren die onze reacties op verlies intensiveren en het herstel bemoeilijken. Dit hoofdstuk maakt je bewust van de valkuilen die als het ware kortsluiting in rouwverwerking veroorzaken of die het proces compleet stagneren.

VERWARRING OVER STADIA

Veel mensen zijn bekend met het pionierswerk van Dr. Elisabeth Kübler-Ross, die vijf emotionele stadia onderscheidde waar iemand doorheen gaat als die te horen heeft gekregen terminaal ziek te zijn. Zij identificeerde deze stadia als: ontkenning, woede, onderhandeling, depressie en acceptatie.

Eén effect van het werk van Dr. Kübler-Ross is dat velen deze vijf stadia nu hanteren bij andere emotionele gebeurtenissen. Het rouwproces, dat volgt op een sterfgeval, scheiding en andere significante verliezen, zou niet moeten worden beschouwd als een logischerwijs te doorlopen proces met opeenvolgende stadia. De stadia stroken helaas niet met de kenmerkende en intensieve

gevoelens die veroorzaakt worden door
verlieservaringen, die verband houden met het
verlies van een individuele en unieke relatie

Sinds de bijdrage aan het onderzoek door
Dr. Kübler-Ross is er wel een hoger bewustzijn van
wat een stervensproces betekent. Echter haar werk
ging ook gepaard met schadelijke bijeffecten. Veel
mensen inclusief professionals hebben haar stadia
getracht toe te passen om de diverse emoties die na
verlies ontstaan te kanaliseren. Zij zag ontkenning
als het eerste stadium dat volgt op het vreselijke
bericht dat er sprake is van terminaal ziek zijn.
Zonder deze specifieke betekenisvolle informatie is
haar werk vaak verkeerd begrepen. Zo werd dit
stadium ook geïnterpreteerd als een logisch
gevoelspatroon volgend op een sterfgeval of een
scheiding.

In alle jaren werk met mensen in rouw
moeten wij het nog meemaken iemand te ontmoeten
die in de ontkenningsfase zit. Zeker wanneer die
zo'n verlies heeft ervaren. Het eerste wat zo iemand
zegt als die bij ons komt is: "Mijn moeder is
overleden" of "Mijn hond is dood" of "Mijn vrouw
wil scheiden." Deze uitspraken kloppen niet met de
veronderstelling dat het verlies in eerste instantie
ontkend wordt. Als jij dit boek leest *weet je dat je
niet in de ontkenningsfase zit* maar dat je van doen
hebt met een verlieservaring.

OMTRENT BOOSHEID

In veel literatuur over rouw wordt ervan uitgegaan dat boosheid altijd een factor van betekenis is in verlies. Met respect zeggen wij het daarmee oneens te zijn, omdat wij dat echt anders zien. Het is vaak wel een factor die opspeelt, zeker in moeizaam verlopende relaties met anderen dan dierbaren. Echter het uitgangspunt dat boosheid vanzelfsprekend is, is zowel een foutieve veronderstelling als ook een gevaarlijke. Bij een sterfgeval speelt boosheid meestal geen rol. Een klein voorbeeld om dit te illustreren.

Mijn 92 jaar oude oma, met wie ik een geweldig goede relatie had, werd ziek en overleed. Gelukkig ging het snel en heeft ze nauwelijks geleden. Daar ben ik blij om. Ik had vlak daarvoor tijd met haar doorgebracht en haar verteld hoeveel ik om haar gaf. Daar ben ik blij om. Er was een begrafenisplechtigheid die haar recht deed en goed portretteerde. Veel mensen bezochten die en spraken daarna met elkaar over haar. Dat waardeerde ik bijzonder. Tijdens de begrafenis, was er een behulpzame vriend die me eraan herinnerde om afscheid te nemen. Dat deed ik bewust en daar ben ik blij om. Ik ben in het geheel niet boos.

Dit is een waargebeurde ervaring. Als het verhaal anders was verlopen, zou ik waarschijnlijk andere gevoelens hebben ervaren. Stel dat ik als kleinzoon niet meer bij mijn oma had kunnen zijn voor haar dood, dan was ik wellicht boos geworden op die omstandigheid die me weerhield nog met haar te spreken. Als ze een minder geliefd persoon was geweest, had ik wellicht boos kunnen zijn dat ik de kans niet had gekregen de relatie nog te herstellen voordat ze overleed.

Geloof alsjeblieft niet dat boosheid een automatisch aspect is van onverwerkte rouw. Sommige mensen in rouw zullen boos zijn, anderen niet. Zodra er sprake is van boosheid, zullen wij het onderkennen en verwerking van deze verlieservaring aanraden.

GEBRUIKELIJKE REACTIES

Omdat er geen standaard stadia zijn in rouwen om een verlies, hebben veel mensen die hiermee te maken hebben vergelijkbare en gebruikelijke reacties.

Verminderde concentratie. Iemand in rouw is in de slaapkamer. Hij bedenkt zich dat hij iets wil halen in de keuken. Zodra hij in de keuken is, heeft hij werkelijk geen idee waarom hij daar is en wat hij daar wilde halen. Obsessief emotioneel bezig zijn met verdriet en de onmogelijkheid zich te concentreren zijn universele reacties op rouw.

Een verdoofd gevoel. Rouwenden rapporteren als typische eerste reactie dat het verdriet en het besef van verlies als een soort verdoving voelt.

Deze verdoving kan zowel fysiek als ook emotioneel zijn. De verdoving duurt per persoon langer of korter. Niet zelden zagen we dat deze verdoving verscheidene uren tot dagen aanhield. Deze reactie wordt vaak verkeerd geïnterpreteerd en gezien als ontkenning.

Verstoorde slaappatronen. Mensen in rouw geven aan zowel verschijnselen te vertonen van niet in slaap kunnen vallen of juist heel lang slapen - of beiden afgewisseld.

Veranderde eetpatronen. Rouwenden vertelden ons dat ze totaal geen eetlust hadden of juist niet meer konden stoppen met eten - of beiden afgewisseld.

Een achtbaan van emotionele energie. Mensen in rouw melden dat ze op en neer en in en uit emoties schieten. Als direct effect van deze emotionele hoogte- en dieptepunten voelen ze zich vaak emotioneel en fysiek leeggezogen. Deze reactie zal later in dit boek diepgaander worden besproken.

Dit zijn allemaal normale en natuurlijke reacties op verlieservaringen. De duur ervan is per persoon verschillend. We kunnen niet voorspellen hoe lang ze zullen duren. Ze zullen ook niet altijd allemaal bij iedereen voorkomen. Het zijn geen logische stadia die iemand doormaakt.

Er zijn geen stadia bij rouw. Echter mensen zullen altijd geneigd zijn om zichzelf te plaatsen in een gedefinieerde categorie als zoiets wordt aangereikt. Helaas is het veelal slechts deels waar als het wordt aangereikt door een autoriteit op rouwgebied, zoals een therapeut, kerkelijk begeleider of arts. *Laat niemand anders aan jou een stadium of tijdsduur voorschrijven.*

Er zijn gewoonweg geen duidelijke stadia in rouwprocessen. Er bestaan geen universele standaard reacties die alle of de meeste mensen zullen ervaren. Er is slechts één steeds terugkerende waarheid: elke relatie staat op zichzelf en is uniek.

ER OVERHEEN GROEIEN OF HEEL WORDEN

Een van de meest schadelijke stukjes foutieve informatie is het idee dat je "nooit eroverheen komt" als je je kind verliest. Dit is een absoluut verkeerde veronderstelling, die aan ouders wiens kind is overleden wordt gegeven, en die ook verbonden wordt aan andere vormen van verlies. Ouders in rouw en anderen blijven dan zoeken naar informatie en emoties die passen bij deze onwaarheid. Want wat je aandacht geeft groeit.

Het is meer gepast om de vraag te stellen "Is het mogelijk je kind te vergeten" of in lijn daarmee je maatje of partner? Natuurlijk is het antwoord op die vraag volmondig nee! "Niet vergeten", wordt verkeerd verbonden met het idee "er nooit overheen kunnen komen." Dit verwrongen idee maakt slechts één betekenis mogelijk. Helaas stelt dit dat je hart voor eeuwig gebroken blijft, en er geen enkele kans op herstel is. En dat vormt vaker wel dan niet een enorme beperking op fijne herinneringen, die verbonden zijn aan de relatie. Gedachten worden namelijk dingen.

Afgelopen januari spraken we met een vrouw wiens dochter zelfmoord had gepleegd in februari, inmiddels al een paar jaar geleden. Toen we erover spraken vertelde ze dat februari weer naderde, ze dacht steeds meer aan haar dochter. Een groot deel van haar gedachten en gevoelens waren pijnlijk. We erkenden haar vreselijke gevoelens en dat het werkelijk logisch was, dat ze dit met hernieuwde intensiteit beleefde nu deze datum naderde. In haar ogen welden tranen op terwijl ze sprak over de relatie die ze met haar dochter had gehad. Ze zei: "Mijn hart is onherstelbaar gebroken."

De meeste mensen accepteren deze overtuiging en gaan verder met hun eigen leven. Maar wij doen dat niet. In plaats daarvan vroegen wij haar of ze vaak fijne herinneringen aan haar dochter ophaalde. Ze zei jazeker. We vroegen haar hoe ze zich voelt op het moment dat ze deze prettige herinneringen in haar naar boven laat komen. Ze zei dat dat goed voelt. Dus vroegen we: "Als je die fijne herinneringen hebt, voelt je hart dan nog steeds gebroken?" "Nee", zei ze, "dat doet het zeker niet."

We gaven haar toen de suggestie mee om de omschrijving "permanent gebroken hart" niet meer te gebruiken als ze zichzelf beschreef aan anderen.

We adviseerden haar om in plaats daarvan voortaan tegen anderen die haar vragen hoe het met haar gaat te zeggen: "Soms als ik herinnerd wordt aan haar worstelingen en zelfmoord, dan voelt het alsof mijn hart gebroken is. Op andere momenten, als ik aan haar mooie momenten en menszijn denk dan voel ik blijdschap en ben ik dankbaar dat ik ook die herinneringen over mijn dochter kan delen." Weet dus dat woorden je wereldbeeld kunnen gaan bepalen.

Het volgende is een gebruikelijk maar helaas verkeerd beeld dat over iemand in rouw gecreëerd is. En dit nog wel door professionals en in literatuur over rouwverwerking: "omdat ik haar niet vergeten ben en toch steeds al is het af en toe gevoelens heb over hoe het was met haar, ben ik niet over de pijn van het verdriet heen". Dit tragische denkpatroon is een garantie voor beperkingen en een soort beklag over het leven voor mensen in rouw.

WANNEER START DE TIJD VOOR HERSTEL?

Eerder vermelden we al de verdoving en gebrekkige concentratie als typische verschijnselen die rouwenden vertonen. Ondanks deze reacties zijn mensen in rouw graag *bereid om te praten over de omstandigheden waarin het verlies optrad en om terug te blikken en herinneringen op te halen aan de relatie die ze hadden* (dit terugblikken treedt op bij elk soort verlieservaring). Feitelijk kan effectieve rouwverwerking dus direct na een verlieservaring beginnen. Het is namelijk heel gemakkelijk om herinneringen op te laten komen en te ontdekken hoeveel emotionele lagen er zijn die belichaamd en/of geuit kunnen worden. Zelfs in de meest liefdevolle en doorleefde relaties zijn er onuitgesproken stukken.

De accuraatheid van onze emoties wordt verhoogd of geïntensiveerd door verlieservaringen. Dit vormt een ideale mogelijkheid om een veelheid aan herinneringen te oogsten uit wat we gemeenschappelijk ervaren en beleefd hebben. Mensen in rouw hebben er behoefte aan en belang bij om over hun verlies te praten. Het is typisch voor familieleden om direct na het overlijden van een familielid over hem of haar te praten. Het is net zo gebruikelijk om na een scheiding, pensionering, verlies van een huisdier, ontslag, psychische veranderingen te praten over goede en minder goede ervaringen en gebeurtenissen binnen die relatie.

Praten over verlies en welke betekenis de relatie had in ons leven is bijzonder en waardevol, maar het is veelal onvoldoende om ons weer heel en compleet te voelen. We hebben aanvullend daarop iets anders nodig om de pijn te verwerken, die we ervaren als we praten over de relatie.

Een van de verdrietigste ervaringen die wij meemaken, is als mensen die zich hebben opgegeven voor een Grief Recovery seminar of programma niet komen opdagen. Soms bellen ze ons met de mededeling "Mijn therapeut vond dat ik nog niet klaar was voor rouwverwerking".

Hier volgt een kleine quiz bestaande uit twee vragen, die beeldend het antwoord geeft op de vraag "Wanneer begint herstel na een verlieservaring?":

1. Als je neervalt en je been breekt en het bloed spuit eruit, zoek je dan meteen medische hulp? Het antwoord is logischerwijs volmondig ja.
2. Als omstandigheden en gebeurtenissen aanleiding geven voor een gebroken hart, geef je dit dan direct aandacht of laat je toe dat je emotioneel doodbloed? Kies maar!

Is het ooit te vroeg om met herstel te beginnen? NEE. De eerste 10 jaar in onze rouw carrière waren we toegewijde helpers van begrafenisondernemers en kerkelijke begeleiders. Dit deden we om hen beter te faciliteren om mensen in rouw te ondersteunen. Vanzelfsprekend, zijn deze professionals direct na het overlijden en de dagen erna in staat mensen in rouw te steunen. *Het is nooit te vroeg om rouw ter tafel te brengen.*

ZELFMOORD, MOORD, AIDS EN ANDERE TRAGISCHE OMSTANDIGHEDEN

Emotionele isolatie is een enorm probleem voor mensen in rouw. Focus op de oorzaak van het verlies, zoals bij (zelf)moord en ziekte of tragische omstandigheden, heeft als kenmerk dat het de isolatie versterkt.

Rouw is per definitie emotioneel. Dat betekent niet dat we zeggen dat de oorzaak van het overlijden geen emotie genereert. Natuurlijk zal, als iemand onder tragische omstandigheden overlijdt, de emotionele hoogspanning mede door de oneerlijkheid of onvoorspelbaarheid worden bepaald. Nadat we onderkend hebben dat we extra belast zijn met omstandigheden van het verlies, moeten we een tweetal belangrijke leugens in de ogen kijken.

De eerste pijnlijke vraag is: "Zou je deze geliefde persoon minder missen als het verlies onder andere omstandigheden was ontstaan?" Het antwoord is altijd nee.

En de tweede vraag: "Wat is er emotioneel onvoltooid voor jou als resultaat van dit overlijden?"

Eerder spraken we over *woede* en *ontkenning* als woorden die niet helpen bij mensen die in rouw zijn. *Afsluiten* is een andere niet helpende wijze om te verwoorden wat mensen in rouw te doen hebben. Nadat de jury uitspraak heeft gedaan, staat de pers klaar, die ze met camera's en microfoons confronteert. Ze vragen standaard of de uitspraak ze "afsluiting" heeft gebracht. Het antwoord is altijd *nee*.

Rechtszaken mogen dan juridisch gezien rechtspreken, als de zaak voorbij is zijn de betrokkenen nog steeds niet klaar met het onafgemaakte emotionele stuk. Dat leeft tussen hen en de overledene door. Op zijn best maakt de rechtszaak een eind aan de onberechte misdaad. Het helpt echter niet om *emotioneel in het reine* te komen.

We hebben mensen meegemaakt die een levenswerk hebben gemaakt van de omstandigheden, waardoor ze hun geliefde verloren hadden. Daar hebben we op zich niks op tegen. De gehele samenleving heeft dan baat bij hun verhoogde staat van bewustzijn. Het overzicht en inzicht dat hun persoonlijke prijskaartje werd, door allerlei overlevingsstrategieën toe te passen, bestaat vaak uit medicijngebruik of alternatieve behandelingen. Dus het is belangrijk dat ze hun zoektocht naar zichzelf en wat daarin wel en niet werkte met anderen delen. Onze levens zijn verrijkt door de moeite die deze mensen als "reformatoren" erin hebben gestoken. Helaas blijven echter de meesten van hen zich incompleet voelen zonder de geliefde die ze verloren hebben. Hun enorme buitensporige zoektocht en de investering van energie daarin, zorgt ervoor dat ze constant afgeleid blijven van de primaire bron, hun eigen onvoltooide rouwproces.

Sommigen van jullie zullen rechtszaken willen starten, gerelateerd aan de vermeende oneerlijke behandeling van je geliefde. We hopen je te kunnen aanmoedigen om eerst je eigen onvoltooide rouwproces aan te kijken en daar actie op te ondernemen. Heelheid zorgt dat je een beter oordeel kunt vellen over de situatie. En je zult meer energie overhouden voor de dingen die er echt toe doen. Maar het meest belangrijk is dat je niet in de illusie of vanuit valse hoop leeft dat een rechtszaak je gebroken hart zal helen.

HET "S" WOORD

Een vaak misbruikt woord in verband met rouw is *schuld*. Bij het Grief Recovery Institute (hierna GRI), noemen we dit het "S" woord. We hanteren dit woord vrijwel nooit bij mensen in rouw. Het is namelijk slechts heel zelden terecht of passend.

Een standaard pijnlijke interactie bij GRI, luidt als volgt:

> Degene in rouw (hierna R): Mijn zoon heeft zelfmoord gepleegd. Ik voel me zo schuldig.
> GRI: Heb je bewust iets gedaan om je zoon te beschadigen?
> R: Nee *(dit is vrijwel altijd de gebruikelijke respons)*.
> GRI: de verklaring volgens het woordenboek van schuld gaat uit van bewust beschadigen. Aangezien je die intenties niet had, kun je dan het "S" woord in het woordenboek laten? Je voelt je waarschijnlijk verslagen door de dood van je zoon.

Je hoeft het niet nog erger te maken door jezelf te pijnigen met een incorrecte weergave daarvan. Want dat veroorzaakt alleen nog maar meer verwarring.
R: Werkelijk? Zo heb ik het nog niet eerder bekeken.
GRI: Zijn er dingen die je graag *anders, beter of meer* had willen doen of laten?
R: O jazeker.

En dan komt er veelal een vloedgolf aan woorden vergezeld met tranen.

In zeer zeldzame gevallen, zijn er mensen die wel degelijk meer of minder bewust dingen hebben gedaan om de ander te schaden. Als dat inderdaad waar is, kan een verontschuldiging helpen om obstakels uit de weg te helpen en rouw de ruimte te geven.

OVERLEVER: EEN ANDER INCORRECT WOORD

Het zal je misschien opgevallen zijn dat in dit boek het woord *overlever* ontbreekt. Dat is bewust. *Overlever* is intellectueel gezien correct. Het suggereert dat iemand in rouw iets of iemand heeft overleefd. We hebben echter ontdekt dat het woord *overlever* zowel als definitie alsook diagnose werking heeft. Hierdoor zitten mensen klem in een gevaarlijke en pijnlijke val. Letterlijk voorbeeld: je overleeft toch niet andermans zelfmoord. Als iemand je probeert te vermoorden kun je spreken van overleven als dit mislukt is. Dit is echter niet passend voor iemand die een poging tot zelfmoord doet.

Heel belangrijk, het woord *overlever* definieert de persoon in rouw en veroorzaakt dat hij of zij constant herinnerd wordt aan de omstandigheden van het verlies. Een overlever zijn, wordt dan waarmee de rouwende zich identificeert. Deze sterke, gewoontevormende identificatie, gaat samen met pijnlijke gevoelens, en dat komt omdat de persoon in rouw ermee samenvalt. Het is niet ongebruikelijk dat rouwenden in deze definities gaan geloven en ernaar gaan leven, in plaats van te werken aan het helen van onvoltooide emotionele aspecten van de relatie. Dat betekent dat ze de hele tijd niet in het reine komen met de relatie tussen hen en de overledene.

We weten dat er lotgenotengroepen bestaan voor mensen die specifieke verliezen hebben geleden, door (zelf)moord of ziekten. Sinds we weten dat mensen in rouw steeds geïsoleerder raken in de samenleving, zijn we er geen voorstander van ook nog beperkingen via specifieke doelgroepen te maken. Het vergroot eerder de isolatie dan dat het die verkleint. Wel erkennen we dat ontmoeting met lotgenoten kan helpen de drempel te verlagen om ervaringen te delen.

Onze overtuigingen gebaseerd op ruim 20 jaar praktijkervaring met mensen in rouw zijn:

Alle relaties zijn uniek, en dus is rouwbeleving individueel.

Focussen op rationele aspecten en inzichten (naar type verlies) helpt niet in het herstelproces.

Isolatie naar type verlies door lotgenotencontact heeft misschien op korte termijn een drempelverlagend effect, dit is echter geen garantie dat iemand op lange termijn geheeld verder kan.

ER IS NIKS MIS MET JE

Grote verliezen veroorzaakt door sterfgevallen, scheiding, en een scala van andere significante verliesvormen, zijn niet bepaald gewone alledaagse gebeurtenissen. Dit maakt dat we gewoonweg ook niet gewend zijn aan de gedachten en gevoelens die ontstaan bij dergelijke grote verliezen. Het is onvermijdelijk dat we terugvallen op informatie die we in het verleden hebben opgedaan. Zeker als we reageren op de verwarrende gevoelens die we bij grote verliezen ervaren. In dit boek refereren we aan het feit dat velen, zelfs de meesten van ons, niet opgevoed en opgeleid zijn om met rouw om te gaan. En toch is alles wat we hier schrijven niet bedoeld om de samenleving de schuld te geven, of ouders en (opleiding)organisaties hiervan te betichten.

We geloven er oprecht niet in dat generaties lang doelbewust kennis is achtergehouden over hoe te rouwen en te herstellen. We vermoeden dat mensen elkaar doorgeven wat ze leren wat ze kunnen en kennen. En dat is meestal weer wat ze zelf hebben geleerd en wat ze beleefd hebben.

Als je gemerkt heb dat de beschikbare informatie en steun niet adequaat en toereikend is gebleken om te helen na verlies, dan ligt dat dus niet aan jou. Er is niks mis met je. Het heeft te maken met het ontbreken of met het gebrek aan correcte informatie. Als je dit boek leest, betekent het dat je open staat voor rouwen en herstellen. Het houdt in dat je open staat om te beginnen aan een proces van herstel dat je leven zal verrijken. Je leest naar alle waarschijnlijkheid dit boek, omdat je onbewust weet wat goed voor je is, en ook daar is niks mis mee.

3

Wij zijn allemaal slecht voorbereid op het omgaan met verliezen

Kort na het verlies dat je hebt geleden ben je waarschijnlijk acuut geconfronteerd met je onvermogen om om te gaan met de conflicterende en enorme hoeveelheid emoties, die wij rouw noemen. Dat geldt voor vrijwel iedereen in de totale samenleving. We zijn veel beter in staan met kleine incidenten in het dagelijkse leven om te gaan dan met de grote gevolgen van rouw. We krijgen veel meer informatie in onze opvoeding en opleiding mee over eenvoudige eerste-hulp, dan wat te doen bij sterfgevallen, scheiding en andere significante verliesvormen.

Sta eens even stil bij je eigen ervaringen. Op de middelbare school kreeg je les in eerste hulp; op je beroepsopleiding kreeg je les in gezondheid en veiligheid. Het lokale Rode Kruis biedt cursussen EHBO aan om in te zetten bij je vrijwilligerswerk. Nationaal gezien hebben we gemakshalve het alarmnummer 112, dat we kunnen bellen als er iets ernstigs aan de hand is, en het nummer 113 voor mensen in psychische nood. Tot op zeker niveau, zijn we allemaal in meerdere of mindere mate voorbereid om bij ongevallen gepaste actie te ondernemen. Hoeveel lessen krijgen we aangeboden om te leren omgaan met rouw die veroorzaakt wordt door de daarmee gepaard gaande (grote) verlieservaringen?

Wij vinden het vreemd dat we allemaal moeten weten wat te doen als we zien dat iemand zijn arm gebroken heeft, en dat slechts weinig mensen voorbereid zijn op het begeleiden van mensen in rouw. Ieder jaar worden opnieuw miljoenen mensen geconfronteerd met verlieservaringen die rouw veroorzaken. En dat zijn alleen nog maar de mensen die dat als gevolg van een sterfgeval van een naaste overkomt. Aanvullend daarop bedraagt het scheidingspercentage inmiddels 45 %. En dat zijn slechts de getallen die betrekking hebben op de formele status van gehuwden. Vele andere relaties eindigen om diverse redenen, met doorwerking op het betreffende stel, hun kinderen, ouders en vrienden. Er overlijden ook nog vele huisdieren, die deel uitmaakten van gezinnen. Als je daar de vele andere verlieservaringen van pensioen, ontslag, baanverandering, verhuizingen, medische problemen en financiële veranderingen bij optelt, zijn er ontelbaar veel mensen die met rouw te maken krijgen.

ONS WORDT GELEERD HOE WE DINGEN KUNNEN VERKRIJGEN, NIET WAT TE DOEN WANNEER WE IETS OF IEMAND VERLIEZEN

In onze jeugd wordt ons van alles aan basisbeginselen bijgebracht om een prettig en professioneel leven te leiden.

In de eerste kinderjaren proberen we de goedkeuring van onze ouders te bereiken. Later streven we ernaar zo goed mogelijk ons best te doen om met kerst en sinterklaas de mooiste cadeaus te krijgen. Op school presteren we zo mogelijk steeds beter om erkenning te krijgen. We doen ons uiterste best om aansluiting te vinden bij vrienden en om erbij te horen. Dit proces van leren hoe we aandacht en attributen kunnen krijgen, om zo aangenaam mogelijk te leven, gaat continu door. Natuurlijk helpt de reclame-industrie hier een handje in mee: marketing op maakbaarheid van vreugde en vervulling is zeer herkenbaar.

Doordat we vooral veel leren over het verkrijgen van die dingen, hebben we bijzonder weinig accurate informatie verkregen over wat te doen als de focus verschuift naar het verliezen daarvan.

Verlies is echter onvermijdelijk. Soms is verlies zelfs voorspelbaar. Echter in tegenstelling tot die waarheid als een koe, is ons niet goed geleerd hoe te handelen in dergelijke verliesgevende en pijnlijke omstandigheden. En dat die gegarandeerd zullen gebeuren, is alleen al af te leiden uit het feit dat we niet het eeuwige leven hebben. Er wordt ons zelfs geadviseerd er niet bij stil te staan dat we kunnen verliezen - en als dat wel gebeurt er vooral niet over te praten. Denk maar aan de volgende heel herkenbare uitspraken: "Wat gebeurd is, is gebeurd", "Je moet verder", "Val anderen niet lastig met wat je allemaal voelt". De variaties zijn eindeloos, de strekking blijft hetzelfde.

Wij allen zullen, waarschijnlijk in meerdere of mindere mate, geconfronteerd worden met (grote) verliezen in ons leven. We moeten onder ogen zien dat veel van wat we geleerd hebben ons niet helpt. En zeker niet bij de verwarrende en conflicterende emoties, waarmee we geconfronteerd worden bij verlies en rouw. Feitelijk hebben de meesten van ons helemaal geen weet van hoe te handelen als we verlies leiden en rouw te verwerken krijgen. We zouden zelfs beter af zijn als we blanco, dus zonder de foutieve basisinformatie, zouden zijn. Velen van ons vertrouwen op de oude ideeën of overgedragen en overgenomen inzichten, ongeacht met wat voor crisis we ook geconfronteerd worden. Zelfs als we zouden kunnen aantonen dat het meeste van wat je is bijgebracht niet behulpzaam is, zal je daar toch op terugvallen op momenten dat je met pijnlijke gevoelens en gedachten veroorzaakt door verlies wordt geconfronteerd. Het is een typisch fenomeen dat we geconditioneerd zijn om dezelfde acties telkens weer op dezelfde manier te herhalen. Al deze acties, zowel psychologisch als emotioneel zijn gewoonten geworden. Dat is eigenlijk ook wel weer goed nieuws, we zijn dus in staat om gewoontes te ontwikkelen en te cultiveren. Een cruciale stap is om behulpzame gewoontes te ontwikkelen in het omgaan met rouw en verlies.

Als eerste is het belangrijk bij het ontwikkelen van nieuwe gewoontes, dat je je bewust wordt van de noodzaak en het belang ervan. Als je dit boek leest ben je je waarschijnlijk al bewust dat je behoefte hebt aan meer effectieve informatie en effectievere gewoonten voor het omgaan met rouw. Ten tweede moet je leren welke aspecten en elementaire vaardigheden noodzakelijk zijn om een gewoonte te ontwikkelen. In het geval van rouw betekent dit dat je de ideeën kunt identificeren die niet werken en ze leert vervangen door ideeën die je helpen. Ten derde is het belangrijk dat je oefent met deze nieuwe ideeën, zodat je ze kunt omzetten in goede gewoonten.

Naarmate je in dit boek vordert, zal je steeds meer nieuwe ideeën aangereikt krijgen, waarmee je kunt oefenen om zo beter te leren omgaan met rouw. Dit is essentieel om het doel te bereiken, namelijk het helen en verwerken van de pijn die veroorzaakt is door verlies. Na het werken met de inzichten die je in dit boek aangereikt worden, zal je betere en effectievere gewoonten hebben verkregen voor het omgaan met welk verliesgevend of teleurstellend fenomeen dan ook dat kan plaatsvinden in je leven.

DE MYTHES DIE WE HEBBEN AANGELEERD ALS HET OM VERLIES GAAT

Voordat we kunnen beschrijven wat herstel is, is het belangrijk te bekijken wat het niet is. We moeten heel duidelijk zijn waarom wij vinden dat het belangrijk is om nieuwe wegen te bewandelen bij het omgaan met verlies. We zullen dit eerst verhelderen, zodat er een beter begrip ontstaat hoe we in het verleden zijn omgegaan met verlies. Ter illustratie gebruiken we de ervaringen met verlies van John en Russell.

John's eerste herinnering aan hoe hij leerde omgaan met verlies was een voorval van toen hij vijf jaar was:

> *"We hadden een hond in ons gezin. Deze hond adopteerde mij vanaf het moment dat ik als baby thuiskwam uit het ziekenhuis. Toen ik oud genoeg was om te knijpen, trok ik de hond aan zijn staart en ze liet dit allemaal toe. De hond ging overal waar ik ging. Toen ik ouder werd, probeerde ik de hond te laten apporteren (tot op de dag van vandaag weet ik eigenlijk niet wie nu wie leerde apporteren). De hond vond altijd een manier om 's nachts bij me te slapen. Dit tot grote ergernis van mijn moeder. Maar de hond en ik waren volhardend en uiteindelijk*

gaf mijn moeder de strijd op. Toen op een ochtend, riep ik de hond maar ze wilde niet wakker worden. Ik herinner me nog hoe koud ze voelde toen ik haar aanraakte. Ik weet nog als de dag van gisteren hoe bang ik was. Ik riep mijn moeder om te komen helpen. Zij vertelde me dat de hond dood was gegaan in haar slaap. Ik weet zeker dat ze me heeft geprobeerd uit te leggen wat dood betekende. Ik weet ook vrijwel zeker dat ze niet wist hoe ze dat moest doen."

De dagen na de dood van de hond huilde John veel en hij bleef op zijn kamer. "Mijn ouders voelden zich onmachtig, omdat ze niet wisten hoe ze mij konden helpen", herinnert John zich. Uiteindelijk, zei John's vader, in totale frustratie:

"Stop met huilen - zaterdag halen we een nieuwe hond voor je."

Nu klinkt dat niet als een hele inadequate reactie. Maar laten we er eens wat beter naar kijken. We leren op heel verschillende manieren. Eén ervan is *beïnvloed worden*. Een kind wordt geboren in een bepaalde familie. Gedurende de eerste levensjaren is er het primaire contact met de ouders. Het kind leert door te kijken en te kopiëren wat de ouders doen. Normaalgesproken, zo rond de 18 tot 24 maanden, heeft het kind leren praten. Vanaf dat moment, is het kind niet meer puur en alleen gericht op kijken en kopiëren wat de ouders doen, maar kan het ook horen en verstaan wat ze zeggen. De boodschap die John's vader gaf was de volgende:

…huil niet meer…. **Betekenis: voel je niet rot.**

…….op zaterdag halen we een nieuwe hond. **Betekenis: vervang het verlies.**

John geloofde zijn vader. Hij begon zich een overtuiging te vormen over hoe om te gaan met verlies. Hij probeerde de raad van zijn ouders op te volgen om zich niet slecht en rot te voelen. Voor een jong kind dat graag goedkeuring wil van zijn vader en voorbeeldfiguur, had deze boodschap een enorme impact. John legt uit: "Ik dacht dat als dit de manier was waarop mijn vader met de dood omging, dat de manier was waarop ik dat ook moest doen."

En vanzelfsprekend zoals toegezegd, werd John op zaterdag meegenomen naar een kennel om een nieuwe hond uit te zoeken:

> *"Ik miste nog steeds mijn oude hond, maar ik vertelde dat aan niemand. Ik dacht dat ze daar geen goedkeuring aan zouden geven. Na een lange tijd, vergat ik uiteindelijk mijn oude hond. Tegelijkertijd vond ik het lastig om van de nieuwe hond te houden, zoals ik van mijn oude had gedaan. Ik begreep niet waarom dat was."*

Het is goed mogelijk, en in feite ook logisch, dat John niet kon houden van de nieuwe hond, omdat hij emotioneel nog loyaal verbonden was met de oude hond.

Toen John 14 jaar was werd hij voor het eerst verliefd. Het mag dan kalverliefde geweest zijn, voor hem voelde ze als de ware.

"Het was fantastisch. Ik was de hele tijd obsessief aan haar aan het denken. Ik kon er bijna niet van eten en niet van slapen. De vogels zongen prachtiger dan ooit en ik had vlinders die dansten in mijn buik. Ik luisterde naar liefdesliedjes op de radio. Ik liet mijn vrienden links liggen. Toen de verkering uitging, was ik compleet uit het veld geslagen. Dit was een enorm verlies voor mij. Vier dagen lang liep ik rond als aangeschoten wild. Uiteindelijk kon mijn moeder het niet langer aanzien."

Wat mijn moeder zei was het volgende:

"Voel je niet verdrietig - er zwemmen nog veel meer vissen in de vijver."

Vanaf dat moment had John een redelijk scherp omlijnd beeld van wat hij te doen had bij het verliezen van iets dierbaars. Hij ging door met zijn leven uitgerust met twee basisprincipes voor het omgaan met verlies:

1) Voel je niet rot
2) Vervang het verlies

De jeugdervaringen van Russell verliepen niet veel anders dan die van John. "Voel je niet rot" en

"Vervang het verlies" waren ook gebruikelijke reacties die hij kreeg in dergelijke omstandigheden. Voor Russell was het onmogelijk om "zich niet rot te voelen" als hij zich rot voelde. Verlieservaringen van allerlei soort maakten dat hij zich somber en steeds rotter ging voelen. Zijn somberheid ging gepaard met tranen en werd regelmatig becommentarieerd met "Als je weer moet janken doe dat dan op je kamer."

Russell worstelde met het verstoppen van zijn gevoelens. Hij probeerde daar met zijn moeder over te praten, vooral over zijn sombere stemmingen. Ze zei tegen hem: "lach en de hele wereld lacht met je mee, huil en je huilt alleen." Het is hartverscheurend om je te realiseren dat wanneer je verdriet hebt en werkelijk profijt zou hebben van iemand die je emotionele erkenning geeft, je geleerd wordt "houd het voor jezelf"."

Betekenis: Rouwen doe je alleen

Het is al triest genoeg dat het eindigt met je afgewezen en onbegrepen te voelen in je jeugd. Helaas blijft het daar niet bij, want dit soort misinformatie wordt wel het fundament voor levenslange gewoonten. En vele daarvan interfereren met de mogelijkheden om simpelweg gelukkig te zijn en te genieten van het leven. Russell herinnert zich dat hij in zijn huwelijken diverse malen naar buiten is gestormd na ruzies met zijn vrouw. Daarna reed hij doelloos rond in de buurt. Zijn auto werd een metafoor voor zijn kamer in zijn kindertijd. De ongewijzigde gewoonte bleef "Rouwen doe je alleen".

Omdat wij allen net als John en Russell vergelijkbare boodschappen hebben meegekregen in onze opvoeding, denken we meestal dat het normaal is als we ons "isoleren" en "alleen zijn met ons verdriet". En net zo tragisch is de conclusie dat dit zo is omdat het ons met de paplepel is ingegoten. Want als ik "alleen moet rouwen" dan moet jij dat ook. Dus als een vriend een verlies heeft geleden zeggen we vaak "laat hem maar even met rust" of "geef hem maar even de ruimte voor zichzelf" of "hij kan beter even alleen zijn".

John zijn ervaring na het overlijden van zijn grootvader, is kenmerkend voor de diepgewortelde overtuiging die de samenleving hanteert ten aanzien van rouwen doe je alleen:

"In 1958 overleed mijn grootvader. Hij was een uitermate belangrijke persoon in mijn leven. Hij stond waarschijnlijk dichter bij mij dan mijn vader op dat moment in mijn leven. Elke zomer bracht ik door op zijn boerderij. Hij leerde me vissen, en hij was de eerste die me leerde hoe ik moest basketballen.

Toen mij de boodschap bereikte van zijn overlijden, zat ik in de klas op de middelbare school. Ik herinner me dat ik als verdoofd reageerde. Het leek wel of ik in een soort trance raakte. Na een aantal minuten, begon ik te huilen, en ik vermoed dat iedereen zich daar ongemakkelijk door voelde. Dus stuurden ze me naar de directeur zijn kamer, zodat ik even alleen kon zijn."

Omdat ze niet wisten wat ze met John aan moesten, stuurden ze hem alleen naar de directeurskamer.

"Wederom, veronderstelde ik dat de volwassenen wel wisten wat ze deden. Deze manier van alleen omgaan met pijn werd verder doorgevoerd toen ik 's avonds thuis kwam. Mijn moeder zat toen ik thuiskwam in de huiskamer met haar hoofd gebogen. Het was overduidelijk dat ze huilde. Zodra ik haar zo zag, wilde ik bij haar gaan zitten om samen te huilen. Mijn vader en oom kwamen echter binnen en zeiden: "Laat je moeder met rust en staar haar niet zo aan. Het zal zo wel weer overgaan."

John en Russel hadden nu drie voorbeelden van informatie meegekregen hoe ze konden omgaan met verlies:

1) Voel je niet rot
2) Vervang het verlies
3) Rouwen doe je alleen

Niet één van deze manieren ging hun hierbij helpen. Terwijl John worstelde met het overlijden van zijn opa, had Russell het zwaar als puber. Met elke afzonderlijke verlieservaring kreeg Russell steeds de verkeerde boodschappen mee over omgaan met verlies.

Omdat hij zich er geen raad mee wist voelde hij zich verdrietig en verkrampt in de wereld staan. Telkens als er iets vervelends gebeurde probeerde hij "niet te voelen" en "alleen verdriet te hebben." Het voelde voor hem alsof hij nooit meer gelukkig kon zijn.

Uiteindelijk, in een uiterste wanhoopspoging, ging hij hiermee naar zijn moeder. Hij vertelde haar dat het hem niet lukte om zijn gedachten te ordenen. En dat hij moeite had om zijn gevoelens te duiden. Ze keek hem liefdevol aan en zei "Tijd heelt alle wonden".

Betekenis: Geef het gewoon de tijd

Russell twijfelde er geen seconde aan dat zijn moeder van hem hield. Ze wilde hem geen schade berokkenen of pijn doen. Ze gaf simpelweg door wat ze zelf geleerd had.

In 1972 gingen Russell en zijn eerste vrouw Vivianne uit elkaar. Russell was compleet uit het veld geslagen. Hij liep rond als een zombie. Normaalgesproken maakte hij graag een praatje en legde hij makkelijk contact met anderen. Nu sloot hij zich compleet af. Alhoewel hij veronderstelde dat hij "niets moest voelen", was hij compleet in verwarrende gevoelens verstrikt geraakt. Hij voelde zich afschuwelijk. Omdat hij "rouw alleen" geleerd had, isoleerde hij zich steeds meer.

Het eerder geleerde "vervang het verlies" werd geactiveerd toen vrienden hem aanraden maar weer eens met iemand op stap te gaan. Hij voelde zich er niet goed bij, dus dit idee wees hij van de hand. En gelijktijdig herinnerden mensen om hem heen hem eraan dat "tijd alle wonden heelt". Deze twee ideeën gingen slecht samen. Als "vervang het verlies" hem zou helpen hoe was dat dan te rijmen met wachten op "de tijd die alle wonden heelt". En aan de andere kant als de tijd zijn werk zou doen, hoefde hij zich toch niet meteen in het uitgangsleven te storten.

Het concept "tijd heelt alle wonden" is waarschijnlijk de grootste oorzaak van vele gebroken harten. Meer dan welk ander verkeerd idee, dat rondgaat in onze samenleving. En het meest verschrikkelijke ervan is, dat het gewoonweg niet waar is.

Het is een van die goedbedoelde foute veronderstellingen die van generatie op generatie zijn doorgegeven. Het is een belachelijk idee dat in onze genen lijkt te zitten, dat als er maar genoeg tijd verstrijkt er een magisch moment komt waarop we geheeld verder kunnen. Als we met een fysiek ernstig gewonde te maken hebben zegt toch ook niemand "neem gewoon even de tijd" of "kijk het eerst even een tijdje aan".

Stel dat je iemand tegenkomt met een gebroken arm, dan zou je het toch niet in je hoofd halen om dat te zeggen? Net zoals gebroken botten goed gezet en in het gips moeten om uiteindelijk weer normaal te kunnen functioneren, zo is het dus ook met emotioneel hartzeer.

We kennen allemaal wel mensen wiens hart gebroken lijkt te blijven, omdat ze maar zitten te wachten tot de tijd zijn werk doet. Helaas zijn er velen die er in geloven dat het zo werkt. Mensen wachten jaar in jaar uit met het idee dat de pijn wel slijt en ze uiteindelijk zullen herstellen. Er is echter slechts één ding dat vanzelf gaat en dat is verwaarlozing. Sommigen van jullie die dit boek lezen weten daar alles van. En ook dat het dus niet waar is.

Tijdens een lezing, vroegen we mensen om hun hand op te steken als ze nog steeds pijn voelden over een sterfgeval of scheiding die langer dan 20 jaar terug had plaatsgevonden. Zoals verwacht, waren er velen voor wie dit gold. Zij allen geloofden ook dat "tijd alle wonden heelt". We vroegen een vrouw of haar 20 jaar niet meer dan genoeg leek om te wachten op herstel. Ze antwoordde luid en duidelijk als volgt: "Ja, dat lijkt me wel, maar ik weet gewoonweg niet wat ik anders moet doen." Kun je je haar pijn en frustratie voorstellen? Al die jaren wachten op enig herstel zonder dat het ook maar iets had opgeleverd.

Om duidelijk te maken hoe absurd ellenlang wachten op het helen van wonden is, stellen we vaak de volgende vraag. Stel je ontdekt dat je auto een lekke band heeft. Zou je dan een stoeltje uitklappen en naast de auto gaan wachten tot als vanzelf de lucht weer in je banden komt? Dat lijkt idioot toch? Tijd op zich doet helemaal niks, het

gaat om dat wat jij doet in die tijd. Dat is wat helpt
om over het verlies dat je geleden hebt heen te
komen.

Laten we even samenvatten wat John en
Russell inmiddels geleerd hadden over hoe ze hun
verliezen kunnen verwerken:

1) Voel je niet rot
2) Vervang het verlies
3) Rouw alleen
4) Tijd heelt alle wonden

In 1957 overleed de oma van Russell. Ze was
sinds Russell's moeder weer was gaan werken bij
hen ingetrokken. Daarmee was oma de belangrijkste
opvang voor Russell's jongere broertje geweest, die
10 jaar jonger is dan Russell. Russell had nooit een
hechte band met zijn oma gehad. Hij voelde zich
soms gemeen behandeld door haar. In die tijd werd
het in zijn familie niet geaccepteerd als je negatief
over een gezinslid sprak. "Het bloed kruipt waar het
niet gaan kan" of "de appel valt niet ver van de
boom" zeiden ze stelselmatig tegen hem als hij
hierover probeerde te praten.

Toen zijn oma overleed kwam de familie
bijeen. Hij herinnert zich nog dat ze zeiden "we
moeten sterk zijn voor je broertje".

Betekenis: Wees sterk voor anderen

Er waren geen specifieke instructies gegeven
hoe dat te doen. "Wees sterk voor anderen" is zo'n
uitdrukking die goed en nobel klinkt, maar in

werkelijkheid geen enkele waarde heeft. Vele jaren later toen Russell in scheiding lag met zijn eerste vrouw kwam dit echter in hem naar boven, "wees sterk voor anderen." Het was een van de ideeën die Russell had voor het omgaan met verliezen. In een ogenblik van helderheid, realiseerde Russell zich dat dit in dit geval niet zou werken, aangezien hij juist van die ander ging scheiden. Hij had echter geen idee hoe hier wel mee om te gaan.

In de ruim 20 jaar waarin we mensen met verlieservaringen begeleiden staat "wees sterk" of "wees sterk voor anderen" hoog in de ranglijst van de meest verwarrende tips hoe om te gaan met verlies.

Het is verwarrend, omdat het onmogelijk is. Op dit punt aangekomen hadden John en Russell al 5 mythische misvattingen te pakken:

1) Voel je niet rot
2) Vervang het verlies
3) Rouw alleen
4) Tijd heelt alle wonden
5) Wees sterk (voor anderen)

Er zijn kortom vele ideeën en varianten daarop, die niet helpen bij verlieservaringen. Deze vijf, die we tot nog toe hebben besproken, bevatten vast een paar die herkenbaar voor je zijn. Alhoewel het niet absoluut is, zijn ze veel voorkomend en vrij universeel. De volgende is eveneens zeer gebruikelijk en wordt oprecht verondersteld werkelijk te helpen, echter ook deze doet dat helaas niet op de langere termijn.

"Je moet bezig blijven" of "blijf actief en sportief", zijn beide clichés die veelvoorkomend volgen op een verlieservaring.

Betekenis: Blijf bezig

Hier volgt een belangrijke vraag. Helpt bezig blijven bij het ontdekken en oplossen van de pijn behorend bij een verlieservaring? Het overduidelijke antwoord is nee. Wat bereik je dan met bezig blijven? Het leidt je af. Het zorgt dat je de tijd om stil te staan bij wat er gebeurd is verdrijft.

Bezig blijven is het begraven van de pijn behorend bij een verlieservaring. Dit is misschien even goed, maar als het chronisch wordt, veroorzaakt dit een overdosis aan activiteit en adrenaline. Iedereen die we ooit gesproken hebben met een verlieservaring zegt: "het maakt niet uit hoe druk ik ook bezig blijf, aan het eind van de dag is er in mijn verlieservaring niks veranderd".

Naast dat het uitermate vermoeiend is, zijn er ook nog andere risico's aan verbonden. Eerder gaven we als definitie van rouw "de conflicterende gevoelens die veroorzaakt worden als er een verandering en/of verstoring optreedt in vertrouwde patronen en gedragingen." Een sterfgeval, een scheiding of een ander significant verlies veroorzaakt ontwrichting, en veroorzaakt daarmee eveneens een fundamentele verandering in alles wat je gewend was. Het is heel moeilijk gewoon door te leven alsof er niks gebeurd is na een verlieservaring. Als je voorafgaand aan je verlieservaring nooit een bezige bij bent geweest, zal "blijf bezig" juist nog een extra verandering in je patroon veroorzaken.

De meest gevaarlijke uitwerking van "blijf bezig" is de veronderstelling dat je je beter gaat voelen, en dat dat juist niet is wat erdoor gebeurt. Het is slechts een vorm van afleiding van je verlieservaring. Het verandert niets aan de feitelijke situatie dat je nog steeds iets anders hebt te doen om over de pijn van deze verlieservaring heen te komen. Dit hebben we inmiddels duizenden keren gehoord "ik begrijp er niks van, ik bleef maar bezig, en toch voelde ik me alleen maar slechter in plaats van beter."

John en Russell, en waarschijnlijk velen van jullie ook, werden de wereld ingestuurd met de verkeerde gebruiksaanwijzingen over hoe je te verhouden tot verlieservaringen. De zes die wij tot nog toe geïdentificeerd hebben:

1) Voel je niet rot
2) Vervang het verlies
3) Rouw alleen
4) Tijd heelt alle wonden
5) Wees sterk (voor anderen)
6) Blijf bezig

Geen van deze ideeën heeft ons in enigerlei vorm geholpen om te ontdekken welke oplossing helpt bij het vinden van een weg door de

onvoltooide emoties, die je overkomen bij het
verliezen van een relatie.

DEELNEMEN IN JE EIGEN HERSTELPROCES

Eerder hebben we uitgelegd dat mensen met een verlieservaring, op grond van deze verkeerde boodschappen, neigen naar isolatie. Misschien heb je dit zelf ook weleens ervaren. Omdat terugtrekken een probleem vormt om samen met anderen een verlieservaring te verwerken, is deelnemen in het herstelproces kennelijk een deel van de oplossing.

Om je aan te moedigen tot deelname in je eigen herstelproces, stellen we voor daar nu meteen mee te beginnen. Gebruik de lijst met deze zes foutieve ideeën als gids, en bekijk eens bij jezelf welke ideeën jij hebt meegekregen en/of welke overtuigingen je hebt aangenomen over het omgaan met verdrietige, pijnlijke of negatieve gevoelens.

VERLIES VAN VERTROUWEN

Het is natuurlijk en normaal om je verdrietig te voelen als er iets verdrietigs gebeurt. Echter steeds als we hier uitdrukking aan geven, zijn er mensen die ons attenderen op of adviseren om de lijst met foute ideeën toe te passen. Te beginnen met "voel je niet rot".

John en Russell probeerden hun pijnlijke emotionele ervaringen te bespreken met hun ouders en anderen. Helaas kregen ze telkens deze rationele reacties. De opstapeling van deze niet helpende reacties resulteerde uiteindelijk in nog veel meer verlies, zoals onder andere ook vertrouwen. Want alhoewel hun eerste verlieservaring waarschijnlijk betrekking had op iets in de relatie met hun ouders of andere autoriteitsfiguren, dekte het verlies van vertrouwen uiteindelijk de lading van al hun relaties.

John zijn vader was alcoholverslaafd. Zodra hij dronken was sloeg hij John regelmatig ook zonder aanleiding.

"Ook al vertelde ik hem dat ik niks gedaan had, dan nog geloofde hij me gewoonweg niet, en kreeg ik genadeloos op mijn donder. Het voelde zo oneerlijk en het was zo onvoorspelbaar, waardoor ik het vertrouwen dat ik in hem had verloor."

Doordat dit verlies van vertrouwen nooit erkend, laat staan benoemd werd, nam John zijn wantrouwen in volwassenen toe. Hij vertrouwde niemand meer en werd achterdochtig. Dit belemmerde John om volop en vrijuit te leven. Het beperkte ook de mogelijkheid om andere vertrouwensrelaties op te bouwen. Het veroorzaakte dat hij erg waakzaam werd naar allerlei autoriteitsfiguren toe.

"Ik wil niet zeggen dat het volkomen logisch en terecht was dat ik het vertrouwen in mensen verloor." Verlies van vertrouwen is pijnlijk, daarom werd John's oplossing om *niemand te vertrouwen*, zodat hij hierdoor zeker geen pijn mee zou ondervinden.

De relatiebreuk met zijn eerste vriendin versterkte dit nogmaals. Vanaf dat moment had hij moeite met het vertrouwen van meisjes met wie hij op stap ging. Hij werd afwachtend en hield afstand, zodat hij niet nogmaals liefdesverdriet zou krijgen. Deze houding verminderde zijn levendigheid nog verder. We kennen diverse mensen die na een dergelijke verlieservaring moeite hebben om een nieuwe relatie aan te gaan, uit angst nogmaals zo'n vervelende verlieservaring te krijgen. Velen van jullie hebben dit boek gekocht vanuit het bewustzijn dat er nog veel onvoltooid en onaf is in een relatie. Het maakt niet uit of dat nu na een sterfgeval, scheiding of een ander significant verlies is ontstaan. Wellicht heb je het boek, met de beste bedoelingen, gekregen van een vriend of een bekende.

Als je de volgorde in dit boek aanhoudt en deelneemt door de actiestappen te doorlopen die resulteren in herstel, kan het zijn dat je herkent dat er ook bij jou vraagtekens rijzen over of dit wel zal werken. Dat komt dan waarschijnlijk omdat ergens onderweg je vertrouwen is verdwenen. Wij kunnen alleen maar zeggen dat wij ook op dat punt hebben gestaan. Wij voelden ons ook niet meer veilig en vertrouwd. We zijn echter collectief geconditioneerd in het afdekken van onze emoties. Allerlei rationele reacties hebben ons het gevoel gegeven niet goed bij ons hoofd te zijn. Blijf alstublieft nog even om verder te lezen, ook als je er nog niet echt in gelooft.

OEFENING BAART KUNST

Wat maakt dat we maar blijven proberen wat overduidelijk niet werkt? Om dit te begrijpen moeten we eerst wat meer weten over de computer die ons aanstuurt, namelijk het verstand.

Ten eerste, het verstand heeft slechts toegang tot wat het geïntegreerd en daarmee geleerd heeft. Het kan geen gebruik maken van wat niet bekend is. Als je slechts misinformatie hebt meegekregen of meegenomen, dan is dat waar je gebruik van maakt. Ten tweede, de informatie die je verstand heeft opgeslagen is gelabeld al naar gelang het belang dat eraan gehecht wordt. Dit betekent dat hoe belangrijker een bron van informatie, des te zwaarder die meeweegt of als waar is aangemerkt. De meeste informatie waar John en Russell toegang toe hadden was afkomstig van hun ouders. Voor een kind zijn ouders een uiterst belangrijke bron. Ten derde, het werk van het verstand bestaat eruit te *geloven in de juistheid* van hetgeen is opgeslagen! Dat is ook waarom mensen onderling zo kritisch en oordelend zijn. Als je gelooft dat je gelijk hebt en anderen spreken dat tegen, dan blijf je bij jouw gelijk.

Dat is ook de reden dat we misinformatie blijven gebruiken, bij het verwerken van verlieservaringen met alle bijbehorende emoties. We denken al te weten wat werkt. Het feit dat je dit boek leest betekent dat wat je hebt gedaan tot nog toe niet geen opluchting heeft geboden. En dus ook niet het welzijn heeft teruggebracht wat je wel beoogt te hervinden en verdient.

Als je de simpele verklaring aanvaardt dat wat je geleerd hebt, en waar je een gewoonte van hebt gemaakt, gebaseerd is op verkeerde ideeën dan ontstaat de opening en mogelijkheid om iets anders te gaan doen. Want de definitie van waanzin dient te worden doorbroken: "hetzelfde blijven doen en iets anders als uitkomst verwachten." We gaan je in dit boek de goede informatie geven, die je helpt ontdekken en oplossen wat onvoltooid is gebleven tussen jou en anderen met wie je een relatie hebt, of ze nu dood of levend zijn. Als je deze acties opvolgt en oefent met wat je leert gaat er een nieuwe wereld voor je open.

4

Anderen zijn slecht voorbereid op het helpen verwerken van verlieservaringen

In hoofdstuk 3 heb je wellicht vanuit je eigen ervaringen al het nodige herkend. Mogelijk heb je herkend dat je in je eigen levenservaringen al verkeerde boodschappen hebt meegekregen. Bijna iedereen in onze samenleving heeft ineffectieve en onjuiste informatie opgeslagen in zijn computer, het verstand.

Het is heel gewoon en ook gezond dat mensen met een verlieservaring steun zoeken bij de mensen om hen heen. Echter, vaak wordt al vrij snel pijnlijk duidelijk dat vrienden en bekenden hierin niet als hulpbron van betekenis kunnen dienen. Ook al hebben ze goede bedoelingen, toch zeggen ze vaak precies de verkeerde dingen.

ZE WETEN NIET WAT ZE MOETEN ZEGGEN

Laten we eens beginnen bij de meest voorkomende uitspraken die mensen na een verlieservaring, waardoor ze in rouw zijn, te horen krijgen. Na een verlies dat veroorzaakt is door een sterfgeval, scheiding of anderszins significant ontwrichtende ervaring, heb je vast weleens het volgende gehoord: "Ik weet hoe je je voelt." Dit wordt vol medeleven gezegd met de bedoeling om te troosten.

De meeste mensen zeggen dat ze hier geen enkele troost aan ontlenen. Als deze uitspraak zo goedbedoeld is, wat veroorzaakt dan de heftige reactie van degene met de verlieservaring? Het antwoord zit hem in de eerder al aangehaalde waarheid over rouw en verliesverwerking.

Alle relaties zijn uniek, geen uitzonderingen!

En dus weet niemand precies hoe jij je voelt.

Zelfs iemand die een vergelijkbare verlieservaring heeft meegemaakt weet niet hoe jij je voelt. Een vergelijkbaar verlies is een intellectueel feit. Het helpt niet in emotioneel opzicht. Het heeft niks te maken met de uniciteit van jouw individuele relatie en de beleving daarvan. Het feit dat jouw moeder en mijn moeder beiden zijn overleden is niets meer of minder dan een gedeeld intellectueel feit. Dit persoonlijk gedeelde feit is niet veel anders of belangrijker dan onze respectievelijke schoenmaten. Als je dit hard vindt klinken, weet dan dat dit met opzet is. We moeten alle intellectuele verbindingen loslaten, want ze werken verwarrend op onze emotionele huishouding in.

Bijvoorbeeld, als jij een warme en steun gevende relatie met je moeder had en ik had een stormachtige en moeizame relatie met mijn moeder, weet je dan hoe ik me voel? Daarom nogmaals:

Alle relaties zijn uniek, geen uitzonderingen!

Als je dit simpele uitgangspunt begrijpt en aanvaardt ben je er klaar voor om jezelf te helpen herstellen. Herstellen betekent: "ontdekken wat onafgerond is. En individueel toewerken naar een "voltooid verleden" voor jou in je "unieke" relaties.

De overgrote meerderheid van de goedbedoelende mensen om ons heen is niet bekend met *succesvolle* herstelervaringen na een verlies. Dat is ook de reden dat ze ons uit ongemak en onkunde aanmoedigen om net te doen *alsof we weer de oude zijn*. Dit is zo'n bekend fenomeen dat het volgende hoofdstuk daar helemaal over gaat.

ZE ZIJN BANG VOOR GEVOELENS

Al heel jong leren we dat het tonen van verdrietige, pijnlijke of negatieve gevoelens onwenselijk is. Het begint bijvoorbeeld met de waarschuwing "grote jongens huilen niet." En sommigen hoorden al jong hun ouders het volgende zeggen; "stop met dat gejank of ik zal je een reden geven om te janken."

Het is niet onze bedoeling om je hiermee aan te praten dat ouders ongevoelig zijn, want dat is echt niet waar. Ze geven slechts door wat ze zelf geleerd hebben. Wat velen van ons geleerd hebben is dat verdriet, pijn of negatieve gevoelens hebben en tonen niet geaccepteerd wordt in onze samenleving.

"Huilebalk, huilebalk", hebben velen vroeger op het schoolplein gehoord. Dit is het bewijs dat deze les ons al heel vroeg zo rond het vierde of vijfde levensjaar geleerd werd.

Hier volgen een aantal voorbeelden van opmerkingen die heel gebruikelijk zijn, en die daarmee het ongemak voor het omgaan met gevoelens aantonen.

"Herpak jezelf zeg"

"Je bent niet van suiker"

"Houd gewoon je kiezen op elkaar"

"Trek het je niet zo aan"

In onze samenleving voelen mensen zich ongemakkelijk als ze geconfronteerd worden met voorbeelden van pijnlijke emoties. Dit alles benadrukt dat ze bang zijn om normale gevoelens te uiten, die samenhangen met emotionele verlieservaringen.

ZE PROBEREN VAN ONDERWERP TE VERANDEREN

Af en toe heb je er weleens behoefte aan om een vriend te vertellen hoe je je voelt in een bepaalde situatie die je emotioneel bezighoudt. Misschien herken je dat deze na een tijdje geluisterd te hebben ineens zegt "dat klinkt echt heel vervelend, maar heb je recentelijk het nieuws over de economische crisis nog gevolgd".

Dit voorbeeld is heel typerend, maar verklaart niet wat er nu eigenlijk gebeurt. Laten we nog een ander voorbeeld erbij nemen en goed opletten wat er gebeurt. Iemand probeert na het overlijden van zijn moeder aan een vriend te vertellen hoe hij zich voelt.

Vriend: Hoe gaat het met je?

Persoon in rouw: Mijn hart is gebroken, ik mis haar zo verschrikkelijk.

Vriend: Voel je niet rot, ze heeft in elk geval geen pijn meer.

Let op de subtiele verandering van het onderwerp. De persoon in rouw is verdrietig, en zijn vriend verschuift het gesprek. Dit doet hij door te gaan praten over de persoon die is overleden. De boodschap die erin zit is, als je geliefde niet langer lijdt dan zou jij dat ook niet moeten doen.

Het is belangrijk op te merken dat de vaardigheden en hulpmiddelen die deze vriend gebruikt in dit scenario niet beter of slechter zijn dan die van de meeste mensen in onze samenleving. De vriend is opgevoed en opgegroeid met dezelfde foutieve ideeën die we allemaal hebben meegekregen. Hij geeft liefdevol uiting aan wat hij gedurende zijn leven geleerd heeft.

Een ander voorbeeld van veranderen van onderwerp kwam in een uitzending van een televisieprogramma aan de orde. Dit programma ging over rouw die optreedt na het overlijden van een huisdier. Het was werkelijk een goed opgezet programma dat heel goed en passend inging op de gevoelens van degene die dit te verlies te verwerken kreeg. Toen dit onderdeel van het programma voorbij was ging de camera terug naar de presentatoren. Die hadden beiden tranen in de ogen gekregen. De laatste opmerking die ze gaven was "Laten we voordat we gaan huilen gauw van onderwerp veranderen."

De boodschap die daardoor heel helder bij kijkers bleef hangen was, het er laten zijn van gevoelens is onacceptabel. Met andere woorden "Laten we met onze gevoelens omgaan door van onderwerp te veranderen".

ZE INTELLECTUALISEREN

De poging om van emoties naar ratio te schakelen is een gevaarlijke en contraproductieve manier van omgaan met mensen in rouw. Rouw is per definitie de emotionele reactie op een verlieservaring. De oorzaak kan feitelijk verklaard worden, echter de reactie erop is emotioneel.

Daarmee zeggen we niet dat we ons verstand niet moeten gebruiken. Wel stellen we dat nergens geschreven staat dat voelen en verstand niet samen kunnen gaan, zeker waar dat nodig is. Een van de grootste gaven van het mens zijn is, dat we de mogelijkheid hebben om onze emoties te tonen en te delen door ze bespreekbaar te maken. Kennelijk leeft er in de samenleving een overtuiging dat het uitdrukking geven aan deze gave een negatieve uitwerking heeft.

Het vertrouwen op ons verstand ten koste van gevoelens heeft epidemische vormen aangenomen - zeker wanneer het om rouw gaat. Eén van de redenen is dat het overlijden van een dierbare geen dagelijkse kost is. Als we de statistieken mogen geloven, zal iemand gemiddeld gezien eens in de negen tot dertien jaar zo'n verlies meemaken. Zelfs als we dit combineren met andere significante emotionele verliezen, komt een indringend verlies dat rouw veroorzaakt zelden voor. En dat maakt dat we er nooit echt vertrouwd mee zullen raken. Door het gebrek aan persoonlijke ervaring met verlies, houden we vast aan de gewoontes gebaseerd op verkeerde informatie, zoals eerder reeds omschreven. Deze gewoonte resulteert in onvoltooide verlieservaringen. Het is dus niet verrassend dat mensen emotionele pijn rationeel proberen te benaderen. Aangezien we dagelijks op ons verstand vertrouwen, zijn we vele malen meer bedreven om dat te gebruiken.

Gebaseerd op informele vragenlijsten, die we bij seminars uitvoeren, zijn er gemiddeld vier of vijf voorkomende reacties die mensen in rouw horen na het verlies van een dierbare. Al die reacties suggereren dat ze niet meer moeten voelen wat ze wel degelijk voelen. Dit zijn meestal rationele opmerkingen. Onderzoekers hebben deze typische opmerkingen, die iemand in rouw vrij kort na het verlies te horen krijgt, bestudeerd. Veel van deze opmerkingen zijn zo gebruikelijk dat ze grofweg in twee categorieën zijn in te delen:

1) de steun gevende en helpende

en

2) degene die dat niet zijn.

De niet-helpende opmerkingen zijn weliswaar goedbedoeld, maar rationeel van aard of bestaan uit adviezen die gewoon gevaarlijk zijn, zoals:

"Wees blij dat je nog een zoon hebt"
"Het leven moet doorgaan"
"Hij is op een betere plek"
"Alles zal voorbij gaan"
"Ze heeft een mooi leven gehad"
"Je vindt wel weer iemand anders"
"God geeft je nooit meer dan je aankunt"
"Wees blij dat jullie zolang bij elkaar waren"

Dit zijn allemaal opmerkingen die wij na onze verlieservaringen en in de daarop volgende rouwperiode kregen. En aangezien iemand in rouw al genoeg intense emoties ervaart, zijn deze opmerkingen behoorlijk ongepast. Scheiding en andere significante verlieservaringen veroorzaken veelal dezelfde soort niet-helpende opmerkingen van goedbedoelende vrienden en bekenden.

ZE HOREN ONS NIET

Laten we nog even doorgaan op de opmerkingen die vaak volgen op verlieservaringen, zoals sterfgevallen of scheidingen. De volgende situatie, die niets te maken heeft met een sterfgeval of scheiding, geeft weer hoe verkeerd er door anderen op onze normale gevoelens gereageerd wordt. Een van onze vrienden gaf een feestje. Hun puberdochter Mary, had hiervoor drie van haar beste vrienden uitgenodigd. Toen het feestje begon ging de telefoon meerdere malen. De drie vrienden belden afzonderlijk van elkaar op om te zeggen dat ze andere plannen voor de avond hadden gemaakt. Mary was hierdoor behoorlijk ontdaan. Ze ging naar haar moeder om dit te delen. Haar moeder zei: "Voel je niet zo rot, er zijn genoeg andere leuke mensen waar je plezier mee kunt maken." Weet je nog toen John's hond overleed, de eerste reactie ook steeds was, "Voel je niet rot". Hier gebeurt dus precies hetzelfde. De reactie is, voel je niet zoals je je voelt, want verdriet, pijn of andere negatieve gevoelens zijn niet goed. Probeer je beter te voelen door meer geaccepteerd en positiever te reageren.

Gelukkig stond een vriend van de familie in de buurt. Mary probeerde deze kans om gehoord en gezien te worden uit. Ze vertelde wat ze net had meegemaakt. Hij luisterde en zei: "O jee, je zult wel enorm teleurgesteld zijn." Verdrietig zei ze "Jazeker", waarna hij haar een knuffel gaf. Ze bedankte hem voor zijn luisterend oor, ging naar boven om zich weer wat beter toonbaar te maken, en ging alsnog plezier maken. Dit kon slechts *nadat* haar gevoelens gehoord en serieus erkend waren.

Mensen in rouw hebben er behoefte aan hun verhaal te doen en ze willen *gehoord* worden. Ze zitten weliswaar even stuk maar ze zijn niet kapot. In deze werkelijk gebeurde situatie repareerde de vriend van de familie niets. Hij hoorde slechts met mededogen de emotie die gedeeld werd aan. Dat was alles wat Mary nodig had. Daardoor kon ze de rationele beslissing nemen om de avond met plezier te vullen. Ook al liep het totaal anders dan ze zich had voorgesteld. Tot op zekere hoogte gaat effectief herstellen van verlieservaringen over gehoord worden.

ZE WILLEN NIET PRATEN OVER DE DOOD

Een andere vorm van afleiden van de essentie is de manier waarop of juist waardoor niet over de dood wordt gesproken. In feite zijn we zo extreem in het vermijden daarvan dat sommigen het woord dood niet eens kunnen uitspreken. Denk maar eens na over wat we in plaats daarvan vaak zeggen:

> "Ze is ingeslapen"
> "Hij is naar de eeuwige jachtvelden"
> "Pa is er niet meer"
> "Hij had zijn uiterste houdbaarheidsdatum overschreden"
> "We zijn moeder kwijt"

Stel je eens voor hoe dit klinkt voor kinderen. Die verwachten dat ze onze antwoorden volledig te kunnen vertrouwen.

> *"Wat is er gebeurt met opa?"*
> *"Opa is gaan slapen"*

Dat kind kijkt in de kist van opa en weet dat er iets niet helemaal klopt aan dat antwoord. Hij is weliswaar in verwarring maar verwacht dat dit de waarheid is. Er moeten dus wel twee soorten slaap zijn. En als gevolg van dit antwoord is het kind de komende zes maanden doodsbenauwd om 's nachts te gaan slapen.

Het spijt ons te moeten constateren dat zelfs God in deze een slechte naam krijgt, zeker waar het kinderen betreft.

"Wat is er gebeurd met papa?"
"God heeft hem thuis geroepen."

De komende jaren is het kind dat dit te horen krijgt boos en verward over het concept God. Denk je ook niet dat het veel toepasselijker is dat de ouders hun kinderen vertellen wat ze zelf geloven? "Je vader is doodgegaan. En wij geloven dat hij na zijn dood is opgenomen door God."

Over het algemeen is het het beste om metaforen te vermijden in het gesprek hierover met kinderen. De in ontwikkeling zijnde hersenen hebben namelijk nog niet het vermogen om metaforen met de realiteit te verbinden.

PROFESSIONELE AFWIJKINGEN

Onze overtuigingen zijn bepalend voor wat we voelen. Als we verkeerde ideeën hebben, zullen we ons hoogstwaarschijnlijk ook verkeerd voelen. Een specifiek terrein als rouw is daar sterk aan onderhevig. Zo ernstig dat zelfs het woord *rouw* vaak oneigenlijk vervangen wordt wat verwarring zaait.

Wanneer er sprake van een verlieservaring is, heeft iemand ook een rouwervaring. Rouw is de volle bandbreedte van normale menselijke emoties waarmee een verlieservaring vergezeld kan gaan. Wanneer rouw incorrect geadresseerd wordt, zal iemand in rouw onbewust ontmoedigd raken om de normale emoties te voelen. Laat staan dat deze persoon de actiestappen kan zetten die helpen om te herstellen. Rouw is een normale en natuurlijke reactie op verlies. Het is in het geheel geen pathologische conditie of persoonlijke afwijking. Druk, burn-out, stress, PTSS (post-traumatische stress stoornis) of ADHD zijn verkeerde etiketten die per abuis op rouw worden geplakt. Deze woorden hebben betekenis en waarde als ze in de juiste context gebruikt worden. Ze worden gevaarlijk als dit etiket abusievelijk geplakt wordt op iets dat qua aanleiding en oorzaak een onverwerkte verlieservaring betreft.

Misschien is *depressie* wel het meest gebruikte en verkeerd begrepen woord waar het rouw betreft. Tragisch genoeg heeft dat een bijeffect veroorzaakt. Dit in de vorm van bijna epidemische medicinale interventie bij rouw.

We hopen dat dit boek helpt, zonder dat het uitsluitend blijft bij het lezen van de tekst. Om het zo simpel mogelijk te vertellen wat we bedoelen volgt hier een uitleg. Klinische depressie, dat gediagnosticeerd is door een psychiater of psycholoog, laat veel symptomen zien die ook mensen in rouw na een verlieservaring hebben. Echter wanneer mensen in rouw het woord *depressie* gebruiken, bedoelen ze veelal "Ik heb een lager energiepeil en voel me wat verdoofd en vervlakt." Als bijvoorbeeld iemands partner op 40-jarige leeftijd overlijdt, is het toch volkomen logisch dat het dit effect veroorzaakt? Mag degene die rouwt geen lager energiepeil hebben gedurende het proces om zich aan te passen aan de pijnlijke en verwarrende nieuwe realiteit?

Vele mensen zijn echter geconditioneerd om medische oplossingen te zoeken voor niet medische problemen. Dat kan gevaarlijke vormen aannemen, omdat het de normale en natuurlijke reacties op een intense verlieservaring onderdrukt. Als dit éénmaal een patroon of overlevingsstrategie is geworden, is het later extra moeilijk om weer verbinding te maken met wat je voelt over deze verlieservaring.

Vanuit het perspectief op herstellen van verlieservaringen (rouw), vallen drogeerpraktijken in de categorie OEI-PACT (=Ontzettende Emotionele Intensiteit benaderen met Persoonlijke Afleidingsmanoeuvres Compenseert Tijdelijk). Er is geen twijfel over de afleiding die drogeerpraktijken veroorzaken. In sommige situaties kan iemand er baat bij hebben dit tijdelijk toe te passen. Het gevaar zit echter in de illusie van welbevinden, die met dergelijke behandelingen met middelen gepaard gaat. Juist deze illusie kan aanleiding zijn om blijvend een oplossing in die afleiding te zoeken, waardoor iemand er afhankelijk van wordt en steeds verder afstand neemt van anderen die tot steun zouden kunnen zijn.

Het kan zijn dat je door familie en

professionals onder druk wordt gezet om hiermee te beginnen. Probeer dan je in herinnering te roepen dat zij niet beter weten omdat ze het niet geleerd hebben. Zeker als ze bijvoorbeeld zeggen "Voel je niet rot, neem even wat lekkers en je voelt je vast veel beter." Wees alert op het vergelijkbare idee dat ze je kunnen geven, "Voel je niet rot, neem gewoon even een pilletje of een poedertje en je voelt je veel beter".

We weten dat je in deze kwetsbare periode moeite kunt hebben met het nemen van verstandige beslissingen. We stellen voor dat je probeert te accepteren wat je aan volkomen natuurlijke gevoelens ervaart als gevolg van je verlieservaring en het programma van dit boek volgt. Mocht je dit te moeilijk vinden, dan heb je het alternatief nog steeds achter de hand.

We zijn geen voorstanders van pijn. Als er een draaglijker manier zou zijn of een makkelijker weg, dan zouden we je die zeker aanraden. Echter rouwen doet pijn. Dat is ook zo bedoeld. Onze ervaringen tonen aan dat het benaderen van rouw op een natuurlijke manier op de langere termijn veel meer effect heeft. Bovendien werkt het beter voor je welbevinden dan alle andere opties.

ZE WILLEN ONS VASTHOUDEN AAN ONS GELOOF

In 1969 overleed John's jongere broer. John herinnert dat hem verteld werd: "Je moet niet boos zijn op God".

John wist dat, maar was het desondanks toch. Niemand wist hem te vertellen dat boosheid op God een typische reactie is op het vroegtijdig overlijden van iemand. We hebben geleerd op ons verstand te vertrouwen, dus als er iets onverklaarbaars gebeurt willen we dat hoe dan ook toch verklaren. Als we dat niet kunnen, adresseren we de schuld uit onmacht maar aan God.

Deze boosheid verdwijnt veelal als we toestemming krijgen om onze gevoelens gewoonweg te uiten. We moeten iemand kunnen vertellen dat we boos zijn op God, zonder veroordeeld te worden. Of zonder dat ons verteld wordt dat dit niet goed is. Als dit niet lukt, kan de boosheid blijven en geestelijke groei blokkeren. We kennen mensen die God voor altijd de rug hebben toegekeerd, omdat ze hun gevoelens nergens konden uiten. Als dit gebeurt, is zo iemand niet meer in staat verbinding te maken met zijn eigen innerlijke krachtbron.

Geloof en voelen: er is een verschil

In de afgelopen jaren hebben we ontdekt hoe helpend het is als mensen in rouw het onderscheid tussen vertrouwen en voelen kunnen maken. We realiseren ons dat dit wat vreemd kan overkomen, echter de meeste mensen snappen het diep van binnen. We hebben het gehad over emoties en ratio. Nu is het belangrijk het spirituele aspect van rouw te duiden. Het zal je mogelijk lukken een verbinding tussen oorzaak en effect te vinden, geloof is anders. Geloof heeft geen verklaring nodig. Het is spiritueel, niet emotioneel en niet rationeel.

Er zijn grofweg twee mogelijkheden die waarschijnlijk na een verlieservaring optreden:

1) Je religieuze of spirituele vertrouwen kan beschadigd of vernietigd zijn,

of

2) Ondanks het verlies is je geloof nog steeds aanwezig.

Meestal slaat het verlies van een kind of een tragisch ongeval een bres in het geloof van iemand. We stellen dat het belangrijk is dat iemand in rouw eerst werk maakt van het terugblikken op de relatie met de persoon die overleden is. Nadat dit pijnlijke proces gepaard gaand met dit verlies is doorlopen, keert veelal het geloof terug. Meestal kenmerkt dit geloof zich door een extra intensiteit. Als dit niet het geval is, helpen wij mensen om een verdwenen vertrouwen in God terug te krijgen. We hanteren dezelfde principes qua stappen om tot een voltooide verlieservaring en herstel van vertrouwen te komen bij ouders, artsen, geestelijken en therapeuten.

Mensen wiens geloof intact gebleven is moedigen wij aan om de kracht van hun geloof en het vertrouwen daarin te benutten. Dit om de actiestappen te nemen, die hun helpen om te herstellen van verlies. Wederom gebruiken we hier de metafoor van de lekke band, om te bepalen welke keuzes iemand heeft:

1. Wachten bij de auto met de lekke band en bidden tot God dat deze de banden weer met lucht zal vullen

of

2. De wegenwacht bellen en dan tot God bidden dat ze er zo snel mogelijk zullen zijn

Onvoltooid verlies gaat altijd over onafgeronde emotionele communicatie, die opgestapeld is gedurende de relatie. Geloof en gebed of reflectie op de relatie zijn prachtige manieren om dagdagelijks toe te passen. Echter, reflectie en/of gebed zijn op zich geen afdoende middelen om te ontdekken en te voltooien wat onaf is gebleven.

In religieuze termen wordt gesteld dat God de mensen helpt die zichzelf helpen. We onderschrijven dat. Wij geloven dat we onszelf helpen als we de actiestappen om te herstellen van verlies zetten. Daarmee valt te ontdekken en voltooien wat onafgerond is gebleven in onze relaties.

5

Oscar Herstel

In het vorige hoofdstuk refereerden we aan het feit dat de samenleving ons letterlijk leert om *net te doen alsof we hersteld zijn.* Het is enorm belangrijk dat we dit aspect van rouw goed begrijpen. Een verkeerd beeld van herstel is de grootste hobbel waar iemand in rouw zich toe te verhouden heeft. Zeker als je wilt herstellen van een verlieservaring. Wij hebben dat Oscar Herstel genoemd. Je zou er als publieksprijs zo een blinkende bokaal voor kunnen krijgen. Het uit zich veelal als volgt: "Het gaat goed met me" of "Altijd blijven lachen" of "Ik ben sterk voor mijn familie en vrienden" of "Ik wil er graag voor anderen kunnen zijn". Het is goed om er even bij stil te staan en jezelf af te vragen hoeveel van deze "alsof hersteld" manieren je bij jezelf herkent. Velen van jullie zullen al door hebben wat we bedoelen.

In het vorige hoofdstuk hadden we het over de reacties uit de omgeving. Daar behandelden we de reacties die iemand in rouw krijgt, kort na een verlieservaring. We toonden daarin aan dat het merendeel van de goedbedoelde opmerkingen

appelleren aan de ratio. En dat deze nauwelijks tot
niet uitnodigen om uitdrukking te geven aan hoe
iemand zich daadwerkelijk voelt. Dergelijke
rationalisaties versterken de behoefte van iemand in
rouw om zich terug te trekken en te isoleren.
Bovendien geeft het iemand het gevoel beoordeeld
en bekritiseerd te worden. In relatief korte tijd na
een verlieservaring ontdekt iemand dat het kennelijk
beter is om "net te doen alsof je hersteld bent", want
dan heb je de meeste kans om normaal benaderd te
worden.

OP EEN VOETSTUK OF VERVLOEKT?

In een poging om weer gewoon benaderd te
worden en hersteld te lijken, gaan mensen in rouw
zich vaak richten op de leuke herinneringen. Daar
waar het een onvoltooide en onverwerkte
verlieservaring betreft, spreken we van "iemand op
een voetstuk plaatsen". Dit heeft kwalijke gevolgen,
omdat het eenzijdig belichten consequenties heeft.
Dit kan zich uiten in het obsessief om zich heen
verzamelen van objecten die de dode representeren.
Een voorbeeld is het intact laten van de slaapkamer
van een overleden kind door de moeder, terwijl dit
overlijden al vijf jaar terug heeft plaatsgevonden.

Minder ernstig maar desalniettemin toch net
zo beperkend is het als iemand niet alle aspecten
van de relatie evenwichtig onder ogen wil zien.

Velen willen slechts de leuke herinneringen aan de overledene in gedachten en gesprekken toelaten. De idee "over de doden niets dan goeds" is een voorbeeld van niet helpende informatie. We zeggen hiermee niet dat je iedereen die dit doet of deed meteen de mond moet snoeren. We willen erop wijzen dat het bijna onmogelijk is om van pijnlijke verlieservaringen , zoals sterfgevallen en scheidingen, te herstellen zonder naar het geheel te kijken, dus zowel naar positieve als negatieve ervaringen.

Vervloeking is het tegenovergestelde van het op een voetstuk plaatsen. Degene die rouwt geeft dan een permanente klaagzang weg, waarin een levenslang slachtofferschap tot uitdrukking komt. Ze zijn onwillig of onmachtig om de teleurstelling en bijbehorende boosheid los te laten. Bij vervloeking klampt iemand zich vast aan het negatieve. Bij op een voetstuk plaatsing bijt iemand zich vast in het positieve. Beide varianten doen geen recht aan de totale relatie.

Elke relatie kenmerkt zich door zowel positieve als negatieve ervaringen. Wij weten dat je verlieservaringen slechts kunt voltooien door totaal eerlijk te zijn richting jezelf en anderen.

WE ZOEKEN GOEDKEURING VAN ANDEREN

Mensen houden ervan geprezen te worden en complimenten te krijgen. Iedereen houdt in zekere mate van goedkeuring. Iedereen wil graag gezien worden als een sterke, slimme en stevige persoonlijkheid. Want we willen er graag bij horen. Dit verlangen hebben we al jong geleerd en kan door de kracht van herhaling obsessief aanwezig zijn.

Eerder gaven we al aan dat een groot deel van de opmerkingen die iemand na een verlieservaring krijgt niet helpend zijn. De adviezen die iemand krijgt variëren veelal tussen ga iets doen ter afleiding of vervorm wat je voelt naar iets verstandelijks. Omdat goedkeuring zo'n krachtig aspect van onze sociale vaardigheden is, proberen we in lijn met de adviezen te handelen.

Toen John zijn kind overleed, verscheurde dit hem. De goedbedoelde opmerkingen die hij kreeg waren bijvoorbeeld:

"Je vrouw en jij moeten maar dankbaar zijn dat je nog andere kinderen kunt krijgen."
"Het stond kennelijk zo in de sterren geschreven."
"Je bent sterk genoeg om dit aan te kunnen."

Puur rationeel gezien kloppen deze opmerkingen wellicht. Echter ze hielpen John in het geheel niet bij het zich verhouden tot wat hij daadwerkelijk voelde. Toch wilde hij niet alleen komen te staan.

De vraag in deze is, hoe zou hij zijn gevoelens eerlijk kunnen uiten, zonder de mensen die dit tegen hem zeiden voor het hoofd te stoten of van zich af te duwen?

Toen Russell en zijn eerste vrouw in scheiding lagen, zeiden goedbedoelende vrienden tegen hem:

"De volgende keer gaat het vast beter."
"Ze was kennelijk gewoonweg niet de juiste voor jou."

Russell had gewoon behoefte zijn verhaal te kunnen doen en om gehoord te worden. Deze opmerkingen hadden als averechts effect dat hij stopte met het uiten van wat er in hem leefde. Onwillekeurig slikte hij zijn gevoelens in.

John en Russell zochten beiden de goedkeuring van de mensen in hun nabije omgeving. Ze waren er klaar mee om zich rot te voelen. Tegelijkertijd voelden ze zich niet gesteund door hun familie en vrienden terwijl ze daar wel degelijk pogingen toe deden. Ze deden er werkelijk alles aan om zich beter te voelen. Dus kozen ze voor de Oscar Herstel aanpak. Ze zetten hun "het gaat wel weer" gezicht op. Ook al konden ze zich in de verste verte niet voorstellen dat het ooit weer beter met ze zou gaan. Het acteren ging hun echter zo goed af dat ze zichzelf ook voor de gek hielden.

Zo overtuigden ze zichzelf bijna dat het wel weer goed ging, terwijl dat niet zo was.

"HET GAAT GOED" IS EEN LEUGENTJE OM BESTWIL

Doordat wij in heel Amerika werken met mensen in rouw hebben we al heel wat "OK" gedrag gezien. Ze zien er goed uit, het klinkt allemaal goed, en ze proberen ons zelfs ervan te overtuigen dat alles prima gaat. Als we mensen ontmoeten die recentelijk een verlieservaring hebben meegemaakt, vragen we altijd hoe het met ze gaat. Op een zeldzame uitzondering nagelaten reageren ze allemaal met: "het gaat goed".

Wanneer we spreken voor grotere groepen vragen we meestal hoeveel mensen in de zaal het fijn vinden als er tegen ze gelogen wordt. Vanzelfsprekend steekt er nooit iemand zijn hand op. Vervolgens vragen we dan hoeveel van hen weleens gelogen heeft over hun gevoelens en pijnlijke ervaringen. Dan gaan ineens alle handen omhoog. Het is natuurlijk enorm pijnlijk en jammerlijk beschadigend dat we geleerd hebben te liegen over onze gevoelens. En dit allemaal uit de angst om beoordeeld en bekritiseerd te worden.

Het gevaar van "het gaat goed" gedrag, is dat het je niet helpt om te herstellen. Door te zeggen "het gaat goed" brengen we onszelf en anderen in verwarring. Terwijl de pijn en de eenzaamheid van binnen blijven bestaan. Het gevolg hiervan is vergelijkbaar met een deksel op een infectie doen, waardoor er een etterende wond ontstaat.

WE ERVAREN ENORM ENERGIEVERLIES

Tijdens onze gesprekken met duizenden mensen in rouw, ontstaat zelden discussie wanneer we zeggen dat het klinkt alsof ze weinig energie meer over hebben. Soms is alles wat zo iemand lukt op een dag uit bed komen. Zo kan iemand weken, maanden en soms zelfs levenslang op de automatische piloot doorgaan, amper nog energie hebbend.

Onvoltooide verlieservaringen vergen buitensporig veel energie. Over het algemeen blijft verlies broeien onder de oppervlakte, waardoor *slechts de symptomen bestreden* of behandeld worden. De meeste mensen, ook de mensen die onze mentale gezondheid behandelen, begrijpen simpelweg niet *dat onvoltooide verlieservaringen zich opstapelen wat de negatieve effecten uitvergroot.*

Het is heel logisch dat menselijke energie het meest efficiënt gebruikt wordt als ons hoofd en lichaam in balans zijn. Onvoltooide verlieservaringen hebben de neiging ons van onszelf te vervreemden. Hoe vaak heb je bijvoorbeeld een bepaalde route gereden en je ineens gerealiseerd dat je een deel ervan totaal niet hebt meegekregen, omdat je met je gedachten elders was? Je zat in je hoofd, in gesprek met iemand die niet in de auto aanwezig was. En het is een wonder dat je nog steeds leeft. Heel vaak vinden deze fictieve gesprekken plaats met mensen die overleden zijn of met een ex-partner. Veelal betreft het onafgeronde emotionele communicatie. Het blijven hangen in onafgemaakte emoties kost enorm veel energie.

WE ERVAREN MINDER LEVENSLUST

Het directe effect van Oscar Herstel is teleurstellend. Mensen gaan namelijk daadwerkelijk denken, op basis van hun eigen overtuigende gedrag, dat ze echt hersteld zijn. Dit resulteert in verlies van levenslust en verlies van spontaniteit. En dat is vrijwel onmogelijk terug te draaien. Diverse mensen stappen in de valkuil van stille wanhoop, zich soms goed voelend, en soms ronduit slecht. Echter ze zijn niet meer in staat om terug te keren naar een genormaliseerde volledig voelende staat, waarin zowel pijn als plezier thuishoren.

We betalen dus een hoge prijs voor de verkeerde informatie die we hebben gekregen over hoe we om moeten gaan met verlieservaringen. Elke keer dat een verlies niet goed voltooid wordt, zal er cumulerende beperking van onze levenslust optreden. Het leven wordt iets om te verduren of te verdragen. De wereld lijkt een vijandige en vervelende plek om te zijn. Als gevolg van deze verkeerde informatie hebben we nooit een eerlijke kans gekregen om ons goed te verhouden tot verlieservaringen. En die horen hoe dan ook bij het leven.

Sommigen van jullie zullen dit boek lezen om redenen die anders zijn dan een scheiding of een sterfgeval. Het kan zijn dat je terugblikt op je jeugd; het leven verliep gelukkig en plezierig. Dankzij vele kleine en onvoltooide verlieservaringen door de jaren heen, kan het zijn dat je op een zeker moment je er bewust van wordt dat het leven anders is verlopen dan je gehoopt of verwacht had. Sommigen zullen zich zelfs niet eens herinneren dat ze ooit dachten dat het leven fantastisch verliep. Echter voor jou kan een toenemend bewustzijn ontstaan dat je niet gelukkig bent. Misschien dat zelfs ontevredenheid overheerst. Het kan zijn dat er vrij weinig redenen zijn om gelukkig en plezierig door het leven te gaan. Hoe het ook zij, je zult vast al van alles geprobeerd hebben om je beter te voelen. Zo kunnen bijvoorbeeld therapie, geloof- en/of spirituele overtuigingen, of diverse stappenprogramma's bijgedragen hebben aan inzicht en tips en trucs hebben opgeleverd die waardevol zijn. En toch, kun je een blijvend gevoel van onvoltooid verleden houden. Een gevoel dat al je toekomstdromen op voorhand al in duigen slaat. Stop alsjeblieft niet met lezen. Dit boek is eveneens op jou van toepassing.

Deel TWEE

Voorbereiding op verandering: Starten met herstel

Herstel van verlies wordt bereikt doordat iemand in rouw een serie van kleine en juiste keuzes maakt. Je hebt inmiddels al een aantal juiste keuzes gemaakt:

Je hebt erkend dat je een probleem hebt.

Je bent je bewust dat dit probleem samenhangt met verlieservaringen.

Je hebt de wil getoond door te beginnen in dit handboek, dat je bereid bent om actie te ondernemen om te herstellen van verlies.

In de volgende vier hoofdstukken introduceren we de eerste noodzakelijke acties om voorbij verlieservaringen te komen en verder te gaan. Het succes daarvan wordt bepaald door jouw bereidheid om de actiestappen achtereenvolgens daadwerkelijk te doorlopen.

6

Je eerste keus:
Kiezen voor herstel

Om te kiezen voor herstel moet je weten waar en hoe te beginnen. Er zijn drie woorden die helpen om het herstelproces te starten: *anders, beter of meer.*

Ongeacht of je verlies veroorzaakt is door een stergeval, een scheiding of een andere significant pijnlijke en vervreemdende gebeurtenis, de vraag blijft hetzelfde: "Wat had jij gehoopt dat er *anders, beter of meer* was geweest?" Het is belangrijk om te ontdekken wat er voor jou onvoltooid is gebleven in de relatie.

Laten we even terugkijken op het verhaal van John over de dag dat zijn opa stierf. Toen werd John naar het kantoor van de directeur gestuurd, zodat hij daar even alleen kon zijn. Dat bekrachtigde de les die hij eerder geleerd had, namelijk dat het niet de bedoeling is in het openbaar je gevoelens te uiten. Terwijl John daar zat reflecteerde hij op de relatie, en hij wilde dat hij zijn opa nog zou kunnen zeggen hoe dankbaar hij hem was wat hij hem allemaal geleerd had. John had vaker in zijn leven gewacht met het vertellen wat hij voelde, vanuit de veronderstelling dat hij dit later alsnog kon doen. Echter "later" kwam nu te vroeg, want zijn opa was inmiddels overleden. John zat er enorm mee dat zijn dankbaarheid onvoltooid zou blijven. Dit was één van de dingen die hij gewenst had hij *anders, beter of meer* gedaan had.

John voelde zich slecht over keuzes die hij gemaakt had in deze. Veel mensen zien dit abusievelijk als zich schuldig voelen. De wens dat iets **anders, beter of meer** zou zijn geweest is echter niet hetzelfde als schuldgevoel.

Als we deze behoefte aan iets *anders, beter of meer* niet identificeren als iets van onszelf, dan gaan mensen vaak de overledene of de omstandigheden verantwoordelijk stellen voor het feit dat ze zich slecht voelen. Zolang we geloven dat iets of iemand verantwoordelijk is voor wat en hoe wij ons voelen, zijn we helaas niet in staat om te herstellen.

WIE IS VERANTWOORDELIJK?

Zodra we de misvatting (h)erkennen van "de tijd heelt alle wonden", komt de volgende hobbel. Het inzien van de verkeerde overtuiging dat anderen of omstandigheden verantwoordelijk zijn voor jouw gevoelens. Velen hebben de neiging om te zeggen:

"Jij maakt me zo boos."
"Jullie hebben mijn dag verpest."

"Ik zou me prima voelen als die-en-die net zus-en-zo had gedaan."

Dit is onverantwoord gedrag, want het heeft een rampzalig effect op je voelen en handelen. Dit heeft echter ook zijn wortels in onze "eerste levenslessen."

Een moeder zegt tegen haar kind: "Jij maakt me blij."
Vader zegt: "Jij zorgt dat ik trots op je ben."
Moeder zegt: "Maak je vader niet zo boos."

Als gevolg van dit soort bij herhaling gemaakte opmerkingen, die suggereren dat acties van een kind de gevoelens van de ouders bepalen, denkt een kind dat het omgekeerde ook geldt. *Als ik vader en moeder een bepaald gevoel kan geven, dan kunnen zij bij mij ook gevoelens veroorzaken.* Dit vormt een grote bijdrage aan de "slachtoffer mentaliteit", die in onze samenleving wijdverbreid aanwezig is.

Een uitspraak van Eleonar Roosevelt is hier op zijn plaats, *niemand kan jou iets laten voelen zonder jouw toestemming.* Echter zelfs met deze uiterst behulpzame uitspraak vinden we het enorm moeilijk om te voorkomen dat mensen ervan overtuigd raken dat anderen verantwoordelijk zijn voor hun gevoelens. Zodra we iets of iemand 100 % verantwoordelijk maken voor het veroorzaken van wat wij voelen, dan maken we ons tegelijkertijd afhankelijk van hen om deze gevoelens te beëindigen.

Ter illustratie gebruiken we vaak het volgende verhaaltje om dit te verduidelijken. We hebben het de titel gegeven: "onderweg met de auto naar het werk".

Op een ochtend is een man met de auto onderweg naar zijn werk. Hij stopt voor een rood licht, want hij houdt zich altijd keurig aan de regels. Zo stilstaand voor het stoplicht, begint hij te dagdromen. Intussen springt het verkeerslicht op groen. Hij merkt dit niet op, terwijl de man achter hem dit wel gezien heeft. Omdat de auto van de dagdromende man stil blijft staan, toetert de man achter hem om hem hierop te attenderen. De dagdromende man draait zijn raampje naar beneden om de man achter hem te bedanken dat hij hem wakker schudde.

Wie houden we hier nu voor de gek? We weten allemaal dat het veel waarschijnlijker is dat het als volgt verder gaat.

De dagdromende man reageert hierop verbouwereerd. En niemand vindt het fijn zich zo te voelen. En hij wil zeker niet zelf verantwoordelijk zijn voor zijn eigen verbouwereerdheid. Hij heeft al zijn leven lang precies het tegenovergestelde gedaan.

Dus in plaats van "dankjewel voor het mij uit mijn dagdromen halen", denkt hij "wat een zakkenwasser zeg, moet dat nou zo?"

Bijna direct en ongemerkt gaat zijn brein plannen maken om zijn gezicht te redden of om terug te slaan. Hij draait het raampje naar beneden steekt zijn hoofd uit het raam en doet precies wat hij in zijn assertiviteitstraining een tijdje terug heeft geleerd. Hij uit zijn gevoel als volgt: "hé vriend, doe normaal man!"

Daarna rijdt hij langzaam weg en blijft langzamer rijden dan hij normaal zou doen om de man achter hem te straffen voor het gevoel dat deze zijn dag heeft verpest. Hij weet zeker dat dat zo is!!

De man is boos en ziet niet dat hij zelf degene is die deze ongemakkelijke gevoelens gecreëerd heeft. Hij is zich er niet bewust van of hij wil niet erkennen dat hij inderdaad zelf verantwoordelijk is. Wat hij natuurlijk wel is want het zijn gevoelens als gevolg van zijn gedachten en gedragingen.

Wat bederft een picknick – de regen of hoe wij ons verhouden tot die regen? Dit is een strikvraag. Het antwoord is namelijk beiden. De regen verpest natuurlijk de condities voor een ideale picknick, echter je kunt niks doen aan de regen. Je kunt wel bewust bepalen hoe je reageert op die regen. Dit geldt in werkelijkheid precies zo voor hoe je je verhoudt tot verlieservaringen. Wat veroorzaakt mijn verlieservaring – het verlies of mijn reactie daarop? En wederom is het antwoord beiden. Omdat we wat gebeurd is niet terug kunnen draaien, kunnen we alleen iets doen aan onze reactie erop. We kunnen vaardigheden ontwikkelen die ons helpen voltooien wat in een relatie gebeurd is dat pijn, teleurstelling of frustratie of ander hartzeer heeft veroorzaakt.

Sommige mensen zijn ertoe in staat om te geloven dat een vertraagde bus, of een gerecht dat te koud geserveerd wordt, het resultaat is van een wereldwijd complot. Anderen denken dat de overheid hun leven verruïneert, of dat hun baas de oorzaak is van al hun ellende. Echter waar het uiteindelijk allemaal op neerkomt is dat ze zijn gaan geloven "ze maken me boos". Dit heeft tot gevolg dat de automatische reactie is om kritiek te geven op iets of iemand, omdat de misvatting is dat daar de verantwoordelijkheid ligt voor hoe wij ons voelen. We worden expert in het *"analyseren van de ander"* in plaats van te *"kijken naar ons eigen aandeel."*

Als kinderen konden we er niks aan doen wat onze ouders of opvoeders en ontwikkelaars deden. Soms komen we wanneer we volwassen zijn erachter dat er bepaalde dingen gebeurd zijn die buiten onze eigen invloedssfeer lagen. We hebben echter wel de verantwoordelijkheid voor *de reactie die we NU geven* op iets dat in het

verleden gebeurd is. Anders zullen we ons voor altijd slachtoffer blijven voelen. Het is al vervelend genoeg dat er nare dingen gebeurd zijn met ons. Het wordt echter dubbel zo erg als we onszelf toestaan om deze pijnlijke situaties steeds te herhalen in onze herinnering. Het probleem wordt vergroot doordat we niet de juiste vaardigheden hebben geleerd om ons hiertoe te verhouden. En de verlieservaringen te voltooien die in een grijs verleden zijn geleden.

We zijn verkeerd geïnformeerd tijdens onze opvoeding en verdere ontwikkeling en zijn zo gaandeweg gaan geloven dat we hulpeloze slachtoffers zijn. We weten simpelweg niet hoe we adequaat op anderen kunnen reageren, net zoals op hoe we denken, voelen en handelen. Daarom, denken en geloven we helaas dat de regen helemaal verantwoordelijk is voor de teleurstellende picknick. De meeste mensen wordt geadviseerd "laat het gewoon los" of er wordt tegen ze gezegd "wat gebeurd is, is gebeurd". Het zou werkelijk ideaal zijn als ons menselijke brein en ons hart zo simpel met het probleem overweg zouden kunnen. Dat we gewoon doen alsof er niks gebeurd is en van daaruit verder kunnen gaan met leven. Helaas werkt het niet zo. Niets verandert zonder dat door jou de verantwoordelijkheid voor je eigen herstel genomen wordt. Er is slechts één ding dat vanzelf gaat en dat is verwaarlozing.

Om je te ondersteunen in het doorbreken van gewoontepatronen, waaronder het je 100 % slachtoffer voelen, gaan we je vragen om een nieuw idee te aanvaarden. We vragen je om minstens 1 % verantwoordelijkheid voor jouw aandeel te nemen in iets dat onvoltooid is gebleven. Het is zoals een hele kleine sleutel die een enorme deur kan openen. Deze 1 % verantwoordelijkheid zet de deur van je hart en je hoofd in elk geval op een kiertje, waardoor het pad naar herstel zichtbaar kan worden. Voor nu betekent dat slechts het continueren van het bladzijde voor bladzijde lezen wat we je mee willen geven, zodat jij je eigen oplossing kunt gaan vinden.

JE TWEEDE KEUS: SAMENWERKEN OF ALLEEN AAN DE SLAG

In de perfecte wereld doorloop je het herstelproces van verlieservaringen in een groep, samen met anderen. Het is enorm stimulerend om van diverse mensen hun verhaal te horen en je zo zelf beter te herinneren hoe verlieservaringen beleefd worden. Als je dit boek leest kan het zijn dat je geen groep in je directe omgeving kunt vinden, waarin deze methodiek om een *reset van je rouwrepertoire* te bewerkstelligen wordt gehanteerd.

In de eerste editie van dit handboek gingen we er nog vanuit dat herstellen van verlieservaringen onmogelijk alleen te doen was.

Helaas zagen veel mensen daarin een reden om te stoppen met het verder lezen van dit handboek. Waardoor ze de actiestappen die juist helpen om te herstellen van verlieservaringen ook niet meer deden. Sinds die tijd weten we van mensen die wel doorgingen met lezen van het handboek en de actiestappen die daarin staan alleen deden, dat er toch herstel mogelijk is, ook al doen ze het werk alleen.

Voor degenen die alleen werken

Als de omstandigheden of je situatie het momenteel niet realistisch maken of dat het te beangstigend is om dit samen met anderen te delen en te doorlopen, *doe dan de actiestappen vooral alleen.* Stop alsjeblieft niet met het verder lezen in dit handboek en het werken aan jezelf.

We zullen je instructies geven voor het herstellen van je verlieservaringen, die toepasbaar zijn of je nu samen of alleen werkt.

Voor degenen die samenwerken met een gesprekspartner

We zijn van mening dat als je de *mogelijkheid om samen te werken* aangrijpt dat beter is. En dan bij voorkeur met iemand die ook werk maakt van het herstellen van een eigen verlieservaring. Zo weet je dat je het weliswaar alleen moet doen, maar dat je daarin niet alleen bent. Als regel hanteren we dat dit bij voorkeur iemand met een andere verlieservaring betreft, dan die waar jij aan werkt. Dit voorkomt de neiging om te gaan vergelijken of verschillen te gaan bespreken. Echter na een overlijden is het zeker niet vreemd als familieleden dit werk juist wel samen doen. Zo kun je zelfs werken aan dezelfde verlieservaring. Omdat elke verlieservaring uniek is, is herstel dat ook. Het kan ook prima werken als een stel samen het herstelwerk doet, terwijl de ene werkt met de verlieservaring van een sterfgeval en de andere bijvoorbeeld een scheiding of iets anders verwerkt.

IEMAND VINDEN OM MEE SAMEN TE WERKEN

Het kan zijn dat je het gevoel hebt dat niemand echt begrijpt wat jouw pijn precies is. Je kunt zelfs het gevoel hebben dat zelfs je vrienden je verdriet niet kunnen bevatten of begrijpen. Als mensen zeggen dat ze het begrijpen, weet dan dat dat niet klopt. Ze hadden niet dezelfde relatie die jij had. Zelfs andere familieleden hadden hun eigen unieke relatie.

Mensen in rouw wordt vaak geadviseerd iemand op te zoeken die een vergelijkbare verlieservaring heeft meegemaakt. Weduwen wordt geadviseerd om te gaan met andere weduwen, ouders die een kind hebben verloren wordt aangeraden met andere ouders die dit hebben meegemaakt contact te zoeken. Dit wekt wederom verkeerde verwachtingen. Wij hebben ontdekt dat iedereen die een intense emotionele verlieservaring heeft meegemaakt ideaal is om mee te werken.

Het kan dat andere familielid zijn die ook rouwt over hetzelfde verlies. Als je jezelf niet helder hebt geuit qua gevoelens hierover, kan de ander dit niet weten. Wellicht is er dus al iemand binnen je eigen familie met wie je kunt werken aan het herstellen van je verlieservaring.

Indien dit niet het geval is zijn er talloze plekken waar je zo iemand kunt zoeken. Wellicht zelfs op het werk, waar je mensen hebt horen praten over iemand die overleden is. Of op je sportclub, bij de supermarkt of in verenigingen waar je bij aangesloten bent. Er zijn vele mogelijkheden. Maak het onderwerp bespreekbaar in je sociale netwerk. Iedereen heeft hier verhalen over en ervaringen mee opgedaan. Misschien zijn ze wel enorm blij om te ontdekken dat er een programma is dat helpt om te herstellen van verlieservaringen. Mocht je inderdaad mensen vinden waar je mee zou kunnen werken, wees dan wel eerlijk. Laat hen weten dat je voornemens bent aan de hand van dit boek te werken. Vraag of ze ook moe zijn van de pijnlijke ervaringen en de energie die dit kost. Onderzoek of ze bereid zijn om samen met jou te herstellen van die pijn. Wees niet teleurgesteld als menigeen hier geen zin in heeft. Bereid je voor op allerlei reacties en excuses. Blijf zoeken tot je iemand hebt die echt wil werken aan de eigen verlieservaring.

7

De richtlijnen

In dit hoofdstuk gaan we ervan uit dat je bereid bent aan de slag te gaan met of zonder sparringpartner. Hier volgen de specifieke richtlijnen voor bij de eerste bijeenkomst met degene met wie je gaat werken. *Ook als je alleen werkt is het belangrijk dat je dit leest.* Bepaalde afspraken en instructies zijn zoals we zullen aangeven ook voor degenen die alleen werken van belang.

DE EERSTE OF STARTBIJEENKOMST

De eerste bijeenkomst vraagt niet heel veel tijd. Een uur is genoeg. Er komen hierna nog vijf vervolgbijeenkomsten, waarin je de actiestappen uit dit boek doorloopt. Je zult minstens twee of drie dagen tussen de afspraken nodig hebben om je in te lezen en het huiswerk te maken.

Tijdens de eerste bijeenkomst bepaal je samen wat de beste dagen of avonden zijn om afspraken te maken. Houd daarbij rekening met per keer één of anderhalf uur aan benodigde tijd. Zorg dat je *altijd* een plek kiest waar je je beiden veilig voelt om te werken. Het praten over verlieservaringen gaat vaak gepaard met normale en natuurlijke emoties, zoals huilen of boosheid uiten. Dat is volkomen logisch in reactie op gedachten en discussies over rouw, maar het is geen Wet van Meden en Perzen. Dus denk niet dat er iets mis is met jullie als dit uitblijft. En als het er wel is, in welke vorm kan ook, voeg er dan geen verkeerde verwachtingen aan toe. Want huilen is nog geen herstel. Spreek in elk geval af dat iemand van jullie zakdoekjes regelt.

Bepaal of je elkaar kunt en wilt aanraken of omhelzen, benoem expliciet wat jullie beiden wel of niet prettig vinden. Sommige mensen hebben daar geen behoefte aan of vinden het zelfs niet prettig omdat het hun stoort in het proces. Dat is prima. Een belangrijke richtlijn is om elkaar tijdens het proces niet aan te raken, wacht daarmee tot het eind. Meestal heeft fysieke aanraking als bijeffect dan iemand stopt met voelen, terwijl dat juist is wat helpt.

In het algemeen adviseren we op gepaste afstand van elkaar te gaan zitten, zodat degene die praat genoeg ruimte ervaart en zich niet beperkt voelt. Stel je het voor alsof je met een vriend een goed gesprek hebt. *Dit is geen therapie.* Het onderwerp mag je in het begin vreemd lijken, het doel is je comfortabel en veilig te voelen bij het bespreekbaar maken van verlieservaringen. Stel je maar voor dat je *een hart met oren* bent als je luistert naar je gesprekspartner.

DEZE AFSPRAAK IS EEN VERBINDENDE BELOFTE

Het is belangrijk bepaalde belofte aan elkaar te doen om het herstelproces van verlieservaringen succesvol te laten verlopen.

1. *Volkomen eerlijk zijn* (dit geldt zowel als je alleen werkt of als je samenwerkt). Als we het hebben over volkomen eerlijk zijn, bedoelen we dat je je zo eerlijk mogelijk uit over je verlieservaring en je gevoelens daarover. Je mogelijkheid hier eerlijk naar te kijken, en jouw waarheid hierover te delen, versterkt de werking van je herstel gedurende het programma.

   Volkomen eerlijk zijn betekent de *waarheid over jezelf* uiten, niet over anderen. Trap niet in de valkuil over anderen te gaan vertellen. Je kunt uitsluitend de waarheid over jezelf uiten. Waar het over anderen gaat kun je alleen maar gissen. En gissen is vaak ook missen.

We nemen op geen enkele manier
aan dat je oneerlijk bent. Het kan best zijn
dat je sommige dingen niet wilt vertellen.
Dat kunnen feiten of details zijn betreffende
gebeurtenissen die je moeilijk vindt om te
uiten. Dat is prima. Het is vooral belangrijk
dat je de emotionele waarheid van je reactie
op de gebeurtenissen vertelt.
Vanzelfsprekend moeten degenen die alleen
werken helemaal eerlijk naar zichzelf toe
zijn.

2. *Absolute vertrouwelijkheid* (geldt voor
   gesprekspartners). Gedurende het
   samenwerken is dit uitermate belangrijk om
   in acht te nemen. Zeker waar je met elkaar
   spreekt over emotionele pijnlijke situaties en
   omstandigheden in je leven. Absolute
   vertrouwelijkheid betekent dat je alle
   persoonlijke informatie, die je samen deelt,
   bij wijze van spreken mee je graf inneemt.
   En dat je elkaar daarin volledig vertrouwt.
   Het betekent dat je dit vertrouwen nooit mag
   beschamen.

3. *Uniek en individueel* (voor gesprekspartners
   en mensen die alleen werken). Het derde dat
   je belooft is dat je ieder herstel als uniek en
   individueel zult beschouwen. Omdat elke
   relatie uniek is, is ook elke communicatie in

het herstelproces uniek. En aangezien
iedereen in rouw een unieke set van
geloofsovertuigingen in het herstelproces
meeneemt, is het belangrijk geen
vergelijking van verlieservaringen te maken.
Vergelijken leidt meestal tot vergroten of
verkleinen, echter zelden tot de waarheid.
Niemands mening over onze verlieservaring
of onze geloofsovertuigingen is belangrijker
dan die van onszelf.
De veiligheid van onze samenwerking en het
individuele herstelproces hangt ervan af of
jullie beiden in staat zijn je eigen gedachten
en gevoelens uit te spreken zonder
onderbreking, analyse, kritiek, oordelen of
wat dan ook.

Of je nu samenwerkt of alleen werkt, het is
belangrijk zelfs essentieel dat je het
herstelproces met deze beloftes ondersteunt.
Daarmee neem je de actiestappen van dit
programma serieus. Doe vervolgens alle
opdrachten in een voor jullie geschikte
tijdspanne.

Gesprekspartners: Verzeker je ervan dat je
deze beloftes naar elkaar uitspreekt.

Alleen werkers: Je hoeft uitsluitend de eerste
belofte te doen. Natuurlijk is het ook voor
jou van belang dat je dit serieus neemt. Jou
wordt geadviseerd ook vooral de derde

belofte in acht te nemen, vooral waar het betreft jezelf beoordelen en bekritiseren.

DE EERSTE HUISWERKOPDRACHT

Beide gesprekspartners en degenen die alleen werken dienen de eerste zes hoofdstukken van het handboek te (her)lezen. Maak aantekeningen en/of onderstreep opmerkingen die je raken. Noteer aspecten die je vanuit je eigen verlieservaringen herkent.

Hier volgt de lijst van mythes die John en Russell hebben ontdekt in het werken met de verlieservaringen in hun eigen levens:

1. Voel je niet rot
2. Vervang het verlies
3. Rouw alleen
4. Tijd heelt alle wonden
5. Wees sterk (voor anderen)
6. Blijf bezig

Wees niet verrast als je ze allemaal herkent. Het is heel gebruikelijk in onze samenleving dat we precies deze overtuigende overlevingsstrategieën hebben meegekregen.

Pak een blanco vel papier en schrijf op welke van de zes je herkent. Voeg andere ideeën die je hebt meegekregen toe, of schrijf andere vormen die je herkent vanuit je omgeving op. Zeker als ze gerelateerd zijn aan het omgaan met verlieservaringen. Deze lijst maakt je herstel persoonlijk.

Bekijk vervolgens de lijst met clichés. Herken hoeveel van deze opmerkingen je zelf hebt gekregen. En welke je geleerd hebt te geloven als zijnde waar. Wees wederom niet verrast als de meeste je erg vertrouwd in de oren klinken. Deze geloofsovertuigingen zijn vrij gebruikelijk in onze samenleving. Voeg vervolgens de opmerkingen die je aanvullend hebt gehoord toe.

"Kop op herpak jezelf."
"Je moet op de been blijven."
"Houd je kaken stijf op elkaar."
"Trek jezelf aan je haren uit de modder."
"We begrijpen hoe je je voelt."
"Wees blij dat je nog meer kinderen hebt."
"Het leven gaat door."
"Hij is op een betere plek"
"Alles gaat voorbij dus ook dit gaat over."
"Ze heeft een mooi leven gehad."
"God geeft je nooit meer dan je aankunt."
"Je moet niet kwaad zijn op God."

De lijst bevat vast veel van de overtuigingen en ideeën die je zelf gebruikt hebt bij het omgaan met verlieservaringen in je leven.

Ook al lijkt deze lijst lang, we hebben nog maar zelden iemand ontmoet die er niet nog verscheidene aan toe kon voegen. Vat dat alsjeblieft niet op als kritiek op jou, je familie, je kerk of de samenleving in het algemeen. Het is belangrijk dat je identificeert welke ideeën jij hanteert in het omgaan met verlieservaringen. Van daaruit kun je onderzoeken of ze je helpen of juist hinderen in je herstelproces. Wees grondig. Des te eerlijker je hier alvast bent, zoveel makkelijker zal het voor je zijn om betere ideeën te aanvaarden over hoe te herstellen van verlieservaringen.

BEKIJK GEDACHTEN EN HERINNERINGEN

Eerder vermelden we dat verkeerde ideeën je beperken in je mogelijkheden om effectief om te gaan met verlieservaringen, zoals:

"Kop op herpak jezelf."
"Je moet op de been blijven."
"Houd je kiezen stijf op elkaar."

Het is belangrijk om je steeds weer te realiseren dat rouw een *normale en natuurlijke reactie* is op een verlieservaring. Rouw is de menselijke reactie die ons doet beseffen dat dingen veranderd zijn ten opzichte van de situatie voor deze verlieservaring. Deze drie opmerkingen suggereren dat er *iets mis* is met ons, terwijl we normaal reageren op verlieservaringen. Echter het is normaal dat we overweldigd zijn als een ontzettende gebeurtenis of een aantal ontwrichtende situaties zich voordoen. Het is normaal om je dan verloren, verward, ontzet en/of gefrustreerd te voelen. Zeker wanneer een enorm verlies ons leven beïnvloedt. Wat we vaak te horen krijgen is dat iemand in respons op de emoties of als reactie op verlies, zich *gebroken of verdwaald* voelt. Het is tragisch dat dit verkeerde taalgebruik en het idee dat dit werkelijk zo is een vergiftigende geloofsovertuiging vormt. En dat we de taal om woorden aan ons lijden te geven, naast lezen en lopen niet geleerd hebben. Daardoor weten we niet goed om te gaan met de normale en gezonde gevoelens die verband houden met een verlieservaring.

DE TWEEDE BIJEENKOMST

Start met het herhalen van de beloftes en afspraken om volkomen eerlijk, absoluut vertrouwelijk en uniek en individueel om te gaan met elkaar in dit herstelproces. Zoals gebruikelijk spreek je af op een veilige plek waar je privé en persoonlijk kunt werken en alle emoties vrij kunt laten. Houd voor de zekerheid de zakdoekjes bij de hand.

Deze bijeenkomst is de eerste echte kans om te ontdekken welke ideeën je hebt gehanteerd bij het verwerken van verlieservaringen in je leven. Deze bijeenkomst is bedoeld als kans om het in het algemeen te hebben over rouw en verlies. En hoe je gelooft dat je hier mee om hoort te gaan. In latere bijeenkomsten ga je je meer specifiek richten op voltooiing van je verlieservaring en daarmee op herstellen daarvan.

Er zijn drie mogelijke valkuilen. De eerste is dat je vervalt in een monoloog in plaats van een gesprek. De tweede is dat je gaat analyseren, bekritiseren of oordelen. De derde is dat je het idee hebt dat je in religieuze, spirituele of anderszins intellectuele of therapeutische zin bezig bent. Ondanks dat deze stromingen van waarde zijn in het dagdagelijkse leven, zijn ze als ze toegepast worden in relatie tot rouw veelal verwarrend.

De uitdaging is om te bereiken dat jullie beiden inzicht krijgen in de misinformatie die je hanteert in het omgaan met verlieservaringen. En dat daarmee tegelijkertijd een veilige band tussen jullie beiden ontstaat. Veiligheid helpt om de neiging tot isolatie weg te nemen en het stimuleert een toenemende samenwerking. Je zult verbaasd staan over wat jullie allemaal gemeen hebben.

Beiden lezen jullie om beurten je lijst met mythes voor aan elkaar. Dit zullen enkele of alle zes de mythes zijn die John en Russell eerder in hun leven hebben ontdekt. Gebruik wat tijd om de impact en het effect van deze mythes op jouw leven te bespreken.

Daarna kun je om beurten de lijst met andere ideeën uitwisselen. Dit geeft je inzicht in wat deze overtuigingen voor jou betekent hebben bij het omgaan met verlieservaringen. Neem weer even de tijd om te bespreken wat de invloed van deze mythes op je leven is geweest.

Maak afspraken voor een volgende bijeenkomst.

Voor degenen die alleen werken

Plan tijd in om de eerste zes hoofdstukken te herlezen. Bekijk en overdenk de lijst die je gemaakt hebt en vergelijk deze met die in het boek. Ga na welke invloed ze hebben gehad in je leven en maak daar aantekeningen over. Stel jezelf de "kritische" vraag: "werk ik alleen vanwege sommige aannames en/of overtuigingen, die ik heb geleerd over het omgaan met pijnlijke gevoelens?"

8

Identificeren van korte-termijn energie ontlading

Het overlijden van een dierbare, een scheiding en alle andere significante verlieservaringen veroorzaken een enorme hoeveelheid emotionele energie. Aangezien we allemaal van jongs af aan opgevoed en opgegroeid zijn met verkeerde manieren om je te verhouden tot verdrietige, pijnlijke en negatieve emoties, potten we die energie in onszelf op.

Een cliché verhaal ter illustratie hiervan. Een klein meisje komt thuis van school waar ze pijnlijke ervaringen heeft meegemaakt, door incidenten op het schoolplein. Pa, ma of een aanwezige opa of oma vraagt "Wat is er gebeurd?" Het kind zegt met tranen in haar ogen, dat één van de kinderen gemeen tegen haar heeft gedaan. De oudere zegt, "Maak je niet druk, hier heb je een koekje, dan voel je je weer wat beter." Daarmee het kind opzadelend met het begin van een levenslange overtuiging. En omdat die haar bijgebracht wordt door iemand die ze vertrouwt, en die belangrijk voor haar is, gelooft ze dat dit werkt. De overtuiging wordt: *gevoelens lossen uit zichzelf op met eten.*

Door het eten van het koekje, voelt het meisje zich inderdaad *anders*, echter dat is iets anders dan beter. In elk geval is ze op dat moment afgeleid en vergeet de ervaring op het schoolplein. Echter, er is geen afgerond geheel wat betreft de emotionele pijn veroorzaakt door de gebeurtenis op het schoolplein. De gebeurtenis met de daaraan gekoppelde gevoelens zijn nu verstopt onder het koekje, de suiker, de afleidingsmanoeuvre. Als het kind er later weer over begint is de kans groot dat ze het volgende te horen krijgt: "we huilen niet over wat voorbij is." Waarmee ze de boodschap krijgt dat het niet normaal is om gevoelens te blijven hebben over iets wat een tijdje geleden gebeurd is. Dus het moet verstopt blijven.

Al vroeg leren we gevoelens te verbergen, te verstoppen of te begraven door in plaats daarvan iets te nuttigen. Het is dan ook niet verrassend dat we later deze gewoonte aannemen om er onze gevoelens mee weg te werken. Dat kan ook met alcohol of drugs gebeuren. We kunnen dit afgekeken hebben van familieleden, die bijvoorbeeld bij begrafenissen of na de condoleance grote hoeveelheden alcohol of eten nuttigden. Het nuttigen van wat dan ook in reactie op emotionele energie, die ontstaat bij een sterfgeval of een scheiding, helpt ons niet om de bron van die energie te ontdekken. Laat staan dat het ons helpt de relatie te voltooien met iemand die we hierdoor verloren hebben. Daardoor gaan we de *illusie* koesteren dat

korte-termijn energie ontlading, zoals alcohol en
eten, ons duurzame opluchting, ontspanning en zelfs
de oplossing bieden. Dus de valse verwachting is
dat deze ook op de langere termijn ons helpen bij
het omgaan met de pijn veroorzaakt door een
verlieservaring.

Drank en eten zijn duidelijke en typische
voorbeelden van korte-termijn energie ontlading.
Dit compenseert slechts tijdelijk. Er zijn nog vele
andere vormen van korte-termijn energie ontlading,
die dezelfde levenslust remmende en zelfs
schadelijke werking hebben. Hier volgt een lijstje
met dergelijke gedragingen die, als ze vanuit
verkeerde verwachtingen worden toegepast, een
negatieve uitwerking op mensen in rouw kunnen
hebben:

- Eten
- Alcohol en drugs
- Boosheid
- Sporten
- Verbeelding prikkelen, films en tv kijken
- Isoleren, eenzaamheid verkiezen boven
  sociale contacten
- Seks
- Winkelen (schoenen in de sale)
- Werken

De meeste van deze activiteiten zijn op zichzelf
niet schadelijk, zeker wanneer er geen TE VEEL
voor staat. Ze worden dat echter wel wanneer je ze
toepast vanuit de valse verwachting dat ze daarmee

iets anders oplossen. Net zoals een koekje eten niet helpt om de pijnlijke situatie op een schoolplein te verhelpen, zo helpt het ook niet na een sterfgeval of scheiding. Zo heeft ook winkelen of iets anders uit de lijst geen lange termijn of duurzame werking waar het de pijn van verlieservaringen betreft. In feite kan zelfs het tegenovergestelde effect optreden. Winkelen betekent buitensporige geldverspilling aan dingen die je niet nodig hebt, en waar je dus later spijt van krijgt. Dit veroorzaakt nog verdere afleiding van de oorspronkelijke echte pijn veroorzaakt door een emotionele verlieservaring zoals, het sterfgeval, de scheiding of soortgelijke significante verlieservaringen.

Terwijl vele vormen van korte-termijn energie ontlading overduidelijk zijn, zijn andere dat nou net weer niet. Het volgende voorbeeld maakt duidelijk dat er een ander subtiel gevaar in schuilt.

Het is niet ongebruikelijk dat mensen na een verlieservaring regelmatig een kerkhof bezoeken in de jaren erna. Ze voelen alsof de dood hun de kans heeft ontnomen hun emotionele relatie te voltooien. En daarom gaan ze vaak naar de plek waar ze zich dichtbij hun dierbare voelen. Onbewust zoeken deze mensen in rouw verlichting van de pijn, die veroorzaakt is door deze onvoltooide relatie. Het probleem is echter dat het bezoeken van het graf niet leidt tot duurzame opluchting of voltooiing van de relatie met de persoon die overleden is.

Aan het eind van dit hoofdstuk krijg je de mogelijkheid om te onderzoeken hoe dergelijke acties of handelingen van jezelf veroorzaakt zijn door gevoelens die gekoppeld zijn aan verlieservaringen.

KORTE-TERMIJN ENERGIE ONTLADING WERKT NIET

Stel je een waterketel voor die gevuld is met water. Het vuur onder de ketel wordt opgestookt. Normaalgesproken, als het water kookt, komt er stoom uit de schenktuit van de ketel. De meeste ketels zijn zo gemaakt dat deze dan gaat fluiten, zodat we weten dat het water zijn kookpunt heeft bereikt.

Stel je nu eens een ketel voor waarin ditzelfde proces in gang is gezet, maar waarvan de tuit verstopt zit. Stel je nu voor hoe de druk in de ketel opbouwt nu de energie in de vorm van stoom niet via de tuit kan ontsnappen. Deze verstopping verbeeldt in deze een levenslang verkeerde handeling bij verlieservaringen gebaseerd op verkeerde informatie. Dit laatste veroorzaakt dat wij zijn gaan geloven dat we beter niet kunnen praten over verdriet, pijn of andere negatieve emoties.

Een goed werkende stoomketel laat opgebouwde druk meteen los. Als ons gezegd wordt "Voel je niet rot" of "Als je moet huilen ga dan even naar je eigen kamer" dan bouwt deze druk in je op. De mythe "tijd heelt alle wonden" is een lachertje als je denkt dat deze van toepassing is op de metafoor van de stoomketel. De tijd zal er slechts voor zorgen dat de ketel steeds dichter bij het moment van ontploffing komt.

Als de druk in onze persoonlijke stoomketel opbouwt zoeken we automatisch naar verlichting. Dat maakt dat we op zoek gaan naar korte-termijn energie ontlading. Er zijn drie grote problemen met deze korte-termijn energie ontlading. De eerste is dat ze werken, of meer specifiek, dat ze lijken te werken. Ze veroorzaken een illusie van herstel, doordat we emoties ermee afleiden en ze daardoor even lijken te zijn vergeten. Het tweede probleem is dat ze uitsluitend op *korte termijn* werken. Ze werken niet duurzaam op de lange termijn door. En ze verwerken niet de werkelijke emotionele staat waarin we verkeren. En als laatste, ze halen de verstopping die de tuit blokkeert niet weg. In feite realiseren de meeste mensen zich niet eens dat er sprake van een verstopping is in hun tuit.

Uiteindelijk raakt onze stoomketel oververhit en korte-termijn energie ontlading helpt dan zelfs niet meer om een gevoel van ontspanning te bereiken. Stel je eens voor wat er gebeurt als hier bovenop nog een verlieservaring gestapeld wordt, zoals een sterfgeval, een scheiding of anderszins soortgelijke significante verlieservaring. Dit kan zo'n enorme druk veroorzaken dat de ketel ontploft. Sommige van die emotionele explosies zijn zo enorm dat ze de voorpagina van de krant halen, de meeste zijn echter kleiner. Daarom misschien een oneerlijke vraag. Heb jij weleens een emotionele uitbarsting gehad die groter was dan dat in de gegeven omstandigheden redelijk leek? Het is triest te moeten constateren dat iedereen hier ja op antwoord. Door de jaren heen heeft vrijwel iedereen er een gewoonte van gemaakt om een stop in onze persoonlijke stoomketel te doen. We potten onze gevoelens op, omdat we dat zo geleerd hebben en daar inmiddels aan gewend zijn geraakt.

De actiestappen behorend bij het herstelproces van verlieservaringen zullen je helpen om deze stop weer verantwoord te verwijderen. Je zult daardoor in staat zijn om beter om te gaan met de emoties die samenhangen met verlieservaringen. Om de stop te kunnen verwijderen gaan we kijken welke ideeën je allemaal hebt gevormd, zodat we die kunnen vervangen door goede ideeën over het omgaan met verdrietige, pijnlijke en negatieve emoties.

Een simpele analogie: als je tuin vol met onkruid staat dan kun je het kort maaien, zoals het een korte-termijn energie ontlading betaamt, en het zal binnen korte tijd weliger tieren dan ooit tevoren. Of je kunt het onkruid met wortel en al eruit trekken, waarmee je het probleem echt verhelpt. Je komt nu op het punt een belangrijke en beslissende stap te zetten: de keuze voor korte termijn of lange termijn verlichting. We willen weten of je echt bereid bent om voor lange termijn verlichting te gaan. En we zullen je begeleiden op dit pad.

HET ONTDEKKEN VAN JE KORTE-TERMIJN ENERGIE ONTLADING

Russell was geen grote drinker. Ook al had hij vele jaren in de horeca gewerkt. Hij dronk met mate en was zelden dronken geweest. Na zijn tweede scheiding ging hij regelmatig naar een kroeg en dronk er elke avond een paar drankjes. Dit gedrag werd versterkt door zijn vrienden aan de bar. Hij stopte ermee en raakte thuis verslingerd aan mysterieuze boeken. Hij verving gewoon de ene korte-termijn energie ontlading door een andere. Dit is een klassiek voorbeeld dat aangeeft hoe korte-termijn energie ontlading werkt.

DE TWEEDE HUISWERKOPDRACHT

De opdracht is (voor zowel degenen die met een gesprekspartner werken als degenen die alleen werken) om te onderzoeken welke vormen van korte-termijn energie ontlading je gebruikt (hebt) om aan pijnlijke gevoelens, samenhangend met verlieservaringen, te ontsnappen.

Na het herlezen van het hoofdstuk hierover, vragen we je om twee voorbeelden hiervan te omschrijven, die je gebruikte om je gevoelens af te leiden of te vervangen. Dit lijkt simpel, maar het is zeker niet eenvoudig. Het is een mooie kans om je eerlijkheid en bereidheid hiertoe te tonen.

Hier volgt een lijst van vormen van korte-termijn energie ontlading die eerder in dit hoofdstuk al is langsgekomen. Gebruik dit als een soort leidraad bij het bepalen of je erop vertrouwd hebt hier verlichting van te verkrijgen:

- Eten
- Alcohol/drugs
- Boosheid
- Sporten
- Fantasie
- Isolatie
- Seks
- Winkelen
- Werken

Gebruik een blanco blaadje en schrijf de vormen van korte-termijn energie ontlading op die je gebruikt hebt en waar je bekend mee bent. Voeg eraan toe welke je nog meer hanteert. Het is heel gebruikelijk in onze samenleving om emotionele pijn op te potten in plaats van het direct en duidelijk te uiten, omdat we ermee grootgebracht zijn het zo te doen.

DE DERDE BIJEENKOMST

Begin met het herhalen van de beloftes, de afspraak om eerlijkheid, vertrouwelijkheid en uniciteit en individualiteit als uitgangspunten voor herstel te hanteren. Let erop dat je een veilige plek hebt waar je privé en persoonlijk kunt werken, zodat alles wat er is en zal zijn ervaren en beleefd kan worden. Houd zakdoekjes bij de hand.

Korte-termijn energie ontlading kan heel grappig zijn om met elkaar te bespreken. Het kan echter ook gênant en pijnlijk zijn. Wees er alert op dat je jezelf of de ander niet gaat beoordelen, bekritiseren of analyseren. Blijf je bewust van de belofte aan absolute vertrouwelijkheid. Waarheid en veiligheid zijn essentieel voor herstel.

Lees je lijst met je vormen van korte-termijn energie ontlading voor. Het is belangrijk om te beseffen wat maakte dat je hiervoor koos. Het is niet omdat we niet goed genoeg zijn, we deden het omdat we het niet beter wisten.

Eén van de doelstellingen van deze opdracht is om je bewustzijn te vergroten, zodat je de dingen gaat herkennen die je tot nu toe onbewust hebt gedaan. De mogelijkheid om hier verandering in aan te brengen staat of valt met of je je er bewust van bent. Het begint ermee dat je doorkrijgt dat je doet wat je denkt dat helpt.

Nadat je beiden aan de beurt bent geweest maak je een afspraak voor de volgende bijeenkomst.

Voor degenen die alleen werken

Herlees het hoofdstuk over korte-termijn energie ontlading. Bestudeer in het algemeen en specifiek welke korte-termijn energie ontlading je in welke vorm dan ook hebt gehanteerd in de omgang met verlieservaringen.

Nog een andere misschien gênante vraag: "Is het denkbaar dat één van mijn vormen van korte-termijn energie ontlading mezelf *isoleren* is? Is dat misschien de reden dat ik alleen werk?"

Het kan op je overkomen dat we je met deze vragen onder druk zetten. Feitelijk delen we hierin vele jaren van eigen ervaring met je. Veel mensen hebben moeite om iemand te vinden of überhaupt te vragen om met hen samen te werken. Simpelweg omdat ze bang zijn dat een potentiële gesprekspartner ze zal afwijzen. We kunnen je niet beloven dat dit niet zal gebeuren. We zullen deze vraag vanaf nu niet meer herhalen.

9

De geschiedenis van verlies in grafiek

Nu je inmiddels hebt ontdekt dat mythes, rationalisaties en vormen van korte-termijn energie ontlading je geen duurzame verlichting brengen, kan het zijn dat je het gevoel hebt vast te lopen. Dit kan het punt zijn waarop je besloten hebt te doen alsof je hersteld bent. Dan zeg je bijvoorbeeld "Het gaat goed" terwijl je eigenlijk bedoelt "Ik voel me rot". Dit is gevaarlijk terrein waarop je je begeeft, omdat je er mogelijk niet meer uit komt.

Als wij een magische wijze wisten waarop we je konden bevrijden van de pijn, en de last die op je schouders drukt, dan zouden we dat onmiddellijk doen. Echter dat ligt niet binnen onze mogelijkheden, dus reiken we je dat aan waarvan we wel weten dat het werkt. We willen je graag deelgenoot maken van wat wij geleerd hebben, namelijk hoe je te verhouden tot pijnlijke verlieservaringen en hoe de onvoltooide relaties af te ronden.

De geschiedenis van verlies in grafiek (hierna: verliesgrafiek) is ontworpen om je te helpen onder ogen te zien en te ontdekken welke verlieservaringen je in je leven hebt meegemaakt. En welke daarvan je het meest belemmeren in je dagdagelijkse doen. Op het eerste gezicht lijkt het misschien vreemd dat we je vragen om de verlieservaringen in je leven te inventariseren. Ben jij niet degene die exact weet welke dat zijn? Helaas weten veel mensen niet dat ze al jong geleerd hebben om verliezen te vergelijken en gevoelens weg te drukken. Daardoor zijn ze zich wellicht niet eens bewust dat ze nog steeds emoties herbeleven die hun levenslust nu belemmeren.

VERGELIJKEN EN VERKLEINEN

Gedurende je opvoeding heb je vast de volgende uitspraak weleens gehoord, "Ik huilde omdat ik geen schoenen had, totdat ik een man ontmoette die geen voeten had." Het is duidelijk dat deze uitspraak bedoeld is om mensen even stil te laten staan bij wat ze wel hebben, en daar dankbaar voor te zijn. Dit in plaats van te focussen op wat je niet hebt of mist. Dat is natuurlijk een bewonderenswaardige kwaliteit, echter jammer genoeg bedoelt men er meestal mee: "Vergelijk verlies om je gevoelens te verkleinen."

Russell herinnert zich een diner, waarbij hij naast twee vrienden zat. De man van één van hen beiden was een paar jaar geleden overleden aan kanker. De ander zat momenteel midden in een vechtscheiding. Russell vroeg aan haar hoe het nu met haar ging. Ze fluisterde "Verschrikkelijk, maar zo mag ik me in het bijzijn van mijn vriendin, die haar man aan kanker verloren heeft, niet voelen." Dit is een perfect voorbeeld van vergelijken en verkleinen.

VOORBEELDEN VAN VERLIESGRAFIEKEN

Zodra we een gewoonte hebben ontwikkeld, blijven we die onbewust gebruiken. Onze levens bestaan uit vele gewoonten. Je hebt waarschijnlijk al je hele leven lang dezelfde schoen eerst aangetrokken en er nog nooit bij stilgestaan tot nu toe. Dit geldt waarschijnlijk ook net zo voor manieren waarop je met verlieservaringen hebt geprobeerd om te gaan. Dit is waarom de verliesgrafiek zo belangrijk is. We moeten erachter zien te komen welk patroon we hanteren zodat we het kunnen confronteren en veranderen.

Het belangrijkste doel van deze opdracht is om een gedetailleerd onderzoek te doen naar de verlieservaringen in je leven en de patronen te gaan herkennen die daardoor ontstaan zijn. Er zijn meerdere redenen om een verliesgrafiek te maken. Eén is om alles aan de oppervlakte te krijgen, zodat we het kunnen aankijken. Verstopte en vergeten verliezen kunnen pijn en frustratie veroorzaken, die samenhangen met onopgeloste rouw. De tweede reden is om te oefenen met volkomen eerlijk te zijn. We kunnen regelmatig oneerlijk zijn zonder dat we liegen. Dat gebeurt wanneer we dingen weglaten, waardoor een incompleet beeld wordt gegeven. Een bijkomend voordeel van deze opdracht is dat we ook bekijken welke vormen van korte-termijn energie ontlading we op vertrouwd hebben na verlieservaringen.

    We zullen allemaal in ons leven nog diverse, andere verlieservaringen meemaken, en we willen niet telkens weer in dezelfde valkuilen stappen. Het is zoals een oude bergbewoner aan een jonge bergbewoner vertelt, "Als je berenvallen wilt vermijden, is het een goed plan dat je leert hoe die dingen eruit zien."

    Alvorens je begint met je verliesgrafiek is het dus goed dat je weet hoe zoiets eruit ziet. Hier volgen daarom de onze.

John W. James

Geboren: 16 februari 1944

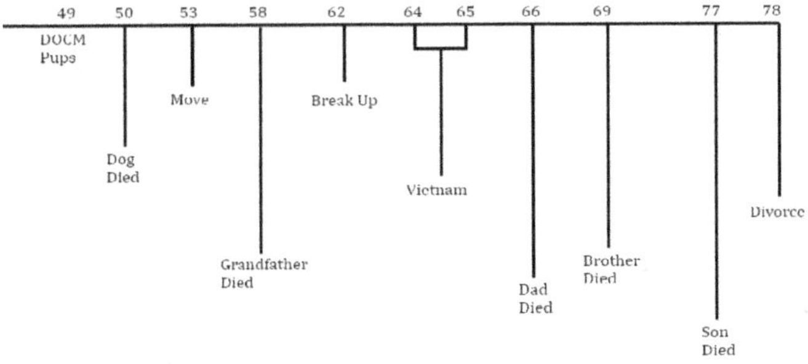

'49 Puppies - Om te beginnen zal ik vertellen over mijn allereerste herinnering. Deze betreft de dag dat onze gezinshond een heleboel puppies kreeg. Op een avond, nadat mijn broer en ik naar bed waren gebracht maakte pa ons wakker. Hij nam ons mee naar de hondenmand. Onze hond, die altijd vriendelijk voor ons was, keek ons achterdochtig en waaks aan. Ik herinner me dat ik een beetje bang voor haar was. Toen mijn vader ons dichter bij de hondenmand liet komen, kon ik drie of vier hele kleine hoopjes naast haar zien liggen. Snel begon ze te janken en te draaien in haar mand. Ik dacht dat ze pijn had en wilde haar helpen. Mijn vader zei ons op afstand te blijven, omdat ze problemen had bij de bevalling van de andere pups. Toen hij dat zei drong het pas tot me door wat die kleine hoopjes waren. Ik was blij, bang, trots en in verwarring en dat allemaal tegelijkertijd. Uiteindelijk hielp mijn vader onze hond bij de geboorte van de laatste drie pups.

Mijn broer en ik wilden de puppies meteen vasthouden en ze aaien. Ons werd verteld dat de hond dat mogelijk niet goed zou vinden, dus gingen we weer naar bed. Natuurlijk konden we niet meer slapen en we praten de halve nacht over dit bijzondere moment. De twee weken daarop waren we bezorgd over onze hond en wachten in spanning af wanneer de puppies hun oogjes open zouden doen. Deze gebeurtenis is de eerste bewuste herinnering die ik heb kunnen opsporen. Daarvoor heb ik geen enkele andere bewuste herinnering.

'50 Hond - De hond ging dood zoals in hoofdstuk drie is besproken.

'53 Verhuizing - In dit jaar verhuisden we voor de eerste keer in mijn leven. Verhuizen is een groot verlies voor kinderen. Mijn ouders legden me alle rationele redenen uit waarom we gingen verhuizen. We zouden in een betere buurt gaan wonen en in een mooier huis. Het was dichter bij school en het was eigendom en geen huurhuis. Dat alles maakte me nog steeds niet blij met de verhuizing. Ik zou vooral mijn vriendjes gaan missen.

'58 Opa - Overlijden van opa.

'62 Vriendin - Vriendin maakt verkering uit.

'64-65 Vietnam - De manier waarop Vietnam veteranen behandeld werden in de samenleving, versterkte het verlies van vertrouwen. Deze ervaring van verlies van vertrouwen veroorzaakte bij vele veteranen problemen. Zelfs tot op de dag van vandaag werkt dat nog door. Daar betalen we als samenleving nog steeds de prijs voor. Gedurende deze oorlogsjaren verloren meer dan 85.000 soldaten het leven. In de jaren nadat deze oorlog was afgelopen, hebben nog ongeveer drie keer zoveel die het wel overleefd hadden zelfmoord gepleegd.

'66 Pa - Mijn vader overleed. Ik had hem, nadat ik terug was, slechts nog één keer gezien. Er was veel onafgerond tussen ons. Zijn drinkgedrag was stelselmatig toegenomen, waardoor hij uiteindelijk overleed. Dit was een uiterste pijnlijk

ervaring voor me.

'69 Broer - Mijn jongere broer, een 20-jarige polsstok hoogspringer die op de Southern-Illinois universiteit zat, was in een goede conditie toen hij overleed. Hij was onderweg naar mij voor een bezoek in Zuid-California waar ik toen woonde. Hij reisde met twee vrienden van de universiteit. Ze stopten ergens om te overnachten. Later die avond, toen zijn vrienden hem probeerden wakker te maken bleek hij overleden te zijn.

Ik heb dagenlang geprobeerd een reden te bedenken om deze onbegrijpelijke dood te verklaren. En toen ik dat niet voor elkaar kreeg besloot ik God de schuld te geven.

'77 Zoon - Mijn zoon overleed. Twee jaar daarvoor hadden mijn vrouw en ik een dochtertje gekregen. Haar geboorte was een hoogtepunt in mijn leven. Dus toen mijn vrouw opnieuw zwanger werd, keek ik uit naar weer zo'n bijzondere ervaring. Echter na vijf maanden zwangerschap ontstonden er complicaties. Mijn vrouw moest naar het ziekenhuis, omdat een veel te vroege geboorte dreigde. Er werd door het ziekenhuispersoneel van alles geprobeerd om dit proces te stoppen, wat helaas niet lukte. Mijn zoontje lag aan allerlei apparatuur met diverse monitoren, en twee dagen lang konden we een volkomen gezond hartje horen kloppen. Terwijl we tegelijkertijd wisten dat er slechts een hele kleine kans was dat ze het kindje in leven zouden kunnen houden.

Mijn hele leven lang was er bij mij ingestampt wat mijn rol als man, echtgenoot en vader moest zijn. Ik had daaruit geconcludeerd dat het mijn rol was om problemen voor te zijn of om ze op te lossen. Ik ontdekte in deze situatie meteen dat wat ik ook dacht te weten, hoeveel geld ik ook had en hoe slim ik ook was, dat niets daarvan me in deze zou helpen. Het is zo ongeveer de meest frustrerende ervaring die ik ooit in mijn leven heb meegemaakt.

Ondanks alle medische kunstgrepen werd onze zoon toch veel te vroeg geboren. De eerste uren leek het erop dat alles goed zou blijven gaan. Echter opeens gingen er allemaal dingen mis. Opnieuw was het zien van het feit dat er problemen waren eenvoudig. Ik zag het probleem, hij woog slechts twee pond, had zwart haar en lag in een couveuse aangesloten op een wirwar van slangen. Ik kon er slechts naar kijken en niks concreets doen, en daardoor voelde ik me ultiem machteloos.

Dit ging zo dagen door. Ik probeerde mijn vrouw zo goed en zo kwaad als dat ging te helpen, zoals me geleerd was dat het hoorde. Mijn eigen pijn negeerde ik volledig. Aan het eind van de tweede dag ademde mijn zoontje nog één keer diep in, echter hij ademde nooit meer uit.

Zoals je waarschijnlijk zult begrijpen ging alles daarna bergafwaarts met mij. De dingen die mensen zeiden en deden waren werkelijk verschrikkelijk. Dat mijn vrouw en ik niet konden praten begon echt op te vallen. Onze relatie bekoelde zichtbaar en voelbaar. De acht maanden daarna ging ik overal naar toe om met iedereen te praten. Ik probeerde van alles wat me kon helpen om weer grip op mezelf te krijgen en om de pijn te verlichten. Dit was het moment dat ik ontdekte dat er slechts heel weinig hulp beschikbaar was. Zeker waar het emotionele verwerking van rouw betreft. Ik werd er werkelijk wanhopig van.

'78 Scheiding - Mijn vrouw en ik gingen uit elkaar. De oorzaak van de scheiding was dat we geen idee hadden hoe te rouwen. Want dat is nodig om ingrijpende veranderingen in je leven te kunnen integreren. We waren net getrouwd, nieuw in het ouderschap en nu ook nog in rouw. En dat vrijwel allemaal tegelijkertijd. De dood van onze zoon, was zoiets als de bekende druppel die de emmer doet overlopen.

Een typisch reactie op rouw is dat je hoofd vol zit met gedachten en wensen dat je het *anders, beter of meer* had kunnen doen. Als ik niet zo'n punt had gemaakt van de medische kosten was mijn vrouw vast vaker voor controle gegaan. De nacht waarin het mis ging hadden we geen oppas en eveneens geen idee van de werkelijke problemen waarin we ons bevonden. Daarom ging ik niet met haar mee naar de huisartsenpost. Ik bleef maar zitten nadenken over hoe beangstigend dat voor haar geweest moest zijn. Zelfs toen al deze gedachten door mijn hoofd gingen, had ik geen vaardigheden of ervaring met deze gevoelens, laat staan hoe ik hierover in gesprek kon gaan. Ik voelde me heel alleen en eenzaam, en toch geloofde ik nog steeds dat ik sterk moest zijn en dit alles vooral voor me moest houden. Dat was wat ik kende, dus dat was wat ik deed. Met de druk die zich steeds meer opbouwde, beargumenteerde ik dat gewoon zo. Pijnlijke gevoelens werden hier bovenop gestapeld, en met dezelfde uitleg smoorde ik mijn gevoelens in de kiem. Tegelijkertijd dacht mijn vrouw dat als ze niet zo snel na de geboorte van onze dochter weer zwanger was geraakt, dit alles nooit gebeurd zou zijn. Dat was haar manier van *anders, meer, beter* denken. Zij wist ook niet hoe belangrijk het was om over haar gevoelens te praten.

Zodra de communicatie in een relatie stokt, ongeacht de oorzaak, is het slechts een kwestie van tijd totdat er een scheiding volgt. En als deze scheiding een feit is, betekent dat nog een verlieservaring om je toe te verhouden. Oftewel het wordt een vicieuze cirkel. Terwijl ik dit boek aan het schrijven was, heb ik mijn ex-vrouw gebeld om te bespreken hoe zij erin stond als ik dit deel van ons levensverhaal erin zou verwerken. Eén van de dingen die ze toen aangaf was dat ze nooit had geweten dat de dood van onze zoon me zo diep geraakt en beïnvloed heeft. Hoe zou ze dat ook hebben kunnen weten? Ik was destijds een meester in Oscar Herstel gedrag.

Het opstellen van een verliesgrafiek kan een beangstigende ervaring zijn. Dus voordat je hiermee begint zullen we je nog een voorbeeld geven.

Hier volgt Russell's verliesgrafiek

Russel Friedman

Geboren: 4 januari 1943

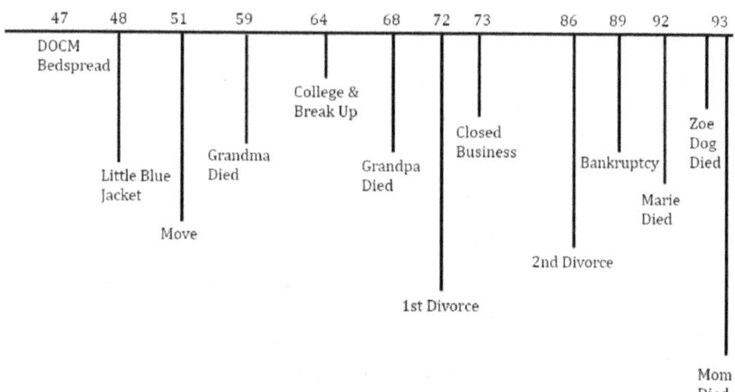

'47 Eerste bewuste herinnering - Mijn eerste herinnering is neutraal. Het is eenvoudigweg de herinnering aan een blauw dekbed. Het was een stof met nautische afbeeldingen.

'48 klein blauw jasje - Mijn vader nam me mee naar een Rochester Royal basketbal wedstrijd. Tijdens die wedstrijd kocht hij een Royals jack voor mij. Enige tijd daarna verloor ik dit jasje. Toen mijn vader ontdekte dat ik het kwijt was, beschuldigde hij mij ervan een sloddervos te zijn. Ik herinner me dat ik het gevoel daardoor kreeg dat ik mijn vader niet meer kon vertrouwen. Na diverse vergelijkbare situaties waarin zoiets gebeurde, vertrouwde ik hem echt helemaal niet meer.

*'51 Me anders voelen en een belangrijke
verandering* - Ik was vanaf mijn geboorte allergisch
voor melk, eieren, noten en chocolade. Dat had als
consequentie dat ik speciale voeding meekreeg naar
school. Ik voelde me daardoor anders in
vergelijking met andere kinderen, die bij mij in de
klas zaten. Daarnaast had ik ook nog eens knalrood
haar, en een heleboel sproeten. Dat klinkt misschien
schattig. Echter als je de bezitter daarvan bent kan
ik je zeggen dat ik me absoluut niet schattig voelde.
Ik werd ermee geplaagd en soms waren andere
kinderen erg gemeen tegen me. Ik had hier geen
weerwoord op, waardoor ik niet goed wist hoe ik
mezelf hiertegen moest verdedigen. Ik voelde me zo
vreselijk anders.

We woonden in Rochester, New York, waar
het heel koud en vochtig kon zijn in de winter. Ik
leed aan astma. Dit was zo erg dat mijn ouders het
advies kregen om naar een warmer oord te
verhuizen, zoals Arizona of Florida. Ik wilde echter
mijn vriendjes en bekende omgeving niet verlaten,
want daar was ik nu eindelijk bekend mee. Ik deed
daarom een emotioneel beroep op mijn ouders. Mijn
ouders reageerden hierop met allerlei rationele
argumenten. Er zouden betere scholen zijn, grotere
huizen en een betere baan voor mijn vader. Mijn
kwetsbare opstelling en het uiten van mijn emoties
over mijn vriendjes werd gewoonweg genegeerd.

We verhuisden naar Florida. In Florida
ontstond een ander fysiek probleem, waar ik
levenslang last van heb gehouden. Mijn rode haar

ging samen met een hele lichte huid. Door de verzengende hitte in Miami, in combinatie met de ultraviolette straling, had dit direct invloed op mijn hele leven. Ik moest mijn lijf ter bescherming bedekken met T-shirts als ik ging zwemmen, om niet levend te verbranden. En daarnaast moest ik een hele dikke crème van zinkoxide op mijn gezicht smeren om buiten te kunnen spelen in de zon. Ik ben een aantal keren verschrikkelijk verbrand, waardoor ik angstig werd voor de zon. Het begon daardoor mijn activiteiten te beïnvloeden, en daardoor mijn vriendschappen met leeftijdsgenootjes. Het komt erop neer dat mijn rode haar en lichte huid mij heel *anders* maakte dan iedereen.

’57 *Oma* - Mijn oma overleed. Zij had bij ons ingewoond vanaf het moment dat mijn moeder weer was gaan werken. Daarmee was ze de belangrijkste opvang voor mijn broertje geweest, die 10 jaar jonger is dan ik. Hierdoor leerde ik "wees sterk voor anderen".

’64 *Verbroken verloving* - Dit was mijn eerste volwaardige en volwassen relatie. We hadden grootse plannen en zouden gaan trouwen, omdat we beiden een kinderwens hadden. Toen dit allemaal in duigen viel, was ik compleet van de kaart. Ik had geen enkel idee, laat staan manieren of vaardigheden om met deze intense emotionele pijn om te gaan. Ik zat in het laatste jaar van mijn studie. Ik ging niet naar school, maar staarde in plaats daarvan naar de muren van mijn kamer. Het overkwam me gewoonweg allemaal en de emoties overspoelden me.

'64 Eindexamen - Normaalgesproken worden de felicitaties die bij het behalen van een examen horen als positief beleefd. Dat was tenminste gedeeltelijk waar. Ik was nog steeds helemaal ontregeld. De opwinding en de vrijheid die ik voelde om een volwassen leven in te slaan werd echter tegelijkertijd overschaduwd door het verdriet van de voorbije jaren. De jaren waarin ik optrok met vele mensen die met mij studeerden en die vertrouwde plek zou ik nu gaan verlaten. Echter niemand wilde het met mij over dat laatste hebben.

'68 Opa - Opa overleed, en ik had geen goed contact met opa gehad. Het was een norse man, waar ik een beetje bang voor was. Zelfs toen ik ouder werd, bleef ik hem als een bedreigende man beleven. Toen hij overleed, hadden hij en zijn zoon, mijn vader, eveneens niet op goede voet gestaan. Ik probeerde dus "sterk" voor mijn vader te zijn.

'72 eerste scheiding - Deze scheiding zag ik totaal niet aankomen. Ik had geen flauw idee dat dit stond te gebeuren. Ik was helemaal uit het veld geslagen. En ik was in verwarring, want ik was gewoon compleet de weg kwijt. Het enige dat ik kende was "wees sterk voor anderen", maar dit betrof mezelf. *Ik was in dit geval de ander*. Als ik erop terugkijk verbaas ik me erover dat ik nog leef. Ik kan me niet meer voorstellen dat ik autoreed zonder te verongelukken of iemand anders aan te rijden. Ik kon me totaal niet concentreren. Zelfs

toen wist ik dat dit verlies niet op zichzelf stond of uniek was. Ik had het gevoel dat bovenop de scheiding er sprake was van veel meer verliezen. Al mijn hoop, dromen en verwachtingen waren ineens in rook opgegaan en compleet vervlogen, en dat ging gepaard met een enorm "verlies van vertrouwen". Een aangezien vertrouwen altijd al een groot probleem voor me geweest was, betekende deze scheiding en de manier waarop die mij overkwam dat het laatste restje vertrouwen ook verdwenen was.

'73 Sluiting bedrijf - Toen mijn vrouw en ik gescheiden waren, hield ik het restaurant aan dat we samen geopend hadden. Ik werd echter volkomen in beslag genomen door alle emoties samenhangend met de scheiding. Ik beschikte niet over vaardigheden om me passend te verhouden tot al deze pijnlijke emoties. Terwijl ik tot nog toe een redelijk attente en ondernemende restauranthouder was geweest, ontbrak het me nu aan de benodigde concentratie. Ik nam daardoor een paar hele verkeerde beslissingen, gebaseerd op slechte keuzes voor het bedrijf. Dat leidde vervolgens tot een soort kettingreactie, die stelselmatig de situatie verergerde. Uiteindelijk moest ik het bedrijf sluiten, mijn hart was niet meer bij de zaak.

'86 Tweede scheiding - Deze scheiding was volkomen anders dan de eerste. Toch was het wederom intens pijnlijk. Bovenop deze scheiding en alle vervlogen hoop en dromen, kwam daarbij een factor die me enorme zorgen baarde. Ik was

inmiddels 43 jaar oud. Het gevoel dat ik over mezelf had, en over mijn leven en de toekomst was heel anders dan na mijn eerste scheiding. Ik was ouder. Mijn bedrijf was gevestigd in een omgeving met vooral oudere mensen. Ik ging als ik naar deze oudere mensen keek denken "Wanneer mag ik van mijn oude dag gaan genieten met mijn geliefde?" Mijn ouders waren nog steeds samen. Ik was een nul gebleken in beide huwelijken. Het voelde als een enorme afgang.

 '87 *Faillissement* - Na mijn eerste scheiding, gevolgd door de sluiting van het toenmalige bedrijf, had ik niet verwacht nogmaals te scheiden met alle financiële gevolgen van dien. Feitelijk was de eerste scheiding en bedrijfsbeëindiging bijna een voorspellende factor voor deze tweede keer. Ik had ervaring met scheiden, dus deed ik het nog een keer. Ik had ervaring met het mislukken van een bedrijf, dus ik ging nu gewoon weer failliet. In geen van de gevallen had ik me hersteld van de verlieservaringen. Er was in het geheel geen sprake geweest van het verwerken van de bijbehorende emoties, die daardoor veroorzaakt waren. Deze opeenstapeling van onverwerkte verlieservaringen maakte dat ik wederom de fout in ging, en allerlei verkeerde beslissingen nam. Uiteindelijk liep ook dat weer uit op een faillissement. Terwijl ik grootgebracht was met de overtuiging dat ik moest zorgen voor inkomen, betekende dit faillissement dat ik me de grootste mislukkeling op aarde voelde.

'89 Marie – Marie, de vriendin van mijn moeder, overleed. We hadden een hele sterke band. Ik hield ervan hoe ze me vroeg hoe het met me ging, en dat ze dan oprecht naar mijn antwoorden luisterde. Toen Marie overleed, was ik net begonnen met werken bij The Grief Recovery Institute. En heel belangrijk, ik had de eerdere verlieservaringen op die manier verwerkt. Mijn persoonlijke voltooiing van die verlieservaringen maakte twee dingen mogelijk. Ten eerste was ik daardoor in staat bij Marie te zijn in haar laatste levensfase. Ten tweede deed het me heel veel, en het raakte me diep toen Marie stierf. Doordat ik mijn eerdere verlieservaringen had verwerkt, kon ik hiervoor openstaan. En dat betekende dat ik kon voelen hoeveel pijn dit me deed. Diezelfde openheid had het me mogelijk gemaakt meer liefdevol en in contact met haar te zijn. Het verdriet vanwege Marie haar dood kon er zijn als een normale en natuurlijke reactie.

    '92 Harry - Harry de vader van mijn vriendin overleed. Hij en ik hadden een sterke band ontwikkeld, nadat zijn vrouw Marie was overleden. We hebben eindeloos veel samen op de bank bij hem of bij mij thuis naar vrijwel elk sportevenement gekeken. Hij was 87 jaar, maar had een buitengewoon scherp oog voor details in elke sport. Hij had een rijkdom aan kennis over sportevenementen, ook van ver voor mijn tijd. Het leek soms wel alsof hij me geschiedenislessen gaf en ik genoot ervan. Het was of de duivel er mee

speelde, want hij overleed precies een dag voor de SuperBowl. Ik voelde die dag een enorme leegte in de vorm van een lege plek op de bank naast me op die zondag van de SuperBowl.

'93 Hond Zoë - Onze hond Zoë overleed. Ze was een 100 pond schoothond (en als dat gebeurt heb je niks meer te zeggen). Ze was grappig en geweldig en zoals vaak in relaties met dieren, was de liefde tussen ons onvoorwaardelijk. Ze was al bij mijn vriendin en haar dochter vanaf dat ze een pup was. Toen ik bij hun introk, adopteerde ze me en richtte me af, en dat zeg ik bewust zo want het was beslist niet andersom. Toen ze kanker kreeg probeerden we van alles, maar niks mocht baten. Op de avonden dat ik na haar dood thuiskwam was ik ontroostbaar als ze niet bij de deur stond om me te begroeten. Die momenten waarop ze me niet meer verwelkomde als ik binnenkwam waren de meest pijnlijke die ik heb ervaren.

'93 Moeder - De dag voor Thanksgiving overleed plotseling en onverwachts mijn moeder. Laat me proberen te beschrijven wat ik ervoer toen me verteld werd dat ze was overleden. Ik kwam rond 11.00 uur mijn kantoor binnen, na een vroeg rondje golf. Toen ik door de hoofdingang binnenkwam, stond mijn secretaresse op en zei "Russell, ik heb een vreselijk bericht voor je, je moeder is zonet overleden". Het voelde alsof ik in mijn buik geraakt was door een kogel, waardoor ik in elkaar zakte. Mijn benen konden me simpelweg niet meer dragen en ik begon te huilen. Collega's

ondersteunden me, terwijl ik in hun armen in tranen
uitbarstte.

WAT NEEM JE OP IN JE VERLIESGRAFIEK?

Aangezien de meesten van ons *verlies* en
rouw associëren met sterfgevallen en scheidingen,
is het belangrijk eerst te bepalen wat onder de
noemer verlieservaring valt. Hier geven we
nogmaals de definitie die wij daarvoor hanteren:
*Rouw is de confrontatie met diverse conflicterende
menselijke emoties, die veroorzaakt worden door
het einde of een verandering in vertrouwde
patronen en gedragingen.* Dat betekent dat alle
veranderingen in relaties met personen, plaatsen of
posities, die conflicterende emoties kunnen
veroorzaken onder de noemer rouw vallen.

Realiseer je dus dat er vele andere vormen
van verlieservaringen zijn die rouw kunnen
veroorzaken. Denk bijvoorbeeld alleen maar eens
aan verhuizen. Als we verhuizen zijn alle
vertrouwde patronen ineens verstoord of veranderd.
Waar we wonen, waar we werken, wie we
regelmatig wel of niet zien, dat alles is ineens
veranderd. Financiële veranderingen, zowel in
positieve als negatieve zin, zorgen voor ingrijpende
veranderingen in onze vertrouwde patronen. Ook
veranderingen in lichamelijke of fysieke
mogelijkheden kunnen rouw veroorzaken. Stel dat

je een ledemaat verlies of dat je blind wordt of een ziekte krijgt, zoals diabetes of nierfalen. Dan is je leven absoluut niet meer hetzelfde als daarvoor. Hersenbloedingen of een hartinfarct beïnvloeden onze sportieve mogelijkheden en wat we wel en niet meer mogen eten en drinken. De overgang kan enorme verliesgevoelens, voor zowel een vrouw als haar partner, veroorzaken. Scheiding is meestal duidelijk wanneer het jezelf betreft. Echter we worden net zo goed beïnvloed door de scheiding van mensen in onze nabije omgeving, zoals ouders, kinderen, kleinkinderen of vrienden.

Situaties uit iemands jeugdjaren, zoals fysieke, seksuele of mentaal emotionele mishandeling, veroorzaken vaak patronen waarin positieve interacties gesaboteerd worden. Dat komt omdat ze daarmee niet bekend zijn. En omdat ze zich daar geen raad mee weten, voelen ze zich "vertrouwder" bij negatieve interacties.

Kortom er zijn diverse levenservaringen die vallen onder de definitie van rouw. Bijna alles wat je negatief beïnvloed heeft, is voor jou iets dat rouw tot gevolg heeft gehad. Bij het lezen van de verliesgrafiek van John en Russell heb je een idee gekregen wat voor soort ervaringen verlies kunnen geven. In het algemeen genomen kun je stellen dat als jij denkt dat iets een verlies was, je het op kunt nemen in je verliesgrafiek. Je kunt bij deze opdracht echt geen fouten maken.

DE DERDE HUISWERKOPDRACHT: VOORBEREIDING OP JE VERLIESGRAFIEK

Na deze inleidende informatie, is nu het moment aangebroken om te beginnen. Hier volgen de instructies (zowel voor degenen die alleen werken als voor degenen met een gesprekspartner) hoe je de opdracht om te komen tot een verliesgrafiek aanpakt. Deze zijn hetzelfde als die je zou krijgen wanneer je een cursus zou volgen.

1: Voor deze oefening heb je niet meer dan een uur nodig. Het kan zijn dat je diverse emotionele reacties krijgt tijdens het maken van je verliesgrafiek. Het kan ook zijn dat je er weinig bij voelt. Dat is allemaal prima. Maak je daar vooral geen zorgen over. Houd voor de zekerheid zakdoekjes bij de hand. Mocht je een emotionele reactie krijgen, laat die er dan gewoon zijn

2: Het opschrijven in deze opdracht doe je in stilte, het is bedoeld om niet hardop te doen. Doe het dus waar mogelijk alleen en in stilte.

3: Pak een pen of potlood en een blanco papier, bij voorkeur A4-formaat. Leg het papier horizontaal overdwars op de tafel.

4: Trek een lijn in het midden van de bladzijde. Verdeel de bladzijde dan evenwichtig vanaf je geboorte tot het heden in partjes door

deze te markeren. Dit zijn een soort
referentiepunten voor het toevoegen van data.

Geboortedatum…...Tussenpunt…….Huidige datum

5: Als je bijvoorbeeld 50 jaar bent, dan zet je
halverwege 25 jaar. Vermeld je geboortedatum
helemaal links van de lijn. En schrijf de datum
van vandaag helemaal rechts van de lijn. Zet
dan je eerste bewuste herinnering erin. Of je dat
nu als verlies of anderszins hebt beleefd, dat is
voor nu niet belangrijk. Zet dit vlak na de datum
waarop je geboren bent.

6: Onze als voorbeeld opgenomen
levenslijnen, die wij later verliesgrafieken zullen
noemen, begonnen met een eerste bewuste
herinnering. Als je goed nadenkt, ontdek je dat
die van jou zich waarschijnlijk ook ergens
tussen het tweede en vijfde levensjaar bevindt.
Waarschijnlijk dichter bij vijf jaar. Het kan een
fijne, slechte, plezierige of pijnlijke herinnering
zijn. Het kan een situatie of gebeurtenis, maar
het kan ook een voorwerp of een plek zijn. Een
van de makkelijkste manieren om een eerste
herinnering te ontdekken is om te denken aan je
eerste huis. Sta hier niet te lang bij stil, schrijf
gewoon op wat je het eerste invalt. Het is slechts
een startpunt voor je verliesgrafiek.

7: Het is niet van belang dat je de exacte
datum vermeldt. We zijn meer geïnteresseerd in

hoe je dit beleefd hebt, zeker omdat het gaat om emotionele gebeurtenissen of situaties.

8: Vraag jezelf nu even af "Wat is de meest pijnlijke, levenslust wegnemende verlieservaring die ik ooit heb meegemaakt?"

TIJDSDUUR EN INTENSITEIT

Elk verlies wordt beleefd met een intensiteit van 100 % als het zich voordoet. Als we erop terugkijken zien we dat sommige verliezen een grotere impact of invloed op ons hebben gehad dan andere. We hebben eerder al vermeldt dat relaties bestaan uit de componenten tijdsduur en intensiteit. Hierbij volgt daarvan een uitleg.

Russell ging jarenlang twee keer per week naar dezelfde stomerij. Dezelfde vrouw nam zijn overhemden en geld aan gedurende al die jaren. Hij kende de naam van deze medewerkster niet. Hij noemde haar "de dame" van de stomerij. Op een dag toen Russell zijn overhemden weer eens kwam ophalen, was er ineens een andere persoon die hem hielp. Russel vroeg: "Waar is de dame die me altijd helpt?" "O, die is overleden", zei de man die hem nu hielp. Russell voelde zich een beetje verdrietig, terwijl hij niet eens haar naam kende, en verder ook niks van haar wist. Alhoewel deze relatie diverse jaren had geduurd, had deze verder weinig intensiteit gekend.

Russell verloofde zich met een jonge

vrouw in 1964. Het was een onstuimige relatie, die ongeveer drie maanden duurde. Toen de romantiek abrupt teneinde kwam, waren beide tortelduifjes ineens in kemphanen veranderd. Russell heeft haar nooit meer gesproken. Na 32 jaar krijgt Russell een telefoontje van een gezamenlijke vriend, die hem vertelt dat ze overleden is. Dit nieuws heeft een overweldigend effect op hem. Deze relatie had ondanks dat die van korte duur was wel degelijk een enorme emotionele intensiteit.

1: Identificeer je meest pijnlijke verlieservaring. Geef bij benadering de datum aan op de verliesgrafiek waar je deze plaatst. Trek dan een lijn verticaal naar beneden naar zo ongeveer de onderkant van de bladzijde. Maak er een aantekening bij, zoals "mijn moeder overleed" of "overlijden kind" of "scheiding van..". Je hoeft het niet zo uitgebreid te omschrijven zoals wij gedaan hebben. Maak gewoon eenvoudigweg korte aantekeningen, zodat je je de verlieservaring herinnert

2: Na het ontdekken en vastleggen van de meest pijnlijke verlieservaring, ga je in herinnering terug naar je eerste herinneringen. Ga vanaf die tijd na wat er in je leven voor verlieservaringen zijn geweest. Gebruik de lengte van de verticale lijnen om de mate van intensiteit van die beleving aan te geven. Maak steeds korte aantekeningen erbij, zodat je dit later makkelijk in herinnering kunt brengen. Bijvoorbeeld "hond overleden" of "bedrijfsbeëindiging"

Af en toe zal het voorkomen dat je je realiseert dat een ervaring zowel positieve als negatieve reacties bij je oproept. Dit is volkomen normaal. Voor velen is bijvoorbeeld het huwelijk tegelijkertijd een hoogtepunt, alsook een moment waarop ze zich ineens realiseren dat ze hun "vrijheid verliezen." De geboorte van een kind is aan de ene kant een vreugdevolle en opwindende gebeurtenis, terwijl ouders aan de andere kant de nieuwe verantwoordelijkheid ook beangstigend en spannend vinden. Het doel van deze oefening is om vooral gericht te zijn op de aspecten in het leven die verdrietig, negatief of pijnlijk waren. Mensen in rouw hebben veelal de neiging zich slechts te richten op de positieve kant, vooral om pijnlijke aspecten van de relatie te vermijden. Dit is één van de redenen dat je met dit boek aan de slag bent gegaan. Dus ook al voelt het ongemakkelijk, blijf alsjeblieft bij dit verliesperspectief.

Stel dat je na een half uur merkt dat je slechts je eerste bewuste herinnering en nog één ander verlies hebt genoteerd, neem dan even een pauze. Wanneer je namelijk te hard probeert je dingen te herinneren kun je blokkeren. Kijk dan weer even terug in het boek en bekijk opnieuw de verliesgrafieken van John en Russell. Deze herinneren je mogelijk weer aan een aantal eigen verlieservaringen.

Het is volkomen normaal wanneer je weerstand in jezelf voelt opkomen. Weet dan dat doorzetten en volharden op de lange termijn je veel zal opleveren. Uit ervaringen weten we dat mensen zo rond hun veertiende al minstens twee verlieservaringen kunnen noteren. Volwassenen hebben gemiddeld gezien zo'n 15 verlieservaringen.

Probeer niet te streven naar perfectie. Wees gewoon eerlijk. Je krijgt voor dit werk geen cijfer of een beoordeling. Dus er is geen goedkeuring van iemand voor nodig. Geeft jezelf over aan deze oefening en vertrouw erop. Je zult namelijk merken dat je er meer voordeel van hebt naarmate je er meer van jezelf in laat zien. Maar voor nu is het allerbelangrijkste dat je ermee begint!

LEREN VAN JE VERLIESGRAFIEK

Gefeliciteerd met het feit dan je een eigen verliesgrafiek hebt gemaakt! Je levensverhaal kan je de ogen openen en zo al een ervaring op zich zijn. Het is beslist noodzakelijk dat je je verliezen aankijkt om zo te ontdekken welke misinformatie je al jaren geleden geleerd hebt. Of om in te zien wat je later hebt overgenomen van anderen. Het is net zo belangrijk om jezelf niet te beoordelen of te bekritiseren, omdat je een verkeerd voorbeeld hebt overgenomen of omdat je dingen anders hebt geïnterpreteerd dan de bedoeling was.

Je eerste belofte aan jezelf hoort te zijn dat je met mildheid naar je ontdekkingen zult kijken. Het kan ook helpen om waakzaam te zijn waar het oordelen en kritiek betreft op voorbeelden en ideeën die je hebt overgenomen. Maak je geen zorgen, je krijgt later nog genoeg gelegenheid om dergelijke gedachten en gevoelens over de bronnen van misinformatie te verwerken.

Nu je bijna aan het eind van dit hoofdstuk bent gekomen, is het tijd om te onderzoeken wat je van je levenslijn of verliesgrafiek kunt leren. Vanuit je eerste bewuste herinnering tot het heden krijg je misschien een beter beeld over de manieren waarop jij beïnvloed bent en waardoor je bent gaan geloven dat het zo hoort. Degenen die samen aan het werk zijn gegaan, zullen al snel zien hoeveel overlap er meestal is tussen mensen in rouw. In onze cursussen en lezingen zijn mensen vaak verbaasd over de

parallellen in de verlieservaringen. Zeker wanneer
ze zien dat er vergelijkbare reacties op rouw
ontstaan. Ondanks dat er vele parallellen zijn, is het
belangrijk je te blijven realiseren dat we er allemaal
uniek en individueel mee omgaan. Zoals
wetenschappers weten dat er geen sneeuwvlok of
zandkorrel hetzelfde is, bestaan ze wel degelijk uit
hetzelfde materiaal. Dezelfde ingrediënten leveren
elke keer net een iets ander recept op zou je kunnen
zeggen. Jij bent uniek, net als iedereen. Deze
oefening helpt je om te zien dat mensen vele
overeenkomsten vertonen en toch verschillend
reageren door wie en wat ze geworden zijn.

Degenen die alleen werken zullen
waarschijnlijk opmerken dat sommige
verlieservaringen en reacties lijken of die van John
en Russell.

DE VIERDE BIJEENKOMST

Herhaal de beloften en afspraken ten aanzien
van eerlijkheid, vertrouwelijkheid en individualiteit
die je begeleiden op de weg naar je herstelproces.
Zorg ook weer voor een veilige omgeving waarin je
je privé en persoonlijk kunt uiten. Houd zakdoekjes
wederom voor de zekerheid bij de hand.

*Deze bijeenkomst markeert een verandering
in hoe we verder zullen werken.* Je krijgt nieuwe
richtlijnen mee, die je zullen helpen om evenwichtig
te werken in de volgende bijeenkomsten. Lees ze

daarom zorgvuldig door. Het slagen van je herstel en voltooien van je verlieservaringen hangt er nauw mee samen.

Als je met een gesprekspartner samenwerkt heeft dit voordelen. Zoals het kunnen uitspreken naar de ander wat je hebt opgeschreven. Om deze oefening zo waardevol mogelijk te maken zullen we je een aantal richtlijnen meegeven, die we in de afgelopen decennia ontwikkeld hebben. We raden je met klem aan deze richtlijnen op te volgen.

Zorg ervoor dat je je verliesgrafiek en de beide gemaakte lijsten met misinformatie en vormen van korte-termijn energie ontlading meeneemt, zodat je het in je uitwisseling kunt betrekken als dat nodig is.

Instructies voor de luisteraar:

1. Zit op gepaste afstand van elkaar. Dit voorkomt dat je stoort in het proces van de ander.
2. Terwijl je luistert kan het zijn dat je geraakt wordt en dat je een emotionele uiting, zoals lachen of huilen, voelt opkomen. Dit is toegestaan *mits je er niet bij praat!*
3. Raak je gesprekspartner niet aan. Dit kan iemand vanuit het voelen weer naar het hoofd brengen, en dat is juist niet de bedoeling.
4. Houd je in gedachten voor dat je er voor de ander helemaal bent. Denk maar dat je een hart met oren bent. Dit is belangrijk om in

het moment te blijven en er echt helemaal
voor je gesprekspartner te zijn.

Instructies voor de verteller:

1. Probeer je verliesgrafiek in maximaal een
   half uur te behandelen. Dit is geen Wet van
   Meden en Perzen, de ervaring leert dat in
   deze minder juist meer is. We willen er
   graag voor waken dat er een lange
   monoloog ontstaat, die geen toegevoegde
   waarde voor je heeft.
2. Mocht je in huilen of in lachen uitbarsten,
   probeer dan hoe dan ook door te praten.
   Duw de woorden naar buiten en uit ze, in
   plaats van ze in te slikken. Bij veel mensen
   grijpen de gevoelens hun naar de keel en
   daar stokt het dan.
3. Als je je verliesgrafiek hebt gedeeld, geef
   dan daarna aan je gesprekspartner aan waar
   je behoefte aan hebt. Dit kan bijvoorbeeld
   een knuffel zijn of een paar minuten stilte
   (in elk geval iets waar je je veilig bij voelt).
4. Nadat je ontvangen hebt waar je behoefte
   aan had, neem je even een paar minuten om
   met elkaar door te nemen welke
   misinformatie je hebt herkend, die zich als
   gevolg van je verlieservaringen openbaarde.

Doe hetzelfde voor vormen van
korte-termijn energie ontlading die je hebt
toegepast om te overleven. Dit is de ideale

gelegenheid om in te zien welke relatie er tussen je overtuigingen en belemmeringen bestaat, zodat je weet wat je in de weg staat om te herstellen.

Neem nu even een korte pauze, en wissel dan van rol als luisteraar en verteller.
Maak daarna afspraken voor de volgende bijeenkomst.

Voor degenen die alleen werken
Aangezien je alleen werkt, kan het effectief zijn om de verliesgrafieken van John en Russell te benutten als stille samenwerkingspartners. Herlees die van hen en bekijk dan die van jezelf. Bekijk welke overeenkomsten en verschillen er zijn. Neem nogmaals je misinformatie en vormen van korte-termijn energie ontlading door. Wellicht herken je nu beter de verbinding die er tussen je verlieservaringen en deze misinformatie en vormen van korte-termijn energie ontlading bestaat. Pak ook de lijst van mythes en overtuigingen erbij om te bekijken of daarvan iets weerspiegeld wordt in je verliesgrafiek.

Deel DRIE

Het vinden van de oplossing

Welkom in het derde deel van dit handboek. In vijf cruciale stappen ga je de pijnlijke gevoelens veroorzaakt bij significante emotionele verliezen nu voltooien, vervolmaken, verwerken of hoe jij dat ook noemt. De stappen, die je gaat nemen, vragen om een open geest en een ontvankelijke houding. Daarnaast vragen ze om veel bereidheid en vooral moed van jou. Deze stappen hebben de volgende betekenisvolle werking:

1. Bewustzijn verkrijgen - op het feit dat er sprake is van een onvoltooide emotionele relatie, die in het nu doorwerkt.
2. Verantwoordelijkheid aanvaarden - door te erkennen dat je een aandeel hebt in dit onvoltooide verleden.
3. Identificeren welke herstelstappen nodig zijn - die in communicatief opzicht nog niet of onvoldoende gedaan zijn.
4. Actie ondernemen - door het onvoltooide onder woorden te brengen en te uiten.
5. Voorbij het verlies gaan - Vanuit het voltooide verleden vaarwel zeggen. Door het uiten van de onvoltooide communicatie laat je alle pijnlijke aspecten achter, die momenteel nog doorwerken in het nu.

10

Wat is onvoltooidheid?

In dit boek zijn we steeds ingegaan op hoe wij hiermee omgaan tijdens lezingen en bijeenkomsten. Veel van de oefeningen zijn eenvoudig te vertalen in een geschikte vorm voor een boek. Sommige aspecten vragen echter om wat meer uitleg. Eén van de dingen is dat het belangrijk is dat je leert begrijpen hoe emotionele onvoltooidheid kan ontstaan.

In onze driedaagse bijeenkomsten voor mensen in rouw, doet we dat aan de hand van een aantal vragen aan de deelnemers. Op de tweede dag vragen we bijvoorbeeld aan iemand of hij eventueel positieve gedachten of gevoelens heeft over één van de andere deelnemers. Zodra iemand die vraag met ja beantwoordt, vragen we door op wie en waar specifiek dat positieve idee betrekking op heeft. Meestal komt er dan iets in de trant van "Ik bewonder zijn moed" of "Ik waardeer haar openheid." Vervolgens vragen we, "En heb je hem of haar dat ook gezegd?" De persoon in kwestie

zegt meestal "Nee dat heb ik niet gedaan." Dan
stellen we de confronterende vraag "Stel nou dat hij
of zij hier ineens door een hartstilstand overlijdt,
voordat je hebt kunnen zeggen wat je wilde zeggen.
Wie blijft er dan achter met de onvoltooide
communicatie in deze relatie?" De reactie: "Dat zou
ik dan zijn?" Dan volgt de vraag: "Als je na één dag
al onvoltooide communicatie hebt met een
volkomen vreemde, stel je dan eens voor hoeveel er
tussen vrienden, familie en bekenden
onuitgesproken blijft gedurende een heel leven!"

Onvoltooidheid blijft niet beperkt tot heftige
gebeurtenissen. Het is vaak een opeenstapeling van
onvoltooide communicatie, of het nu groot of klein
is, die emotionele waarde voor je heeft. Voor zover
wij weten zijn het uitsluitend de levenden die
rouwen. Dus is het belangrijk dat wijzelf aan het
werk gaan met hetgeen onvoltooid is gebleven in
onze beleving.

Soms is iets onvoltooid, omdat we iets
gedaan hebben en in andere gevallen omdat we iets
hebben nagelaten. Het kan ook veroorzaakt zijn
door omstandigheden die buiten onze eigen
invloedssfeer lagen.

Hier volgt een triest verhaal over iemand die
door dergelijke omstandigheden achtervolgt wordt
door onvoltooide emoties.

Een jongetje rende snel uit huis door de tuin
heen om de bus naar school te halen. Terwijl hij
rende riep zijn moeder hem na "Timmy, stop je shirt
in je broek, wat moeten de buren wel niet van je

denken?" Een paar uur later stopt de politie voor de deur. Haar zoon Timmy was overleden na een vreselijk ongeval op het schoolplein.

Aanvullend op de onbeschrijflijke pijn van deze moeder, kwam daar het bewustzijn bij wat de laatste woorden waren die ze hem had nageroepen. Wat zou ze nu graag willen dat ze hem een paar andere laatste woorden had meegegeven. We zeggen hiermee absoluut niet dat, als ze toen iets anders had gezegd de pijn van zijn dood nu minder zou zijn. Wat we bedoelen is dat haar laatste herinnering aan haar zoon zeker past in de categorie van dingen die we liever *anders, beter of meer* hadden gedaan. *We weten helaas nooit wanneer het leven voor ons het laatste moment in petto heeft.* Het is heel gebruikelijk, in vele van onze relaties, dat we besluiten om bepaalde dingen later een keer bespreekbaar te maken. Dit hoeft niet altijd uitstelgedrag te zijn. Het kan oprecht een voornemen zijn om dit later echt te gaan doen. Echter wanneer een sterfgeval of scheiding hierop volgt, zijn dergelijke vooruitgeschoven voornemens tegelijkertijd ingrediënten voor onvoltooide communicatie.

Omdat sterfgevallen en scheidingen heel duidelijk zijn, wat betreft onvoltooide communicatie, is het zeker interessant dit ook voor andere verliezen eens te bekijken. Want hoe zit het daarmee? Vaak herkennen we het wel als we terugblikken op een lastige relatie met nog in leven zijnde ouders of kinderen.

En dan erkennen we, al terugblikkend, dat er veel dingen zijn die we graag *anders, beter of meer* hadden gewenst. Veelal is er sprake van een opeenstapeling van onvoltooide communicatie, wat belemmerend werkt in die relatie.

Soms is onvoltooide communicatie veroorzaakt of versterkt door anderen. Sommige mensen staan simpelweg niet toe dat we belangrijke dingen naar hen uitspreken. En aangezien we anderen niet kunnen dwingen om naar ons te luisteren, raken we vaak verstrikt in dergelijke onvoltooide communicatie. Dit kan zowel betrekking hebben op positieve als negatieve dingen die we hebben meegemaakt. Soms zijn we ook gewoonweg bang om emotioneel beladen dingen bespreekbaar te maken. Of we hebben gewacht op het juiste moment met de geschikte omstandigheden om dat te gaan doen. Echter soms komt het juiste moment nooit. Of we vergeten het. Het kan zijn dat we op een zijspoor raken. En soms sterft iemand. En dan zitten we blijvend met de onvoltooide emotionele communicatie.

Kortom emotionele onvoltooidheid gaat over alle onuitgesproken emotioneel beladen communicatie. Er zijn ook momenten dat we niet meer precies weten wat we gezegd hebben of wat we gedaan hebben. Ook dit kan het gevoel geven dat er iets onvoltooid is gebleven. Soms weten we niet zeker of iemand ons wel goed begrepen heeft. Of dat ze überhaupt gehoord hebben wat onze bedoeling was met wat we met ze bespraken. Dat kan ook zorgen dat we ons onvoltooid voelen in die relatie.

Let wel en knoop dit goed in je oren. Als je emotioneel onvoltooid bent betekent dit niet dat je slecht of fout bent. Er is niks mis met je. Het betekent slechts dat er een aantal omstandigheden en (nagelaten) handelingen zijn die er nu debet aan zijn dat jij met onvoltooide communicatie bent achtergebleven. Simpelweg omdat de mogelijkheid of gelegenheid er niet meer is om dat alsnog uit te spreken.

HOE IDENTIFICEER JE WAT ONVOLTOOID IS?

In essentie specificeert je verliesgrafiek eerdere verlieservaringen. Aan het eind van dit hoofdstuk volgen instructies hoe je de verliesgrafiek kunt benutten om te onderzoeken welke verlieservaring(en) nog om voltooiing vragen. Als je je verliesgrafiek bekijkt, kun je allerlei emoties ervaren, die een relatie hebben met mensen en gebeurtenissen die je erin opgenomen hebt. Zodra je stilstaat bij een verlieservaring kan het zijn dat je je verdrietig voelt. Dit is volkomen normaal.

De bedoeling is om te ontdekken welke relaties onvoltooid zijn. Om hierachter te komen kan het helpen om het onderscheid te maken tussen pijn en verdriet. Hier volgen enkele tips die je daarbij kunnen helpen:

1. Als je niet wilt denken aan, of praten over iemand die overleden is, of een andere verlieservaring, kan dat duiden op onvoltooide rouw.
2. Als fijne herinneringen pijnlijke gevoelens veroorzaken kan het zijn dat je onvoltooide rouw ervaart.
3. Als je uitsluitend over positieve of over negatieve aspecten van een relatie praat, kan dit ook duiden op onvoltooide rouw.
4. Onvoltooide rouw kan ook aan de basis staan van allerlei gedachten en gevoelens, die associaties oproepen en die je angst aanjagen.

Wij mensen hebben gevoelens in reactie op elke verandering die zich in ons leven voordoet. De meeste veranderingen zijn klein en onbelangrijk en voorzaken nauwelijks tot geen ongemak. Echter enkele kunnen een blijvende invloed in ons leven of in de kijk op ons leven hebben gehad. Hoe intenser die gevoelens zijn, des te waarschijnlijker is het dat er iets wat onverwerkt of onvoltooid bleef aan ten grondslag ligt.

De motivatie van mensen om onze lezingen en programma's te volgen ligt meestal in een recente verlieservaring. De actiestappen naar herstel hebben meestal tot gevolg dat mensen zich ervan bewust worden dat er ook nog eerdere en andere onvoltooide verlieservaringen en/of onafgeronde relaties zijn die om aandacht vragen. Het is waarschijnlijk dat dit jou als lezer ook steeds duidelijker wordt.

KIEZEN WELKE VERLIESERVARING TE VOLTOOIEN

Nu is het moment aangebroken om te bepalen welke verlieservaring nu het meeste om jouw aandacht vraagt. Het kan zijn dat dit een sterfgeval is, maar weet dat verlies niet uitsluitend wordt veroorzaakt door de dood. Voor heel veel mensen is een scheiding de oorzaak van hun emotionele onvoltooidheid. Veel van onze relaties met in leven zijnde personen - zoals ouders en kinderen, andere familieleden of vrienden - kunnen eveneens onvoltooid zijn.

Instructies

1. Neem je verliesgrafiek erbij. Omcirkel de verliezen waarvan je vermoed dat ze onvoltooid zijn. Wees eerlijk in deze afweging. Het doet er niet toe hoeveel verlieservaringen om aandacht vragen, of dat sommige al heel lang geleden zijn gebeurd. Als je het niet zeker weet omcirkel een verlieservaring dan sowieso.
2. Hanteer als uitgangspunten bijvoorbeeld de tijdsduur en intensiteit samen met je eigen eerlijke gevoel over wat onvoltooid en nog steeds pijnlijk voor je is. Wees vooral

realistisch. Als bijvoorbeeld je kind overleden is, kan de relatie weliswaar kort zijn geweest, het zal echter een enorme intense schok hebben veroorzaakt. Indien je dit op je verliesgrafiek hebt staan lijkt het logisch hier in eerste instantie mee te werken.

3. Het is heel goed mogelijk dat de verlieservaring die je deed besluiten dit boek te gaan lezen niet de eerste is om mee aan de slag te gaan. Mocht dat wel het geval zijn dan is dat uiteraard ook prima. We willen echter voorkomen dat je keuze geleid wordt door angst of het vermijden van een pijnlijker verlieservaring.

4. Het kan ook zijn dat de meest onvoltooide verlieservaring niet in je verliesgrafiek is opgenomen. Wees hier alert op, want soms is er een onvoltooide relatie met iemand die nog in leven is en juist daardoor buiten je blikveld blijft.

5. Gebruik maximaal één uur om te bepalen waarmee je aan het werk wilt gaan. Anders raak je mogelijk in verwarring. Feitelijk is er slechts één essentiële vraag van belang: "Welke verlieservaring in mijn leven belemmert en blokkeert me op dit moment het meest?"

6. Kies er één. Je kunt hier geen fouten in maken. Als er meerdere onvoltooide relaties zijn, leer je aan de hand van deze gekozen

verlieservaring hoe je ook die in later stadium kunt voltooien. Let op: *Je kunt niet je ouders tegelijkertijd doen. Je hebt met beiden een aparte en unieke relatie (gehad), dus je moet ze ook separaat voltooien.* Op dit moment vragen we je te kiezen voor de relatie, die gepaard gaat met de meeste pijn of onvoltooide emoties of beiden

MEER HULP BIJ HET KIEZEN VAN DE EERSTE VERLIESERVARING OM MEE TE WERKEN EN VRAGEN BETREFFENDE ANDERE VERLIESVORMEN

In de afgelopen jaren hebben veel mensen ons gevraagd welk verlies verstandig was om eerst mee te werken. Een gebruikelijke vraag die we ook vaak krijgen van mensen is, "Wat te doen als ik heel vroeg nog voor mijn 10^e jaar mijn ouder verloren heb?" Ondanks het feit dat dit hun leven dramatisch beïnvloed heeft, vragen ze zich terecht af of het goed is hiermee te beginnen.

Ook krijgen we vaak vragen over andere verliesvormen naast sterfgevallen en scheidingen. Dan gaat het vaak over alcoholisme, geestesziektes en allerlei vormen van misbruik. Ook zijn er vragen gesteld over het omgaan met bijvoorbeeld dementerenden of andere degeneratieve zieken. Veel mensen vragen ook aan ons hoe ze zich kunnen verhouden tot verlies van vertrouwen of tot werk- en gezondheidsproblemen.

Een nieuw hoofdstuk getiteld *Meer over keuzes en andere verliesvormen*, start op pagina 263. Het bevat aanvullende uitleg en een toelichting hoe het kiezen van een eerste verlieservaring werkt. Eveneens is een soort handreiking opgenomen hoe om te gaan met "andere verliesvormen". Ook als je reeds een keuze hebt gemaakt voor het werken met een verlieservaring, raden we je aan om dit onderdeel te lezen alvorens met je relatiegrafiek te beginnen. De oefening hoe een relatiegrafiek te maken staat beschreven in het volgende hoofdstuk.

11

De introductie van de relatiegrafiek

Om je een goed beeld te vormen van een relatie, helpt het om een eenduidig stramien te volgen. In de loop der tijd hebben we een heel eenvoudig proces ontworpen, dat je waarschijnlijk zal ondersteunen in het ontdekken van wat voor jou onvoltooid is gebleven.

Zoals gebruikelijk raden we je aan geen stappen over te slaan. Door het stramien strikt te hanteren heb je de meeste slagingskans om je herstelproces te voltooien. In feite ontstaan de meeste problemen als mensen proberen hiervan af te wijken.

DE RELATIEGRAFIEK WERKT ANDERS DAN DE VERLIESGRAFIEK

In de verliesgrafiek lag het accent op verlies. We maakten een overzicht van de verdrietige, pijnlijke of negatieve verlieservaringen, die we ons herinneren. Bij het maken van de relatiegrafiek gaat

het erom een compleet en gedetailleerd overzicht
van de relatie te maken. Positieve en plezierige
gebeurtenissen worden vermeld boven de lijn,
terwijl negatieve en niet leuke gebeurtenissen onder
de lijn worden opgenomen.
Op een bepaald moment, nadat er een
verlieservaring heeft plaatsgevonden, begint ons
brein met een terugblik op de relatie. Daarbij staat
centraal wat niet gecommuniceerd of gecompleteerd
is in deze relatie. Het kan zijn dat je (on)bewust
bent van deze terugblik ergens na de gebeurtenis die
als verlieservaring is beleefd. In feite blijft deze
terugblik voortduren, totdat je de verlieservaring
hebt verwerkt. Het doel van het maken van de
relatiegrafiek is een diepere terugblik te doen. Dit
om duidelijk te krijgen wat onvoltooid is gebleven,
zodat dit zich alsnog kan voltrekken.

VOLTOOIEN IS NIET VERGETEN

Het doel is om een verschuiving te maken
van een emotioneel onvoltooide verlieservaring
naar een volledig geïntegreerde verlieservaring.
Voltooiing of verwerking betekent niet dat we onze
dierbaren zullen vergeten. Wat we voltooien is onze
relatie met de pijn, veroorzaakt door alle gevoelens
en gedachten die optraden als gevolg van het
verlies. We ronden als het ware af wat onvoltooid
bleef na de verlieservaring. Het enige wat mensen
vaak weerhoudt om dit herstelproces in te gaan is de

angst dat ze daardoor hun dierbare zullen vergeten. *Dat is echter onmogelijk.*

We zullen ons richten op een drietal aspecten van relaties, namelijk fysiek, emotioneel en spiritueel.

Door de dood eindigt de fysieke relatie die we met iemand hadden. We kunnen iemand niet langer vasthouden of met iemand afspreken, zoals daarvoor wel mogelijk was. Een scheiding brengt ook deze dramatische verandering in de fysieke relatie aan, die we voorheen wel met onze partner hadden. We kunnen ze niet meer aanraken en aanspreken op de voorheen gebruikelijke manier.

Emotionele relaties omvatten alle gevoelens die we hebben over een dierbare persoon of een bepalend iets of iemand. Dat blijft niet beperkt tot prettige en positieve gevoelens, het gaat ook over pijnlijke en negatieve emoties. Wanneer er sprake is van een sterfgeval of scheiding, komen we er hoe dan ook achter wat onvoltooid is door de relatiebreuk op dat moment. Ondanks dat de fysieke relatie eindigt of verandert, blijft de emotionele relatie als herinnering bestaan.

Het spirituele aspect van onze relatie is lastiger te duiden. Dat komt omdat iedereen daar eigen ideeën over heeft. Voor ons doeleinde, gaan we ervan uit dat de spirituele component alle niet zijnde fysieke en emotionele aspecten betreft. Het zijn die ongrijpbare dingen die je een gevoel van verbinding geven met die ander. Je spirituele verbinding is ongewijzigd en blijvend ook al is er sprake van een sterfgeval of scheiding.

Aangezien rouw de normale en natuurlijke emotionele reactie is op verlies, wijden we daar in dit handboek veel aandacht aan. Succesvolle voltooiing van onverwerkte emoties zorgt ervoor dat we in het reine komen met de veelal pijnlijke realiteit dat de fysieke relatie voorbij is.

Herstellen van verlieservaringen bevordert de levenskwaliteit voor de rest van je leven. Deze emotionele voltooiing staat volkomen los van religieuze, filosofische of spirituele overtuigingen, die je er mogelijk op nahoudt, zoals bijvoorbeeld een leven na de dood.

NAUWKEURIGE HERINNERINGEN: JOUW AANDEEL

We zijn ingegaan op mensen in rouw die de neiging hebben om herinneringen uit te vergroten. Het is echter onwaarschijnlijk dat je een relatie emotioneel kunt voltooien met iemand die je slechts op een voetstuk plaatst of die je vervloekt. Je kunt slechts emotionele voltooiing bereiken als je de waarheid eerlijk onder ogen komt. Herinner je daarom de eerste belofte die je in dit boek verzocht werd te doen, namelijk bereid zijn om volkomen eerlijk te zijn en de waarheid te spreken. *Iemand verafgoden of vervloeken is niet de waarheid.*

We hebben veel mensen in rouw gesproken, nadat een dierbare was overleden. Vrijwel direct

komen dan de verhalen los dat de overledene nooit
één fout heeft gemaakt in zijn of haar hele leven. Ze
praten uitsluitend over goede en positieve dingen en
daden van hun dierbare. Als we heel goed luisteren
kunnen we zelfs tussen de regels door horen: "Ik
had mijn waardering weleens wat meer mogen
uitspreken toen dat nog kon." Hetzelfde horen we
regelmatig na een scheiding of relatiebreuk. *Deze
vorm van overdrijving, door eenzijdige
herinneringen op te halen, is te wijten aan een
gebroken hart en het gebrek aan vaardigheden om
werkelijk de waarheid te uiten.*

Ook al houden we enorm veel van iemand
die overlijdt of waarvan we scheiden, niemand is
perfect. Niets menselijk is ons vreemd, net zoals dat
ook voor jou geldt. Elke relatie, zelfs de meest
ideale heeft hoogte- en dieptepunten. Terwijl je de
stappen neemt om te herstellen van
verlieservaringen, kun je alleen maar
verantwoordelijkheid nemen voor jouw eigen
aandeel. Als je je dierbaren herinnert hoe je had
gehoopt dat ze zouden zijn geweest, in plaats van
hoe ze werkelijk waren, wordt het vrijwel
onmogelijk om je emotionele relatie met hen alsnog
te voltooien. Een nauwkeurige herinnering van je
dierbare is veel waardevoller om te koesteren dan
de fictieve fantasiepersoon die je anders creëert.

EERLIJKHEID IS DE SLEUTEL NAAR HERSTEL

De essentie van herstel ligt besloten in de belofte om helemaal eerlijk te zijn over *jezelf* in relatie tot anderen. Toch is het als mens vrijwel onmogelijk om geen indrukken en meningen over anderen te hebben. Dus we zullen moeten leven met het feit dat onze opvatting over anderen ons herstel kan belemmeren of blokkeren. Als we allerlei kritische kanttekeningen gaan plaatsen bij wat anderen deden of nalieten, betekent dit veelal een onzuivere beoordeling van de relatie. Met als risico dat we in de aanklager- of slachtofferrol blijven hangen.

Het lijkt er wellicht op dat dit boek zich vooral richt op het voltooien van relaties met dierbaren. We weten echter vrijwel zeker dat velen van jullie dit boek lezen vanwege een verlieservaring met iemand waarmee de relatie eerder vijandig dan vriendelijk was. Je gevoelens zullen dan waarschijnlijk vervuld zijn van sterke afkeer of zelfs haat. Zelfs in die gevallen zal dit programma je helpen te herstellen van die specifieke verlieservaring.

We zullen hier dieper op ingaan als we vorderen in het volgen van de herstelstappen. We zullen indringend toetsen wat we wensten dat *anders, beter of meer* was geweest. Ook wanneer we ergens op hebben gehoopt of ergens van gedroomd, dus ongeacht welke verdere verwachtingen we van de toekomst hebben gekoesterd. We gaan onderzoeken wat we graag nog gezegd hadden of waarvan we spijt hebben dat we het gezegd hebben. En eveneens doen we dit omgekeerd daarmee voor de ander.

Sommige relaties zijn meer harmonieus en liefdevol dan andere. En inderdaad zijn bepaalde relaties meer of minder voltooid dan andere. Echter we hebben nog niemand ontmoet die geen enkele onvoltooide emotionele communicatie had. Wel hebben we mensen ontmoet die bang waren, of niet bereid waren, om eerlijk te kijken naar hun eigen aandeel in wat mogelijk onvoltooid was gebleven. Ook hebben we veel mensen ontmoet die zoveel verkeerde informatie hadden gekregen, waarin ze waren gaan geloven. Die dachten dat wanneer zij zich zouden gaan uitspreken de overledenen ondraaglijke pijn zou lijden.

Daarom bekrachtigen we op dit punt dat de bedoeling hiervan geenszins is om pijn te veroorzaken of herinneringen dan wel relaties te vernietigen. Het gaat erom dat dit een verklaring is die je voor jezelf en aan jezelf doet. Daarvan maak je iemand deelgenoot, die plechtig heeft beloofd hier uiterst vertrouwelijk mee om te gaan.

ZELFS NA EEN LANG ZIEKBED
BLIJVEN ER ONVOLTOOIDE ZAKEN

Vraag: kan er na een lang ziekbed, waarin je dag en nacht gezorgd hebt voor degene die stervende was en waarin gesproken werd over van alles en nog wat, nog iets onvoltooid zijn? Antwoord: Ja!

Vraag: Hoezo? Antwoord: Deels wordt dit veroorzaakt doordat de focus in deze fase ligt op de zorg en het welzijn van de patiënt. Daarnaast is het vrijwel onmogelijk om tegen zo iemand direct te zeggen wat je over hem of haar met een ander wel zou kunnen delen. En als laatste, doordat de naderende dood onvermijdelijk een intensief herbeleven van het leven veroorzaakt. En dat kun je lastig delen, omdat de persoon er nog is, en de dood confronterend is. Laten we dit iets nader toelichten. Stel dat je betrokken bent geweest bij een langdurig ziekbed van een dierbare. Dan kun je je ongetwijfeld herinneren hoe het was. Hoever van tevoren je dit ook zag aankomen en hoe voorbereid je ook was, dit alles maakte niets uit in de bereidheid die je had om te accepteren wat ging komen. Ondanks alles was het ontzettend indrukwekkend en werd je enorm beïnvloed op het moment van overlijden. Het onomkeerbare en het absolute van de dood intensiveert het vermogen van het brein, om te zoeken naar onvoltooide aspecten van de relatie.

Vraag: Werkt dat bij een scheiding hetzelfde? Antwoord: Ja en nee. Een scheiding is feitelijk een soort sterven van de relatie, met alle bijbehorende verliezen, zoals hoop, dromen en verwachtingen. Het aanvoelen van het eindigen van een relatie kan al lang voorafgaan aan het feitelijke moment waarop de officiële juridische aanloop daar naartoe begint. Voor sommigen begint dit gevoel bij de stap om een advocaat in te schakelen om te komen tot een scheiding. Voor anderen begint dit gevoel pas als de formele uitspraak er ligt, dat de scheiding een feit is. Zodra iemand doorheeft dat het definitief afgelopen is, begint het brein met de toegenomen krachtige zoekfunctie naar onvoltooide zaken met bijbehorend hartzeer. Echter bij een sterfgeval is het finale fysieke *einde* van de relatie essentieel anders dan de *verandering* in de fysieke relatie bij een scheiding.

HOOP, DROMEN EN VERWACHTINGEN

De dood is geen enkelvoudige gebeurtenis. Daarbij sterven tegelijkertijd alle hoop, dromen en verwachtingen voor de toekomst. Bij een scheiding of een andere significante verliesvorm in werkt dit in relationele opzicht in vergelijkbare zin.

In positieve relaties zijn onze hoop en dromen gericht op het blijvend samenzijn en alle

gebeurtenissen die daar logischerwijs bij horen. Veel stellen verheugen zich op hun gezamenlijke pensioenfase. Ze maken nog plannen om te gaan reizen en hebben voornemens om hobby's en recreatieve activiteiten op te pakken of te intensiveren. Echter maar al te vaak overlijdt één van beiden voordat het zover is. Veel van onze positieve relaties worden gekenmerkt door dergelijke plannen voor de toekomst. Deze plannen vallen echter compleet in duigen door een te vroege dood.　　　In negatieve relaties is er mogelijkerwijs de behoefte dat we ooit nog in staat zijn een brug te slaan tussen dat wat nu onoverbrugbaar lijkt. Of in andere woorden om een deur weer open te krijgen die nu nog slechts op een kiertje staat. Of we hopen dat de ander alsnog excuses gaat aanbieden, voor wat die ons in onze ogen heeft aangedaan. Veel mensen zijn opgegroeid in ziekmakende systemen, veroorzaakt door bijvoorbeeld alcoholisme of andere ingewikkelde of belemmerende omstandigheden. Als kind wist je niet beter, laat staan dat je keuzevrijheid had om het zelf anders te doen. Soms realiseert iemand zich pas als volwassene dat er geen sprake is geweest van normale jeugdjaren. Het is dan enorm belangrijk dat ze hierom rouwen en de pijn onder ogen zien van het gemis aan een normale jeugd. Het is nodig dat ze terugkijken om zich te realiseren wat normale hoop, dromen en verwachtingen zijn, die ze door de situatie niet konden hebben.

Sommige mensen hebben daardoor een verschrikkelijk slechte relatie met hun ouders of broers en zussen. Heel soms zijn ze in staat om hiermee in het reine te komen en het punt te bereiken om nieuwe positieve relaties aan te gaan. Als ze dan opnieuw samenkomen in het systeem van herkomst, kunnen ze deze ervaringen meenemen als hoop, dromen en verwachtingen voor de toekomst. Maar al te vaak worden deze hernieuwde banden doorbroken door een sterfgeval. "Eindelijk had ik contact met mijn vader. We hadden zoveel in te halen samen. En toen kreeg hij plotseling een hartaanval. Zodat we nauwelijks tijd hadden om nog een fijne tijd met elkaar door te brengen." Het is uitermate belangrijk dat je de kracht begrijpt van onvoltooide emotionele communicatie in relaties, omdat deze doorwerkt in toekomstige gebeurtenissen.

Je zult zien en merken dat er veel dingen op je pad komen die je eraan herinneren wat je nog voor plannen had met degene die is overleden of waarvan je gescheiden bent. Het is belangrijk om zoveel mogelijk alsnog te voltooien, zodat je in de toekomst niet steeds uit het veld geslagen bent als er dingen gebeuren die je aan het gemis herinneren.

DE RELATIEGRAFIEK

Hierna volgen instructies hoe je een relatiegrafiek kunt maken. We beginnen eerst met een paar voorbeelden.

De relatiegrafiek van John en zijn jongere broer

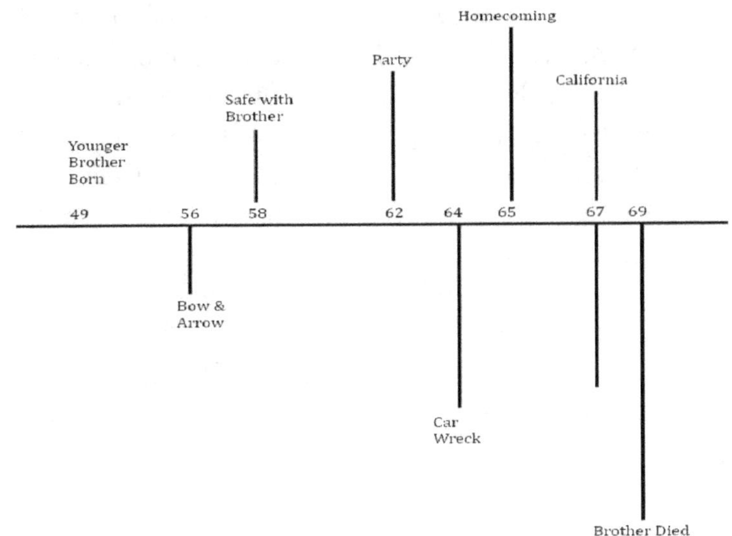

'49 - Mijn jongere broertje wordt geboren.
Het is opgenomen als een neutrale gebeurtenis op de lijn. Dit is omdat ik jullie ga vertellen over de impact van slechte communicatie. Ik weet zeker dat het me opgevallen is dat mijn moeder zwanger was. Ik zal haar daar vast vragen over gesteld hebben. Ze vertelde me dat het betekende dat ik een broertje of zusje zou krijgen. Ik was blij. Ik zal ook wel in verwarring zijn geweest. Blijkbaar dacht ik toen dat hij bij zijn geboorte net zo groot zou zijn als dat ik

al was. Ik had namelijk een oudere broer, waardoor
ik wist dat broertjes ongeveer van mijn formaat
waren. Toen ze met hem thuiskwamen, was ik dan
ook verbijsterd. Hij was zelfs te klein om mee te
spelen op wat voor manier dan ook. Dat is mijn
eerste bewuste herinnering aan mijn broertje.

*'56 - Mijn jongere broertje maakt mijn pijl
en boog stuk.* Ik was daar boos over, omdat ik hem
heel duidelijk had gezegd dat hij daar af moest
blijven. Hij was nog maar zeven jaar en wilde ook
graag alles kunnen wat zijn oudere broers deden. Ik
was echter behoorlijk fel en onaardig, waardoor hij
hard moest huilen.

*'58 - Mijn broertje zoekt steun en
bescherming bij mij.* Onze ouders hadden ruzie,
waardoor mijn broertje bang was. Hij kroop bij mij
in bed en vroeg of hij bij mij mocht blijven. Ik was
er trots op dat hij aanvoelde dat het bij mij veilig
was om te schuilen.

'62 - Ik ga in militaire dienst. Mijn beide
broers hadden een afscheidsfeestje voorbereid. Ze
vertelden me hoeveel ze van me hielden en hoopten
dat ik in veiligheid terug zou komen. Ik wist wel dat
ze van me hielden, en toch was het heel fijn om dat
juist nu te horen.

*'64 - Mijn jongere broertje rijdt mijn auto in
de prak.* Terwijl ik overzee gelegerd was, had ik
hem op het hart gedrukt mijn auto niet te gebruiken.
Echter 15-jarigen luisteren erg slecht of selectief.
Dus op een dag toen mijn moeder naar haar werk
was gegaan, had hij besloten stiekem een stukje

auto te rijden. De rit eindigde helaas tegen een telefoonmast.

'65 - *Ik kom thuis na mijn diensttijd.* Toen mijn broertje de deur voor me opendeed geloofde ik mijn eigen ogen bijna niet, omdat hij zo groot geworden was. Hij was inmiddels zelfs langer dan ik. Hij was in de jaren dat ik weg was ineens een man geworden. Ik was zo trots op hem.

'67 - *Mijn jongere broertje komt bij me wonen in California.* Zoals je kunt zien heb ik dit in de relatiegrafiek zowel boven als onder de lijn gemarkeerd. We hadden namelijk zowel hoogtepunten als ook behoorlijke dieptepunten. Hij kwam niet op tijd thuis wanneer ik dat wel wilde. Het leerde me inzien wat ouderschap betekent. Hij maakte zijn bed niet op, tankte niet wanneer dat wel nodig was. Hij belde urenlang met zijn vriendin, zodat ik torenhoge telefoonrekeningen kreeg. Tegelijkertijd gingen we samen uit, en hadden dus ook een plezierige fijne tijd samen. We waren naast broers ook vrienden geworden.

In dit jaar hebben we ook een groot meningsverschil gehad waar we flink ruzie over maakten. Mijn broertje overwoog om te gaan trouwen. Ik vond dat niet zo'n goed idee. We vochten daarover als kat en hond. Uiteindelijk besloot hij zijn opleiding eerst af te maken en werd de situatie tussen ons weer wat draaglijker. Ik nam echter nooit de tijd om uit te spreken hoe dit alles voor mij was geweest.

'69 - Mijn broertje overlijdt. Ons laatste gesprek was een telefoontje. Hij zou samen met vrienden bij me langskomen in California. Ze waren onderweg en gingen ergens overnachten. Voordat ze gingen slapen heeft hij me nog even gebeld. Ze waren in Las Vegas. Daar waren ze nog nooit geweest, dus dat vonden ze heel bijzonder om een keer te bezoeken. Zoals gebruikelijk had hij geld nodig en hij belde of ik hem wat kon lenen. Ik zei hem dat hij bij vrienden van me langs kon gaan die daar op dat moment ook waren, zodat hij wat geld van hun kon krijgen. Ik hing op en zei: "Ik zie je morgen".

Echter er kwam nooit meer een morgen. Hij overleed die avond. Wat wenste ik achteraf dat ik hem tijdens dat telefoongesprek in elk geval had gezegd dat ik van hem hield. Ook wenste ik dat ik in andere gesprekken met hem meer had gepraat over gevoelens en eerlijk had geuit hoe ik dingen beleefde.

John heeft zijn broertje 20 jaar gekend en veel van hem gehouden. Echter toen hij de eerste keer een relatiegrafiek maakte kwamen er maar weinig gebeurtenissen in hem op. De dingen die hij zich kon herinneren, leken op het eerste oog niet van veel betekenis. Echter wat wel bleek was dat ze gepaard gingen met gevoelens die hij had willen uitspreken. Het was onvoltooide emotionele communicatie en hij wenste dat het *anders, beter of meer* was geweest. Nu gaan we over naar de relatiegrafiek van Russell, waarin de onvoltooide communicatie vet gemarkeerd is

Russell's relatiegrafiek met zijn ex-vrouw Vivienne

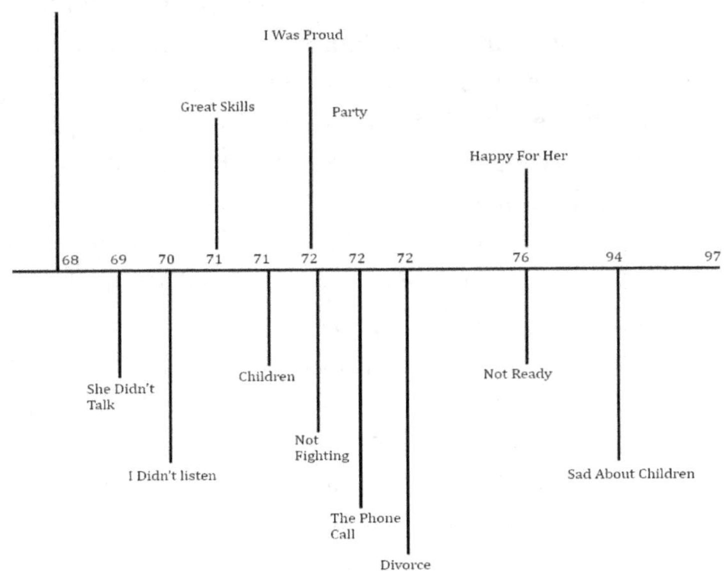

'68 - We ontmoeten elkaar op een zondag. Haar naam was Vivienne. We trouwden op dinsdag. Ze was voor mij overduidelijk direct de ware. Ik was halsoverkop verliefd. Ze was zo leuk. Ze kwam uit London, een wereldwijze vrouw. Achteraf begrijp ik dat ze nog maar 19 jaar was, maar door haar Engelse accent en stadse manieren kwam ze op mij veel meer volwassen over. Zelf was ik destijds 25

jaar.

'69 - Ze lijkt zich aan me te ergeren. Ik had daar op zich geen problemen mee, echter wel met de wijze waarop ze dat aan me duidelijk maakte. Ze was vaak heel stil, wat nog verergerde als we problemen hadden. **Ik moest haar echt vergeven dat ze niet bereid was en me simpelweg niet kon uitleggen wat er met haar aan de hand was.** Ik voelde me als een tastende in het donker, en ik ging invullen en interpreteren. Dat veroorzaakte bij haar nog meer ergernis. Ik raakte daar behoorlijk gefrustreerd door.

'70 - Ik heb een heel duidelijke mening over hoe we ons bedrijf moeten runnen. Ik ben heel verbaal ingesteld en kan heel zelfzuchtig en dominant zijn. Ook al probeerde ze het, ze kreeg me niet zover dat ik luisterde en mijn verdedigende en daarmee rechtvaardigende gedrag wijzigde. Ze probeerde op gelijkwaardige wijze gesprekken met me te voeren, maar veelal walste ik volledig over haar heen. Diverse beslissingen die ik er zo doordrukte, waren de opmaat naar grote problemen. Het bedrijf kwam daardoor uiteindelijk in hele grote problemen terecht. Ik geloof ook zeker dat dit heeft bijgedragen aan de scheiding die volgde. Als ik eerlijk kijk naar mijn aandeel in deze relatie, realiseer ik me dat ik haar echt verontschuldigingen moet aanbieden. Ik walste gewoonweg op een hele dominante manier over haar heen. Het spijt me niet alleen hoe het tussen ons en met het bedrijf gelopen is. **Bovenal spijt het me dat ik niet in staat was**

haar te horen in de pogingen die ze deed om met mij te praten. Uiteindelijk wilde ze me alleen maar helpen is me nu duidelijk.

'71 - Onze unieke talenten vormden samen een prachtige combinatie voor ons restaurant. We waren weliswaar totaal verschillende mensen, met hele andere persoonlijkheden en vaardigheden. Ik was de vriendelijke gastheer en voor velen gevraagd en ongevraagd raadgever. Zij was bijzonder creatief met de ingrediënten en zette zo onze keuken op de kaart. **Ik heb echter nooit de gelegenheid aangegrepen om haar te vertellen hoezeer ik dit waardeerde. Omdat ze daarmee in aanvulling op mij een perfecte en prachtige balans bracht en dat betekende veel voor ons bedrijf.**

'71 - Ze wilde heel graag kinderen. Onze persoonlijkheden daargelaten, hadden we geen enorm verschillende opvattingen over of andere kijk op ons leven. Veelal waren we het redelijk met elkaar eens over de dingen die we deden en met welk doel. Behalve op een heel belangrijk deel van ons leven. Vivienne wilde heel graag kinderen. En dat was erg belangrijk voor haar. Omdat ik een wordingsweg kende met vele worstelingen in mijn leven, en nu eindelijk de vrijheid voelde mijn leven zo vorm te geven als ik dat zelf wilde, was ik absoluut nog niet toe aan kinderen. **Het was voor mij belangrijk om haar te vergeven. Want dit werd een breekpunt in onze relatie en was aanleiding voor onze scheiding. Ik vond het ook belangrijk me te verontschuldigen voor het feit**

dat ik niet eerder de waarheid over mezelf had verteld.

Gedurende deze stormachtige vier jaar tezamen, hebben we enorm genoten en veel plezier gemaakt. We waren gastvrij en werden bezocht door beroemdheden. Wij waren "de kers op de taart". Het was heel bijzonder om dit samen met haar mee te maken. Gevangen in het "oog van de storm" van deze leefstijl en ons bedrijf, vergat ik vaak haar te vertellen hoe bijzonder ze voor me was en wat ik voor haar voelde. Vanzelfsprekend zei ik de verplichte woorden, zoals "Ik hou van jou", echter **ik liet na haar te zeggen hoeveel ze voor me betekende, hoe trots ik was wat we samen neerzetten en dat we zo gezien waren. Kortom hoe fantastisch ik haar vond.**

Meestal werd ik opgeslokt door de dagdagelijkse dingen in ons restaurant. Ik was me helemaal niet bewust van wat er zich in ons huwelijk afspeelde. *Eerder heb ik al opgemerkt dat ze mijn verontschuldigingen verdient voor het feit dat ik steeds zo overweldigend was.* Het is echter niet realistisch puur naar deze relatiebreuk te kijken vanuit mijn aandeel en gemaakte blunders daarin. Natuurlijk heb ik te verontschuldigen voor mijn zelfzuchtige gedrag en verbale dominantie. **Het is echter net zo belangrijk dat ik haar vergeef voor het stilzwijgen en het achterwege laten om te gaan staan voor zichzelf. Want dat gaf ze uiteindelijk op door toe te geven aan mij.**

'72 - Ze vraagt een scheiding aan. Terwijl

het huwelijk voortduurde raakte ik steeds meer in verwarring. Aan de ene kant was ik zielsgelukkig en had totaal niet door dat de vulkaan op uitbarsten stond. We hadden samen een succesvol bedrijf en, voor zover mijn beperkte bewustzijn reikte, ook een goed huwelijk. Aan de andere kant zie ik nu ook heel helder hoe de problemen steeds groter werden. Op een dag belde mijn vrouw me op om te vertellen dat ze van me wilde scheiden. Dat telefoongesprek staat me nog steeds vers in het geheugen. Ze probeerde het niet eens meer in een persoonlijk gesprek. Ze vertelde het me doodleuk tijdens een telefoongesprek. **Voor mij is dat achteraf gezien een bevestiging voor de moeilijke communicatiepatronen waarin we verzeild geraakt waren. Dus ik heb haar te vergeven voor het feit dat ze geen andere weg meer zag.**

De scheiding overkwam me dus als donderslag bij heldere hemel. In de eerste weken na de scheiding moet ik gewoon door zijn gegaan. Echter ik herinner me hier totaal niets meer van. Het enige wat ik me nog wist te herinneren was hoe ik moest handelen bij verlieservaringen; namelijk *"wees sterk voor anderen."* Dit keer was ik echter "de ander", en ik wist dus totaal niet wat te doen. Gedurende die tijd kreeg ik een inzicht. Het begon me te dagen dat mijn grootste klacht in deze relatie was geweest dat ze bleef stilzwijgen. Het niet bereid zijn om te praten over problemen. Tegelijkertijd realiseerde ik me dat wanneer ze wel sprak ik simpelweg nooit naar haar had geluisterd. Ik wist me totaal geen raad met dit inzicht dat in mijn bewustzijn kwam. **Het kwam pas veel later in me op, toen ik leerde over de betekenis van vergeving, dat ik dat zelf nodig had. Door haar te vergeven dat ze over problemen niet kon praten en mezelf te vergeven dat ik niet geluisterd had als ze het toch probeerde, kwam ik er eindelijk los van.**

De scheiding was het einde van onze huwelijkse staat. En ondanks dat een scheiding de meeste fysieke aspecten van een relatie opheft, blijven de emotionele en spirituele banden doorwerken. Door een scheiding veranderen deze emotionele en spirituele stukken radicaal anders dan bij een sterfgeval. Inmiddels is het meer dan 20 jaar geleden dat ik gescheiden ben van Vivienne. Een paar vermeldenswaardige gebeurtenissen hebben me doen ontdekken dat er nog aanvullende onvoltooide emotionele aspecten in deze relatie zijn.

'76 - Vivienne vertelt me dat ze met haar nieuwe man 2 jongetjes geadopteerd heeft. Kort daarop raakt ze zwanger en krijgt nog een meisje. Mijn reactie daarop was nogal dubbel. Vanzelfsprekend was ik blij voor haar. Ik had er altijd het volste vertrouwen in gehad dat ze een geweldige moeder zou zijn. Echter een deel van mij werd er ook pijnlijk door geraakt. Het bracht bij me in herinnering dat oude hoop, dromen en verwachtingen, die ik voor ons samen had

gekoesterd voorgoed vervlogen waren. **Het was belangrijk dat ik haar vergaf dat ze niet bereid was te wachten totdat ik emotioneel klaar was geweest voor het krijgen van kinderen.**

(Er is nog een laatste belangrijk emotioneel aspect betreffende mijn relatie met Vivienne. In 1974 hertrouwde ik met Jeanne. Toen ik Jeanne ontmoette woonde zij alleen met haar vijf jaar oude dochtertje Kelly. Feitelijk ben ik, toen ik bij hen introk, vanaf die tijd als een vader voor Kelly geworden. Zodoende heb ik zelf de ervaring opgedaan hoe het voelt om ouder te zijn. Kelly is ook echt als eigen kind voor me, en ik koester die relatie.)

'94 - Een goede vriend van mij adopteert een meisje en noemt haar Gabrielle. Al snel wordt haar roepnaam Gabi, en bijna niet zo snel verovert ze mijn hart. Ze was zeven maanden toen ik haar leerde kennen. Zo werd ik bijna vanzelfsprekend haar suikeroom. Ik heb zelfs speciaal voor haar een kinderzitje voor in mijn auto aangeschaft. Vanaf de eerste dagen dat ze in mijn leven kwam wond ze me rond haar kleine vingertjes. In het begin waren mijn vrienden en ik een beetje verbaasd over de aandacht die ik gaf aan deze kleine meid.

Op een dag, waarop ik een Grief Recovery lezing gaf, begon ik over Gabi. Het volgende moment stond ik ineens volgeschoten met tranen voor de groep. Ik realiseerde me ineens wat er gebeurde. Kelly was al vijf jaar oud toen ik haar leerde kennen. Ik had nog nooit ervaren hoe het was om contact te hebben met zo'n kleine baby. En alhoewel ik slechts haar suikeroom was, deed ik ter compensatie van mijn eigen gemis heel veel dingen met Gabi. Ik leerde haar kruipen, paardrijden, kaartspelen en hoe een bal te gooien.

Toen dit inzicht indaalde, werd ik geraakt door wat ik allemaal gemist had door mijn relatiebreuk met Vivienne. Ik had niet de kans gekregen samen met haar ouders te zijn. En dit maakte me nu alsnog verdrietig. Omdat ik indirect al mijn verontschuldigende en vergevingsgezinde werk met haar had gedaan, kwam dit er nu nog bij. Het onvoltooide ouderschapsbeeld, dat ik kennelijk nog steeds in mijn hart met me meedroeg sinds ik haar in 1968 had ontmoet. **Ik was verdrietig dat we de kans gemist hadden door de scheiding om samen ouders te worden.**

DE VIERDE HUISWERKOPDRACHT: HET MAKEN VAN EEN RELATIEGRAFIEK

Om te beginnen met je relatiegrafiek moeten zowel degenen die samenwerken met een gesprekspartner als degenen die alleen werken aan de hand van dit boek één relatie hebben gekozen om als eerste mee te starten. Pak een blanco A4-tje en leg dit overdwars. Trek over de breedste kant een lijn in het midden. De linkerkant van de lijn representeert het begin van de relatie. Als je werkt

met één van je ouders, dan staat daar de datum die
overéénkomt met je eerste herinnering. Voor alle
andere relaties staat daar het jaartal waarin je
iemand voor het eerste ontmoette. De rechterzijde
van de lijn representeert de dag van vandaag. Vul
deze alvast in. Als je een relatiegrafiek maakt
betreffende een sterfgeval of scheiding, markeer
dan die datum ook alvast op de bijbehorende plek in
de grafiek. Relaties eindigen niet door een
sterfgeval of scheiding, ze werken door tot op de
dag van vandaag.

HET BEGIN VAN EEN HERINNERING – HET OVERLIJDEN VAN EEN KIND

**Als je te maken hebt met rouw, een
verlieservaring veroorzaakt door het overlijden
van een kind (een doodgeboren kindje, een
miskraam, een abortus of wiegendood), dan zal
de herinnering iets eerder liggen dan in de
meeste relaties.** *Normaalgesproken begint de
emotionele relatie voor de vrouw met haar kind al
direct tijdens de zwangerschap.* **Veel vrouwen
vermelden dat ze een verandering voelen zodra
ze de eerste bewegingen van hun baby voelen. Zo
zegt een vrouw bijvoorbeeld in de weken daarna
met regelmaat tegen haar man "Voel jij het niet
bewegen?" De man voelt plichtsgetrouw, door
zijn hand op haar buik te leggen, maar voelt dan**

veelal nog niets. Uiteindelijk voelt hij het leven pas als de baby gaat schoppen. *Dat is het moment waarop zijn emotionele relatie met de baby begint.* Het is natuurlijk een verbeelde fysieke relatie, de emotionele relatie is echter wel degelijk gestart. Toen de vrouw van John zwanger raakte van hun zoon (die in 1977 is overleden) en hij de eerste bewegingen voelde, begon hij vrijwel onmiddellijk in zijn hoofd allerlei hoop, dromen en verwachtingen te creëren. Zijn kind zou alles krijgen wat hij gemist had in zijn jeugd. En alhoewel er nog geen fysieke relatie was, de emotionele relatie vormde zich wel degelijk, voor zowel John als zijn vrouw.

In dit boek hebben we het vooral gehad over het voltooien van relaties die een echt volwassen vorm hebben gekregen. Echter bij het overlijden van een kindje, is er sprake van het voltooien van een relatie die dat stadium nooit heeft bereikt. Dus ook met wat had kunnen zijn, maar helaas nooit geweest is, hebben we iets te voltooien. John herinnert zich van toen zijn zoontje overleed, dat hij buiten het ziekenhuis stond en dacht "Hij zal nooit weten hoeveel goeds ik met hem voor had. Hij zal nooit weten hoeveel ik van hem houd." Dit waren zijn hoop en dromen die nooit vorm zouden krijgen door het vroegtijdige overlijden. Vrijwel alle ouders gunnen het hun kinderen dat ze hen kunnen geven wat ze zelf gemist hebben. Zodra dit idee heeft postgevat heb je iets te doen daarmee,

**wanneer het kindje niet levend op deze wereld
komt of blijft. Dit type verlieservaring verdient
net zo goed voltooiing als alle andere verliezen,
die in een mensenleven kunnen voorkomen.**

Ga nu een begin maken met het opschrijven
van je relatiegrafiek en reconstrueer deze zo goed
mogelijk. De doelstelling hiervan is om onvoltooide
communicatie te detecteren. Laat gewoon je
herinneringen komen en gaan. Noteer wat je te
binnenschiet. Besluit aan de hand daarvan of ze
positief (boven de lijn) of negatief (onder de lijn)
waren. Het is nu nog niet belangrijk of je brein dit
in chronologische volgorde lukt of niet. Probeer zo
gedegen mogelijk te zijn in het onderzoek naar
misverstanden of memorabele gebeurtenissen.
Noteer ze in eerste instantie gewoon zoals ze bij je
opkomen. Ga nu nog niet zitten wijzigen en beperk
jezelf niet. Schrijf gewoon op wat er bij je opkomt.
Eerlijkheid en grondigheid zijn op dit moment
vooral essentieel. Bekijk de opmerkingen die
Russell noteerde bij voorvallen die in hem
opkwamen. En lees in zijn relatiegrafiek welke
onvoltooide emotionele communicatie hij daarbij
ontdekte.

*Oordeel niet over wat er allemaal in je
opkomt.* Dat is een enorme valkuil, waardoor je
vanuit je hoofd gaat beredeneren. Voor nu is het de
bedoeling om te onderzoeken wat je voelde toen
deze gebeurtenissen zich voordeden. Focus je op
specifiek deze relatie. Anders loop je het risico dat

je gemakkelijk verschuift naar relaties die hiermee samenhangen en dat vertroebelt je onderzoeksdoel.

We adviseren je om ongeveer een uur te reserveren en die tijd te benutten voor het starten met je relatiegrafiek. Probeer tenminste 10 gebeurtenissen op te nemen. Als je vastloopt, bekijk dan nogmaals de voorbeelden in dit boek. Die kunnen je helpen om je eigen herinneringen op gang te brengen.

Om eerlijk en gedegen te werk te gaan, en te voorkomen dat je iemand verafgoodt of vervloekt, raden we je aan tenminste twee gebeurtenissen beneden de lijn op te nemen. Sommigen van jullie zullen het lastig vinden om zichzelf toe te staan je iets negatiefs te herinneren over een positieve relatie. Aan de andere kant zullen sommigen het weer moeilijk vinden om mooie gebeurtenissen te detecteren. Zeker waar het een relatie met een niet zo dierbare persoon betreft. Stel je eens iemand voor die herinneringen ophaalt aan een ouder die misbruik van de relatie met hen maakte, op welke wijze dan ook. Die zal moeite hebben om positieve ervaringen te vinden van de relatie. Of om positieve waarde toe te kennen aan wat er in deze relatie speelde. Om te voorkomen dat er een vertekend beeld wordt geschetst, is het belangrijk om eerlijk te kijken naar datgene wat nu nog steeds pijn veroorzaakt. Ook al heeft een ander misbruik van je gemaakt, er zijn ook dingen die in goede zin voor je gedaan werden. Denk bijvoorbeeld aan het betalen van de huur, zorg dragen dat er eten op tafel kwam en dat je kleding kreeg die je kon dragen. Door deze positieve bijdragen te herinneren, over iemand die misbruik van je gemaakt heeft, doe je niets af aan de slechte daden. Het is bedoeld om een eerlijk en evenwichtig beeld van de relatie te schetsen. In elke relatie zijn goede en slechte dingen.

Sommige relaties kenmerken zich door fases waarin het slecht gaat. Het is heel gebruikelijk dat het in beginsel in een relatie met een ouder goed gaat. Vervolgens kunnen er bijvoorbeeld in de puberteit stormachtige situaties zijn, waarna er in de volwassen fase weer een prima relatie kan zijn. Het is dus belangrijk dat je de hele relatie in ogenschouw neemt.

Je zult je vast een aantal gebeurtenissen of momenten herinneren uit de stormachtige periode, die niet zijn uitgesproken naar elkaar. Denk vooral niet dat sinds het goed gaat in de relatie ook de eerdere problemen daarmee wel voltooid zijn. Je mag het volgende verhaal nu zelf beoordelen. Belangrijk is dat je inziet dat je je niet laat beïnvloeden door wat anderen ergens van denken. Een vrouw, die deelnam aan één van onze bijeenkomsten, deelde de volgende fijne herinnering aan haar vader met ons. Haar vader nam haar vaak mee naar de kroeg en dan mocht ze naast hem op de bar zitten, terwijl hij dronken werd in het gezelschap van zijn kroegmaatjes. Anderen zouden dit kunnen zien als misbruik, want wie neemt er nou zo'n jong meisje mee de kroeg in. Anderen hebben niks in te brengen in jouw herinneringen aan een relatie. Wat uitsluitend van belang is, is dat wat je je herinnert een kloppende weergave is van hoe het voor jou voelde.

Positieve herinneringen kunnen uiteenlopen van samen gezellig op de veranda zitten tot vakantie vieren ver weg. Of simpelweg elkaars hand vasthouden, terwijl de zond in zee zakt. Of samen de kinderen grootbrengen. Ook een nieuwe jurk of speelgoed, zwemles of iets leren van je ouders, alles kan met enorm plezierige herinneringen gepaard gaan. Sluit geen herinneringen uit, omdat je denkt dat het niks voorstelt. De opstapeling van vele kleine onvoltooide emotionele communicatiemomenten veroorzaakt onvoltooide relaties.

Een onplezierige of negatieve herinnering kan simpelweg een meningsverschil zijn. Een kind herinnert zich bijvoorbeeld gestraft worden als een enorme intense ervaring. In het bijzonder wanneer ze gestraft worden voor dingen die ze niet gedaan hebben. Dat maakt het extra indrukwekkend. Dit wordt als oneerlijk en onrechtvaardig beleefd en krijg daarom een enorm gewicht, dat ze soms levenslang met zich meedragen. Net als bij positieve herinneringen geldt ook voor negatieve herinneringen dat geen enkele te klein is voor deze opdracht.

Gebruik de lengte van je lijnen boven en onder de horizontale streep om mee aan te duiden hoe intens je gevoelens rondom de betreffende gebeurtenis op dat moment waren. Het maakt niet uit als je meer of minder gebeurtenissen boven of onder de lijn hebt staan. Het enige dat ertoe doe is dat de dingen die je opneemt ertoe doen, omdat ze waar zijn voor jou. Maak je niet druk over wat anderen ervan zullen zeggen of vinden. Niemand anders zal deze relatiegrafiek te zien krijgen.

Nu is het aan jou om te beginnen.

DE VIJFDE BIJEENKOMST

Geweldig dat je een relatiegrafiek gemaakt hebt. In deze bijeenkomst zul je met je gesprekspartner samen de relatiegrafiek uitwisselen. Begin met het herhalen van de beloftes om helemaal eerlijk, absoluut vertrouwelijk en met respect voor de uniciteit van de individuele beleving om te gaan. Zoals gebruikelijk spreek je af op een plek waar je veilig en privé kunt werken. Houd voor de zekerheid zakdoekjes bij de hand. En vergeet vooral niet je relatiegrafiek mee te nemen.

Instructies voor degene die luistert

1. Houd gepaste afstand. Voorkom dat je een storende factor bent voor de ander.
2. Je mag al je emoties tonen, mits toepasselijk, maar *je mag onder geen beding praten.*
3. Raak je gesprekspartner niet aan. Het gevoel stopt vaak bij aanraking.
4. Houd het beeld voor ogen dat je een hart met oren bent. Blijf erbij in dit belangrijke moment en luister oprecht met interesse naar het verhaal van de ander.

Instructies voor degene die vertelt

1. Begin met het vertellen van je verhaal over de relatie waar je je grafiek op hebt gebaseerd. Start te vertellen over je eerste bewuste herinnering of ontmoeting. Meestal

begint de relatiegrafiek over een ouder met de eerste bewuste herinnering. Daarentegen begint de relatiegrafiek over een partner met de eerste ontmoeting. Hier volgen twee voorbeelden die dit illustreren "Ik werd geboren in 1943, maar mijn eerste bewuste herinnering over mijn vader dateert uit 1947. Ik was toen vier jaar oud. Ik herinner me dat hij me meenam om ergens een milkshake te drinken. Ik nam er eentje met aardbeien, wat nog steeds mijn favoriete smaak is." Of "Ik ontmoette mijn eerste vrouw op een feestje bij een vriend van mij. Ik vergeet nooit meer hoe ze mij de adem benam toen ik haar mooie verschijning voor het eerst zag."

2. Als je alle gebeurtenissen zo langsloopt in je relatiegrafiek, zal je intuïtief je verhaal verrijken met aspecten, die je in deze relatie belangrijk vindt. Pas op dat je niet teveel gedachtesprongen gaat maken, waardoor je de draad van het verhaal over deze relatie kwijtraakt. Wees er ook alert op dat je geen monoloog afdraait. Neem voor het vertellen over je relatiegrafiek ongeveer een half uur de tijd. Het is niet erg als je dit iets overschrijdt. Het meest effectief is het als je je beperkt tot de gebeurtenissen die je in de relatiegrafiek hebt opgenomen

3. Als je moet huilen, probeer dan de woorden toch naar buiten te persen. Dat is beter dan ze in te slikken. Wij zijn gewend geraakt om

ons dan in te houden en onze woorden in te slikken, omdat de gevoelens ons soms naar de keel grijpen.

4. Zodra je je relatiegrafiek hebt toegelicht, geen je aan je gesprekspartner waaraan je nu behoefte hebt. Dat kan een knuffel zijn, als je dat prettig vindt, maar het kan ook een momentje stilte zijn. Zorg er beiden voor dat je niet in de valkuil trapt om te gaan praten of te gaan discussiëren over wat er net gedeeld is. Dit vormt namelijk een enorm risico om te vervallen in oordelen, adviezen of kritische analyses.

Neem even een korte pauze en wissel dan van rol, zodat de andere relatiegrafiek ook toegelicht kan worden.

Maak daarna een afspraak voor een volgende bijeenkomst.

Voor degenen die alleen werken

Aangezien je alleen werkt kan het nuttig zijn om de relatiegrafieken van John en Russell als stille partners te gebruiken. Herlees die van hen beiden en bekijk dan die van jezelf. Bekijk welke overeenkomsten en verschillen je opmerkt.

12

Bijna bij voltooiing: Vertaal je relatiegrafiek in herstel componenten

Om te kunnen communiceren over de ontdekkingen die je vanuit je relatiegrafiek gedaan hebt, vragen we je nu om een onderverdeling aan te brengen in drie categorieën:

> Verontschuldigingen
> Vergeving
> Significante emotionele uitingen

Dit lijkt misschien simpel, maar het is echt niet eenvoudig. Deze drie categorieën juist toepassen vormt de essentie van het voltooiingsproces rondom onafgeronde emotionele indrukken.

VERONTSCHULDIGINGEN

Je maakt verontschuldigingen over alles wat je hebt *gedaan of nagelaten*, waarmee je mogelijk iemand pijn hebt gedaan. Het kan zijn dat je zelf iemand een verontschuldiging aanbiedt voor iets wat je hebt gedaan ("Het spijt met dat ik geld uit je portemonnee heb gepakt"). Of dat je je verontschuldigt voor iets dan je hebt nagelaten ("Het zit me dwars dat ik je niet heb opgezocht toen je in het ziekenhuis lag"). Het kan ook gaan om iets dat je niet positief hebt geuit of dat je je waardering niet hebt uitgesproken voordat er sprake was van een stergeval of scheiding ("Het spijt met dat ik je niet bedankt heb voor het cadeau"). Dit soort verontschuldigingen valt in de categorie, dat we vooral bezorgd zijn hoe iemand ons doen en laten heeft opgevat. Als je iets vindt over je eigen handelen, omdat je in jouw ogen iets niet goed hebt gedaan of hebt nagelaten en vermoed dat iemand hierdoor pijnlijk geraakt is, laat dat dan los. Het is namelijk heel belangrijk dat je niet jezelf gaat veroordelen. De bedoeling van dit werk hoort heilzaam en reinigend te zijn. Het beoogt vooral niet dat je jezelf nog meer pijn doet. Voor het grootste deel vormen je verontschuldigingen een interne persoonlijke aangelegenheid, die jouw beleving weergeeft over hoe het in jouw ogen tussen jullie zit. Heel soms zal je ontdekken dat je een verontschuldiging veilig en verantwoord hardop kunt delen met de betreffende persoon in kwestie. Andere verontschuldigingen kun je beter niet direct met de persoon in kwestie delen. Per slot van rekening is het jouw beleving en dat is geen garantie voor hoe dit bij de ander binnen zal komen.

SLACHTOFFERS HEBBEN MOEITE MET VERONTSCHULDIGINGEN

Sommige mensen identificeren zich met hun pijnlijke ervaringen in de vorm van het aannemen van de slachtofferrol. Dit kan hun hele leven gaan bepalen en werkt belemmerend. De meeste mensen doen dit niet bewust. Het is een soort automatische reactie op wat ze meemaken. Natuurlijk is het vreselijk als iemand onheus bejegend of misbruikt is. Vanzelfsprekend is het verschrikkelijk als iemand dit als kind meemaakt. Temeer omdat ze dan niet in staat zijn om zich hier adequaat tegen te verweren. "Slachtoffers" vinden het echter heel moeilijk om met verontschuldigingen om te gaan. Wat ze zich ervan herinneren is vaak vertekend en vervormd door de loop der tijd. En toch is het nodig te verontschuldigen voor jouw misdraging. Ongeacht hoe klein of weinig het ook was. Herinner je dat je niet tot herstel kunt komen zonder voltooiing. Dat betekent dat je de hele waarheid onder ogen hebt te zien.

Soms kan de drang om gelijk te krijgen enorm in de weg staan bij benodigde verontschuldigingen. De vraag is dan wil je gelijk of geluk. Onze beleving van rechtvaardigheid of zelfrechtvaardiging staat dan in de weg van totale eerlijkheid ten aanzien van ons doen en laten. Wees er extra alert op dat dit kan gebeuren als je werkt met iemand waar je een hekel aan hebt. Er bestaat

dan namelijk het gevaar om gevangen te raken in
het idee dat juist deze persoon je iets heeft
aangedaan. Ook al zou dit zo zijn, dan ontslaat het
jezelf nog niet van de verplichting om je te
verontschuldigen voor jouw aandeel in de ontstane
situatie.

VERGEVING

Vergeving is *het opgeven van de hoop op een
beter of ander verleden.*

Vergeving is het minst begrepen aspect van
de hele wereld. De meeste mensen lijken het woord
vergeving te vertalen als door de vingers zien of
tolereren. Hier volgen een paar definities van
Merriam Webster die dit probleem verduidelijken:

VERGEVING: "ophouden met het voelen van
afkeer tegen (een aanvaller)".

DOOR DE VINGERS ZIEN: "iets als niet ter zake
doend beschouwen, of iets afdoen als van geen
belang zijnde."

Zodra we geloven dat bepaalde woorden
hetzelfde betekenen als vergeving, kunnen we ons
simpelweg niet voorstellen dat vergeving tot de
mogelijkheden behoort. De veronderstelling dat we
iets verschrikkelijks afdoen als onbeduidend of
onbelangrijk is onacceptabel. Als we echter
Webster's definitie voor vergeving hanteren, zitten
we op het juiste spoor van wat het werkelijk voor

werking heeft.

Elke weerzinwekkende herinnering aan iets wat gebeurd is, zal ons blijven belemmeren en blokkeren om voluit verder te leven. De herinnering aan een persoon, plaats of gebeurtenis zal zorgen dat de pijnlijke ervaring zich bij herhaling en levensecht met alle bijbehorende onvoltooide emoties toont. Succesvol herstel vereist voltooiing van de pijnlijke gevoelens, wat iets heel anders is dan het steeds bij herhaling herbeleven of het verzet daartegen.

Het onderwerp vergeving is gelardeerd met overtuigingen die van generatie op generatie zijn doorgegeven. Daardoor hebben sommige mensen zo'n afkeer ontwikkeld tegen het woord *vergeving*, zelfs zodanig dat ze het hun strot niet uit krijgen. Recentelijk hebben we nog een vrouw begeleid die hier enorm last van had. Zij omzeilde dit door het het "V" woord te noemen. We hielpen haar met de volgende vervangende woorden *"Ik (h)erken de dingen die je gedaan en gelaten hebt, die me nog steeds pijn doen, en ik wil daar vrij van zijn."* Een variatie daarop is: *"Ik (h)erken..., en ik wil niet dat mijn herinneringen steeds weer op hol slaan als ik daaraan denk, met alle pijnlijke gevolgen van dien."*

De ongevoelige, onbewuste en soms zelfs opzettelijke acties van anderen hebben pijn veroorzaakt, bovenop de pijn van de situatie zelf. Ons blijvende verzet daartegen en de onmogelijkheid om tot vergeving over te gaan is uiteindelijk slechts pijnlijk voor onszelf, niet voor hen. Stel je voor dat de dader overleden is. Je verzet raakt de dader toch niet? Duidelijk niet! Kan het jou raken? Helaas is het antwoord overduidelijk ja. Zo zijn alle herstel componenten juist bedoeld om je daar vrij van te maken. Vergeving dient dus juist om ons welzijn terug te winnen. *Vergeving heeft niks te maken met de ander.*

Vergeving is een actie, geen gevoel

Je kunt vergeving niet voelen als je het niet echt doet. Veel mensen zeggen: "Ik kan hem niet vergeven, het voelt niet goed." Waarop wij zeggen, natuurlijk niet. Je zult niks voelen als je niks doet. Het voelen van vergeving kan slechts voortkomen uit het actief verwoorden van vergeving. Eerst doen, dan volgt het voelen.

Vergeving is het verzet opgeven dat je hebt opgebouwd tegen iemand of iets. Je zult het waarschijnlijk nodig hebben te vergeven voor iets wat ze daadwerkelijk gedaan hebben ("Ik vergeef je dat je mijn verjaardag hebt verpest") of voor iets dat ze nagelaten hebben ("Ik vergeef je dat je niet bij mijn diploma-uitreiking bent geweest").

Er is ook een vreemd gezegde: "Ik kan wel vergeven, maar niet vergeten." Hier is sprake van een vermenging van twee afzonderlijke zaken die geen direct verband met elkaar houden. Stel je voor dat je jarenlang vreselijk geslagen bent door iemand. Het is je niet voor te stellen dat je dit ooit zult vergeten. Door deze koppeling te maken via "Ik kan wel vergeven, maar niet vergeten" betekent het dat de overtuiging heeft postgevat dat je vanwege het niet kunnen vergeten je ook niet kunt vergeven. Vraag jezelf eens af: "Wie blijft er zo gevangen zitten?" en "Wie verzet zich zodanig dat hart, hoofd en handen blokkeren?" en "Wiens leven wordt belemmerd door het achterwege blijven van vergeving?"

Ons wordt vaak de vraag gesteld wanneer er iets tussen mensen speelt die beiden nog in leven zijn, of het passend is vergeving direct naar deze persoon uit te spreken. Onze reactie: *NEE, NEE, NEE!!* Een ongevraagde uiting van vergeving wordt meestal ervaren als een aanval of als kritiek. De persoon die je vergeving schenkt hoeft dit niet te weten te komen. *Onthoud dus goed, geef geen rechtstreekse directe vergeving aan iemand.*

Een laatste aandachtspunt: veel mensen vragen anderen om vergeving. We vinden dit een vorm van zeer indirecte communicatie. Feitelijk is het een vorm van manipulatie: jij vraagt de ander om iets te doen wat je zelf te doen hebt. En als je iemand die gestorven is vraagt om je te vergeven, verlang je iets onmogelijks van een overledene. Deze kan namelijk onmogelijk nog deze actie doen. Spirituele stromingen terzijde gelaten, *het is duidelijk dat jijzelf iets te doen hebt,* in plaats van dat je een ander kunt vragen iets voor jou te doen. Zodra je om vergeving vraagt, ben jij eigenlijk bezig je verontschuldigingen aan te bieden voor iets wat je gedaan of nagelaten hebt. Vraag niet om vergeving. Bied je verontschuldiging aan.

SIGNIFICANTE EMOTIONELE UITINGEN

De onvoltooide emotionele communicatie die niet valt in de categorie verontschuldiging of vergeving valt onder de noemer significante emotionele uitingen. Hier volgen een aantal voorbeelden:

> Ik hield van je.
> Ik haatte je.
> Ik was enorm trots op je.
> Ik heb me geschaamd voor je.
> Dank voor de opofferingen die je voor mij gedaan hebt.
> Ik ben je dankbaar voor de tijd die we samen doorbrachten.

Deze categorie is zowel eenvoudig als diepzinnig. Het maakt het je mogelijk om alle onvoltooide communicatie die je herstel belemmerde over te dragen (aan iets hogers). Ook al lijkt iets op zich nauwelijks van betekenis, *het is de opeenstapeling gedurende je leven die maakt dat je je onvoltooid voelt.*

We hebben de woorden *anders, beter of meer* veel gebruikt in dit boek. Hier volgt een uitleg ter verduidelijking daarop. Na een sterfgeval of scheiding, komen we er vaak achter dat we wensen nog iets gezegd of gedaan te hebben. Of juist dat er dingen zijn die we liever niet gezegd of niet gedaan hadden. Dit zijn voorbeelden van onvoltooide communicatie, die in de categorie *significante emotionele uitingen* vallen. Wanneer een relatie eindigt of verandert door een sterfgeval, scheiding of door andere significante omstandigheden, hebben we vrijwel altijd een gevoel dat er *een droom in duigen* valt. Hoop is vervlogen en er zijn verwachtingen die niet meer uitkomen. Samen met dit bewustzijn komen de significante emotionele uitingen vol in beeld. Nu is het moment gekomen om deze gedachten en gevoelens onder woorden te brengen. Omdat het op het moment van de verlieservaring niet meer mogelijk was.

Als we te maken hebben met iemand die nog in leven is, is het niet verstandig om negatieve significante emotionele uitingen rechtstreeks te uiten. Kritische kanttekeningen worden namelijk veelal beleefd als een aanval.

Gefeliciteerd met het vervolmaken van je relatiegrafiek.

DE VIJFDE HUISWERKOPDRACHT: ALLES KOMT BIJ ELKAAR

Het moment is aangebroken om je relatiegrafiek te vertalen in herstel componenten: verontschuldigingen, vergeving en verwerking van overweldigend ervaren interactie. Neem een blanco vel papier en verdeel de ruimte:

Verontschuldigingen:

Vergeving:

Significante Emotionele Uitingen:

Pak je relatiegrafiek erbij. Ga alle erin opgenomen gebeurtenissen langs en wijs er een herstelcomponent aan toe. Over het algemeen zullen de gebeurtenissen boven de lijn aan te merken zijn als verontschuldiging of vergeving. Onder de lijn staan veelal de gebeurtenissen die om vergeving of significante emotionele uitingen vragen. Er zullen ook gebeurtenissen zijn die in twee categorieën vallen. Zeker waar het negatieve gebeurtenissen betreft. Bijvoorbeeld: "Pa ik ben je enorm dankbaar dat je me vaak naar voetbalwedstrijden bracht" (significant emotionele uiting). Echter ook "Ik ga je vergeven voor het feit dat je me de slechtste speler van het veld noemde" (vergeving).

Er zullen meerdere gebeurtenissen in dezelfde categorie vallen. Wees niet bezorgd over het herhaaldelijk communiceren per categorie. Zeker niet wanneer dit voortkomt uit de

veronderstelling dat dit overdreven is om steeds
weer tegen iemand te zeggen. Het is prima als er per
categorie meerdere acties staan. Je kunt in de
komende tijd nog van alles aanscherpen ten
opzichte van je eerste ingeving. Ga dus niet
herschrijven. Zet het gewoon op papier zoals het nu
bij je opkomt.

DE ZESDE BIJEENKOMST

Tijdens deze bijeenkomst wisselen jullie met
elkaar de herstel componenten uit. Begin zoals
gebruikelijk met het naar elkaar uitspreken van de
belofte volkomen eerlijk te zijn, dat hetgeen gedeeld
wordt absoluut vertrouwelijk blijft en dat jullie
beiden een individueel en uniek herstelproces
doorlopen. Zorg dat je zoals gewoonlijk een plek
hebt waar je ongestoord kunt werken en waar jullie
je beiden veilig voelen om jezelf te zijn met alles
wat er is en/of zal zijn. Houd zakdoekjes voor de
zekerheid weer bij de hand.

Neem je relatiegrafiek en de drie lijstjes met
herstelcomponenten mee (verontschuldiging,
vergeving en significante emotionele uitingen).

Instructies voor degene die luistert

1. Houd gepaste afstand. Voorkom dat je een
    storende factor bent voor de ander.

2. Je mag al je emoties tonen, mits toepasselijk, maar *je mag onder geen beding praten.*
3. Raak je gesprekspartner niet aan. Het gevoel stopt vaak bij aanraking.
4. Houd het beeld voor ogen dat je een hart met oren bent. Blijf erbij in dit belangrijke moment en luister oprecht met interesse naar het verhaal van de ander.

Instructies voor de verteller

1. Nu is het tijd om de lijst met verontschuldigingen, vergeving en significante emotionele uitingen voor te lezen. Er is niet een bepaalde voorgeschreven wijze waarin dit dient te gebeuren. We geven je een manier die voor veel mensen werkt.
   Begin met de verontschuldigingen: "Ik wil verontschuldigingen aan mijn vader overbrengen voor de keer dat ik geld uit zijn portemonnee heb gepikt". Of "Ik wil mijn moeder een verontschuldiging aanbieden voor het feit dat ik gelogen heb over hoe laat ik ben thuisgekomen." In deze oefening, erkennen we dat we verontschuldiging nodig hebben om iets in de relatie te herstellen. We geven je als opdracht voor de volgende bijeenkomst mee om dit dan daadwerkelijk te communiceren.

2. Gebruik dezelfde techniek bij de categorie vergeving: "Ik heb mijn vader te vergeven…" enzovoort. Doe hetzelfde voor significante emotionele uitingen "Ik wil mijn vader vertellen hoe dankbaar ik ben, enzovoort…"
3. Als je moet huilen, probeer dan de woorden toch naar buiten te persen. Dat is beter dan ze in te slikken. Wij zijn gewend geraakt om ons dan in te houden en onze woorden in te slikken, omdat de gevoelens ons soms naar de keel grijpen.
4. Zodra je je relatiegrafiek hebt toegelicht, geef je aan je gesprekspartner aan waaraan je nu behoefte hebt. Dat kan een knuffel zijn, als je dat prettig vindt, maar het kan ook een momentje stilte zijn. Zorg er beiden voor dat je niet in de valkuil trapt om te gaan praten of te gaan discussiëren over wat er net gedeeld is. Dit vormt namelijk een enorm risico om te vervallen in oordelen, adviezen of kritische analyses.

Neem even een kleine pauze en wissel dan van rol, zodat de lijsten van beiden uitgewisseld zijn aan elkaar.

Maak een afspraak voor de volgende bijeenkomst.

Voor degenen die alleen werken

Wanneer je alleen werkt kan het je helpen om de relatiegrafieken van John en Russell als je stille partner te benutten. Merk de overeenkomsten en verschillen op in de onvoltooide communicatie. Voeg waar relevant dingen toe. Wees grondig.

VAN (H)ERKENNEN NAAR HERSTELLEN

Nu je op dit punt gekomen bent, na alle actiestappen uit dit boek inmiddels gedaan te hebben, is de tijd rijp om de actiestap te zetten die dit herstelproces voltooid. Sinds je verlieservaring ben je waarschijnlijk vertrouwd geraakt met de pijnlijke gevoelens die ermee gepaard gaan. Nu is de tijd aangebroken om de relatie die je met die pijn bent aangegaan te voltooien. Dit doe je door hetgeen onvoltooid is gebleven met de persoon uit je relatiegrafiek af te ronden.

Veel mensen hebben op advies van goedbedoelende vrienden of professionals al eens een afscheidsbrief geschreven aan een overledene. Echter wanneer dit gebaseerd is op de verkeerde informatie blijkt dit een enorm struikelblok te zijn, wat herstel in de weg staat. Het schrijven van een afscheidsbrief zonder de juiste ingrediënten is een recept voor nog meer ballast, omdat er geen herstel mee bereikt wordt. De uitvinding van het schrijven van afscheidsbrieven stamt al uit een heel grijs verleden. In de afgelopen decennia zijn de schrijvers van afscheidsbrieven helaas de oorspronkelijke bedoeling van herstellen kwijtgeraakt. Daarmee zijn de brieven verworden tot het enkel en alleen herhalen van gebeurtenissen en gevoelens. Bijna als een opsomming van dagelijks nieuws in de krant. We hebben diverse mensen gesproken die afscheidsbrieven hadden geschreven, echter daarbij waren de aanbevolen acties uit dit handboek achterwege gebleven. Dergelijke pogingen zijn gedoemd tot mislukken. Om succesvolle werking te hebben is het essentieel het werk dat je tot nog toe gedaan hebt over te nemen in je, zoals wij dat noemen, *voltooiing brief*, waarin je echt *vaarwel* zegt. Dat is heel wat anders dan een afscheidsbrief in de vorm van een krant opstellen.

AFRONDENDE HUISWERKOPDRACHT: DE HERSTEL VAN ROUW VOLTOOIING BRIEF

De voltooiing brief zal ervoor zorgen dat je tot een afronding komt. Omdat daarin alle stukken van de relatie die tot nog toe onvoltooid waren een plek krijgen.

Deze brief maakt het mogelijk om fijne herinneringen te houden aan alle positieve aspecten van de relatie. Je kunt ook je geloofsovertuigingen of spirituele principes gewoon meenemen. Je bent nu zover dat je vaarwel kunt gaan zeggen tegen hetgeen dat onvoltooid is gebleven.

Je zult in staat zijn vaarwel te zeggen tegen pijnlijke gevoelens samenhangend met deze relatie. Evenals tegen alle vervlogen hoop en de dromen die in duigen vielen. Tegelijkertijd zeg je daarmee vaarwel tegen alle valse verwachtingen om alsnog iets van iemand te krijgen, die dat niet aan je kon of wilde geven. Het allergrootste belang is dat dit vaarwel het einde van deze communicatie markeert, *wat niet betekent dat dit het eindpunt van de relatie is.*

Nu is het eindelijk zover om je voltooiing brief te schrijven. We willen niet dat deze brief mislukt, want je herstel staat voorop. Daarom benadrukken we dat het geen goed idee is om wat je doet te delen met anderen dan je gesprekspartner. Vrienden en bekenden hebben waarschijnlijk de beste bedoelingen, zij begrijpen echter niet wat jij bedoelt met wat je ze vertelt. Ze hebben namelijk nog oude overtuigingen, omdat ze dit boek niet kennen en/of de actiestappen naar herstel niet hebben gevolgd. Daarbij komt ook nog dat ze hun eigen individuele unieke relatie met iemand hebben. Lees daarom de volgende instructies goed door en volg deze naadloos op.

Algemene instructies

De brief kun je het best in afzondering en in een afgebakend tijdsblok schrijven. Het schrijven ervan kan een emotionele en pijnlijke ervaring zijn,

en we weten dat veel mensen proberen juist dat te
vermijden. Je bent al zover gekomen en hebt al
zoveel moed getoond. Gebruik dit nu ook bij het
schrijven van deze brief. Veel mensen weten al heel
lang waar nog onvoltooide emotionele stukken
zitten; ze wisten zich er echter in het geheel geen
raad mee.

Specifieke instructies

Reserveer tenminste een uur. Het meest
effectief werkt het als je je relatiegrafiek en je
lijsten met verontschuldigingen, vergeving en
significantie emotionele uitingen voor je neerlegt.
Bekijk de grafiek en de lijsten nogmaals, voordat je
begint met schrijven. Je relatiegrafiek en de lijsten
zullen vergelijkbare gebeurtenissen bevatten. Het is
niet nodig deze stuk voor stuk op te nemen. Gebruik
deze brief om dit alles samen te voegen en een zo
goed mogelijke omschrijving van jouw beleving
weer te geven. Je brief moet vooral gaan over de
essentiële herstelstappen in de verschillende
categorieën. Er is geen grens gesteld aan hoeveel je
mag schrijven. De ervaring leert echter dat de als
overweldigend ervaren interactie door een teveel
aan woorden kan uitdoven. Het is dus nu de
uitdaging om de meest belangrijk onvoltooide
dingen zo beknopt mogelijk te vermelden.

In het algemeen volstaat gemiddeld gezien
ongeveer twee à drie pagina's. Het is prima als je
iets meer of minder woorden nodig hebt. Als je
meer dan vijf pagina's volgeschreven hebt, kan het

zijn dat je even kritisch moet kijken of je niet in herhaling vervalt.

Het schrijfproces van de brief kan al dan niet een emotionele ervaring voor je zijn. Neem het gewoon zoals het komt. Jij bent uniek, net als iedereen. Dat geldt ook voor de verlieservaringen die je verwerkt.

Hier volgt een behulpzame opzet als voorbeeld voor je brief.

Lieve pa (gebruik de naam of koosnaam die deze persoon het best typeert),

Ik heb teruggeblikt op onze relatie en ontdekt dat er nog een aantal dingen zijn die ik met je wil delen.

Pa ik verontschuldig me voor ...
Pa ik verontschuldig me voor ...
Pa ik verontschuldig me voor ...

(Het kan zijn dat je meer dan drie onvoltooide communicatiedelen hebt in deze categorie. Het is belangrijk dat je ze in de juiste volgorde en categorie opneemt.)

Pa ik vergeef je ......
Pa ik vergeef je ......
Pa ik vergeef je ......

(Het kan zijn dat je meer dan drie onvoltooide communicatiedelen hebt in deze categorie. Het is belangrijk dat je ze in de juiste volgorde en categorie opneemt.)

Pa, ik wil dat je weet dat ik... (significante emotionele uiting)
Pa, ik wil dat je weet dat ik... (significante emotionele uiting)
Pa, ik wil dat je weet dat ik... (significante emotionele uiting)

(Het is mogelijk dat je meer dan drie voorbeelden in deze laatste categorie opneemt. Dat is prima, omdat er soms overlap is met vergeving. Het is van belang dat je een herstelcomponent in de juiste categorie behandelt.)

De afsluiting van je brief

Herstellen van een verlieservaring gaat om de voltooiing daarvan. Dus, om te voltooien wat je ontdekt hebt als onafgeronde stukken, is het belangrijk dat je deze brief passend afsluit.

Als je met een vriend belt, beëindig je het gesprek vaak met de woorden *tot ziens*, waarmee je markeert dat je op dat moment de communicatie verbreekt. Wij sluiten onze brief iets anders af, namelijk door *vaarwel* te zeggen.

Voor het merendeel van de mensen met een verlieservaring werkt de volgende eenvoudige afsluiting goed: "Ik houd van je, ik mis je. Vaarwel pa." Er zullen echter ook mensen zijn die het moeilijk vinden om "Ik houd van je" en "Ik mis je" te gebruiken.

Als deze uitspraken niet werken voor je,

omdat je ze niet meent bijvoorbeeld, gebruik ze dan vooral niet. Een goed alternatief is dan bijvoorbeeld: "Ik ga nu verder met mijn leven en laat de pijn los. Vaarwel pa." Je kunt natuurlijk ook je eigen woorden gebruiken, met afsluitende uitspraken die bij jullie unieke relatie passen.

Wat echter een blijvend ingrediënt is, die niet mag ontbreken, is het gebruik van de allerlaatste afsluitende woorden "Vaarwel pa". Als je dit achterwege laat doet dit veelal afbreuk aan al het werk dat je eraan voorafgaand hebt gedaan. *Het is juist dit vaarwel zeggen dat de communicatie voltooid.* Vervang dit woord dus niet door iets anders. Als er niet vaarwel wordt gezegd, betekent dit dat de communicatielijn open blijft en jij dus een onvoltooid stuk met je meeneemt en je niet hersteld bent.

Voorbeelden van voltooiingsbrieven

Om je een goed beeld te geven hoe je een voltooiingsbrief kunt schrijven, geven we je een aantal voorbeelden van relaties waarmee wij hebben gewerkt. De voorbeelden zijn in verkorte vorm opgenomen om je een indruk te geven wat je te doen staat. De oorspronkelijke brieven waren langer.

Hier volgt een samenvatting van John's brief aan zijn broertje die in 1969 overleed.

Lieve Dennis,

Ik heb teruggeblikt op onze relatie en ontdekt dat ik je nog een paar dingen wil zeggen.

Dennis ik verontschuldig me voor de keer dat ik je zo hard aanpakte toen je mijn pijl en boog had stukgemaakt. Dennis ik verontschuldig me ervoor dat ik je als een instructeur drilde toen je bij mij in California woonde. Dennis ik verontschuldig me voor de woordenstrijd, waarin we als kemphanen vochten over je voornemen om te gaan trouwen en met je studie te stoppen.

Dennis ik vergeef het je dat je mijn auto in de prak hebt gereden. Dennis ik vergeef je alle dingen waar ik me aan ergerde toen je bij mij in California woonde. Zoals het niet opruimen van je kamer, niet aftanken van de auto als dat nodig was en de enorme telefoonrekeningen die je mij liet betalen.

Dennis ik wil dat je weet dat ik het enorm heb gewaardeerd dat jij samen met Bruce een surpriseparty voor me organiseerde toen ik in dienst ging. Ik wil dat je weet hoeveel het voor me betekent heeft dat je toen zei dat je van me hield. Dank je wel daarvoor.

Dennis ik wil dat je weet dat ik enorm trots op je was.

Dennis ik wil dat je weet dat ik nog zoveel tegen je wilde zeggen, terwijl ik niet wist dat we elkaar nooit meer zouden spreken. Ik wil je laten weten hoeveel ik van je houd. Ik wil dat je weet hoe trots (en jaloers) ik op je geweldige gitaarspel was, en dat je elk liedje dat je ooit gehoord had zo kon spelen. Ik wil dat je weet dat ik trots was op je sportieve kwaliteiten, in het bijzonder polsstokhoogspringen.

Dennis ik wil dat je weet hoeveel verdriet ik heb, nu ik me realiseer dat we onze levens niet verder met elkaar kunnen delen. Ik had je zo graag zien groeien in je carrière en deelgenomen aan je gezinsleven. Ik ben er verdrietig om dat je niet de oom voor mijn kinderen kunt zijn.

Dennis ik hou van je, ik mis je. Vaarwel Dennis

Hier volgt een samenvatting van Russell's voltooiingsbrief aan Vivienne.

Lieve Viv,

Ik heb teruggeblikt op onze relatie en ontdekt dat ik nog wat dingen met je wil delen.

Viv ik wil me verontschuldigen dat ik je zo overbelast heb. Viv, ik verontschuldig me ervoor niet of nauwelijks naar je geluisterd te hebben, en voor het gegeven dat ik niet gehoord heb wat je me probeerde duidelijk te maken.

Viv, ik wil me ervoor verontschuldigen dat ik je nooit verteld heb hoe ik je vaardigheden heb gewaardeerd. En alle positieve dingen die je daarmee hebt bijgedragen aan ons bedrijf. Dankjewel.

Viv, ik vergeef je voor het feit dat je me niet verteld hebt wat er aan de hand was met je.

Viv, ik vergeef je dat je niet begreep dat ik nog niet klaar was voor kinderen, en dat je daarmee niet op mijn kon wachten.

Viv, ik vergeef je voor de wijze waarop je onze relatie per telefoon beëindigde.

Viv, ik wil dat je weet hoe trots ik erop was om samen met jou gezien te worden.

Viv, ik ben er trots op en sta er ook positief tegenover dat je zo'n fantastische moeder bent. En zo af en toe ben ik daar tegelijkertijd verdrietig over, omdat ik me realiseer dat wij samen het ouderschap nooit zullen kennen.

Viv, ik ga nu verder met mijn leven.
Vaarwel Viv.

BELANGRIJKE OPMERKING

Het delen van je voltooiing brief is een heel persoonlijke en vertrouwelijke handeling. Zoals we eerder hebben toegelicht is het onverstandig om vergeving en significante emotionele uitingen direct te bespreken met de persoon in kwestie. Russell's voltooiing brief aan Vivienne is slechts opgenomen om als voorbeeld voor jou eigen werk te dienen. Een voltooiing brief is niet bedoeld om te versturen of voor te lezen aan iemand anders dan je gesprekspartner, die ook herstelwerk doet.

DE AFSLUITENDE BIJEENKOMST: HET VOORLEZEN VAN DE VOLTOOIING BRIEF

Begin weer met het uitspreken van de beloftes, volkomen eerlijkheid, absolute vertrouwelijkheid en de erkenning dat dit een individuele en unieke herstelstap betreft om verlieswerking te voltooien. Spreek zoals gebruikelijk af op een plek waar het vertrouwelijk en veilig voelt om te werken met alles wat zich zal voordoen. Houd zakdoekjes bij de hand.

Significante emotionele uitingen zijn belangrijk om alsnog te uit te spreken in bijzijn van iemand die dit echt kan horen, zodat het voltooide communicatie wordt. We weten dat er mensen zijn die alles wat we ze aanraden hebben gedaan, behalve het voorlezen van de brief in bijzijn van iemand anders. We kennen deze mensen en weten wat hun ervaring hiermee is, omdat ze tijdens bijeenkomsten aangaven zich nog steeds niet hersteld te voelen. Velen van hen lezen hun brief voor bij het graf van iemand, waarbij het dus ontbreekt aan iemand die het voorgelezen daadwerkelijk hoort.

Ons brein werkt op een unieke manier en houdt ons hardnekkig voor dat dit niet hardop met iemand gedeeld hoeft te worden. Ongeacht waarin we geloven in religieuze of spirituele zin, ons onderbewustzijn heeft een levende persoon nodig als getuige voor het voltooien van de communicatie.

Hiermee beogen we geenszins intellectueel of mysterieus te doen; het is eenvoudigweg onze eigen praktijkervaring met mensen die een verlieservaring verwerken. Daardoor weten we wat wel en niet werkt.

Instructies voor de luisteraar

1. De eerste instructie is een houding aan te nemen van een *hart met oren*. Het is nu slechts belangrijk te luisteren en niets anders dan luisteren, daar komt het nu op aan. Je mag alles in je op laten komen, zoals een lach of een traan. Terwijl je luistert kan het namelijk zijn dat je geraakt wordt en dat je een emotionele uiting voelt opkomen. Dit is toegestaan *mits je er niet bij praat!* Niets in je aanwezigheid mag echter ook maar de schijn wekken dat je oordeelt, bekritiseert of analyseert.
2. Zit op gepaste afstand van elkaar, ongeveer twee voeten ertussen is een prima afstand. We willen niet in de weg zitten, want dat kan intimiderend overkomen. Het gaat erom ontspannen aanwezig te zijn, zodat je als een vriend open ontvankelijk luistert naar wat er komt. Dit voorkomt dat je stoort in het proces van de ander.
3. Raak je gesprekspartner niet aan. Dit kan iemand vanuit het voelen weer naar het hoofd brengen, en dat is juist niet de bedoeling. Het mag in deze fase van dit

proces emotioneel worden. Degene die voorleest kan voor zichzelf zorgen, wanneer dat nodig is.

4. Het is goed mogelijk dat je geraakt wordt door hetgeen de ander aan je voorleest. Dat is helemaal prima. Toch is het belangrijk dat je voor ogen houdt dat dit niet over jou gaat. Dus het is belangrijk dat je jezelf in de hand houdt, en als het ware aan zelfmanagement doet. Echter mochten er toch tranen opkomen, laat dat dan gewoon zo zijn. Ga dan niet met zakdoekjes in de weer, omdat je dan onbewust het signaal afgeeft dat tranen er niet mogen zijn.

5. Je volledige aanwezigheid is belangrijk voor de ander. Het is belangrijk dat je echt in het moment erbij bent, ook al wordt jezelf geraakt blijf er dan bij. Denk maar dat je een hart met oren bent. Dit is belangrijk om in het moment te blijven en er echt helemaal voor je gesprekspartner te zijn.

6. Zodra degene die de brief voorleest vaarwel zegt, blijf er dan bij voor de ander en waar die op dat moment behoefte aan heeft. Je zult dan door je zuivere aanwezigheid precies aanvoelen hoe dat vorm dient te krijgen. Volg gewoon de beweging die zich op dat moment aandient en geef het de tijd. De voltooiing brief bevat een heleboel pijnlijk doorleefd werk en dat komt er nu uit.

7. Houd in je achterhoofd dat er geen analyse, oordeel of kritiek aan te pas komt. Het is ook niet verstandig of nodig om te praten over de ervaring van het voorlezen van de voltooiing brief. Dat veroorzaakt namelijk wat je juist wilt voorkomen, namelijk dat je vervalt in analyse, oordeel of rationalisaties.

Instructies voor degene die de brief voorleest

1. Kies een locatie waar je je veilig voelt. Vermijd daarom openbare plekken
2. Houd zakdoekjes bij de hand. Het kan zijn dat je sterkte emoties ervaart zodra je de brief voorleest. Zorg ervoor dat je ze zelf kunt pakken en de luisteraar niet in de verleiding komt om voor je te gaan zorgen.
3. Sluit voordat je begint even je ogen. Ook al heb je iemand in de rol van luisteraar gevraagd, het doel blijft dat je de brief adresseert aan degene aan wie je hem hebt geschreven. Probeer een beeld van deze persoon voor ogen te krijgen alvorens te starten met voorlezen.
4. Open dan je ogen. Begin je brief voor te lezen. Het kan zijn dat je al dan niet een emotionele reactie krijgt. Wat er ook gebeurt, laat het gewoonweg zo zijn. Als je merkt dat je een brok in je keel krijgt, probeer dan toch gewoon door te gaan met voorlezen. De emoties liggen opgesloten in de woorden die je hebt geschreven. Probeer

de woorden hoe dan ook uit te spreken. Slik de woorden of gevoelens niet in.

5. Zodra je aan het eind van de brief komt, is het belangrijk de persoon aan wie je hem hebt geschreven weer goed voor de geest te halen. Pas dan spreek je de laatste woorden en het vaarwel uit. Dit kan een enorm emotioneel moment zijn. Mocht dat zo zijn, *zorg dan in elk geval dat je dit vaarwel hoe dan ook wel uitspreekt.*

6. Herinner jezelf eraan dat je vaarwel zegt tegen de pijn en de nog steeds onvoltooide zaken. Je zegt geen vaarwel tegen de fijne herinneringen. Je zegt vaarwel tegen de emotioneel onvoltooide en verwarrende dingen die nog resten in deze relatie. Zeg dus vaarwel tegen die pijn, en de daarmee gepaard gaande eenzaamheid. Zeg vooral ook vaarwel tegen de fysieke relatie, die er voorheen als vanzelfsprekend was en die nu fundamenteel veranderd of verdwenen is. Zeg tegen dit alles vaarwel en laat toe wat er in je opkomt. Het is ontzettend belangrijk dat je vaarwel zegt, want als dit achterwege blijft bestaat het risico dat je herstel onvoltooid blijft.

7. Zodra je dit alles hebt gedaan geef dan je gesprekspartner aan waar je nu behoefte aan hebt. Of dit nu een knuffel is of een moment stilte samen, dat is allemaal prima. Neem hier de tijd voor. Het kan zijn dat je je even

verdrietig voelt. Laat dat er gewoon zijn. Je
hebt deze pijn al heel lang bij je gedragen.
Forceer dus nu niets.

Voor degenen die alleen werken

Als je dit alles zonder gesprekspartner hebt
gedaan, moedigen we je vooral aan om iemand te
vinden die voor jou "veilig" genoeg is om hierin
behulpzaam te zijn. Iemand die bereid is om naar je
voltooiing brief te luisteren. Dit kan een vriend, een
familielid, een therapeut of coach of een kerkelijk
ouderling zijn. In elk geval moet het iemand zijn die
je met een paar simpele instructies uit kunt leggen
wat de bedoeling is. Als je iemand hebt gevonden
die bereid is om dit voor je te doen, vraag dan of ze
de instructies voor de luisteraar willen lezen.
Benadruk het belang ervan dat ze dit serieus nemen,
zoals opgenomen in dit hoofdstuk. Vraag degene
die gaat luisteren of die in staat en bereid is de
instructies exact op te volgen. Vraag ook om
absolute vertrouwelijkheid in acht te nemen.

Sommige mensen vinden niemand bij wie ze
zich veilig genoeg voelen. Het is niet onze
bedoeling je er nog een probleem bij te bezorgen,
door je alsnog iets te laten doen wat je niet kunt of
niet wilt.

Als het echt niet anders kan en je de brief
voorleest zonder aanwezigheid van iemand die
luistert, doe het dan vooral toch wel hardop.
Eventueel kun je het opnemen, zodat je later zelf
alsnog als levende luisteraar kunt fungeren. De brief

voorlezen in aanwezigheid van een aandenken aan iemand, zoals een foto of met een dierbaar voorwerp of bij het graf van betrokkene, is zeker waardevol. Een behulpzame manier kan zijn dat je de brief hardop voorleest en dit opneemt. Bewaar dit bandje bij de brief, zodat je dit zelf kunt beluisteren zoals we eerder aangaven. Misschien vindt je later alsnog iemand die bereid is dit te beluisteren. Dan kun je vragen of die je oorspronkelijke uitgesproken woorden wil horen. Doe dit slechts als het echt veilig genoeg voor je voelt.

WAT BETEKENT VOLTOOIING?

Nadat je alle stappen hebt gedaan en de voltooiing brief hebt voorgelezen, heb je de processtappen gedaan om tot voltooiing te komen. De verwerking ligt in het feit dat je ontdekte welke onvoltooide communicatie er nog was. En dat je dit ten aanzien van alle relationele aspecten tot nog toe hebt herinnerd. Het betekent niet dat je nooit meer verdriet zult hebben of nooit meer blij zult zijn. De voltooiing zorgt ervoor dat je het hele scala aan menselijke emoties weer kunt ervaren. Het betekent dat je niet steeds weer in herhaling vervalt en steeds dingen zult herbeleven.

In je dagdagelijkse doen zullen er altijd momenten blijven, die je herinneren aan degene die er niet meer is. Ongeacht of je verlieservaring nu door een sterfgeval, scheiding of andere significante gebeurtenis is veroorzaakt. Je continue stroom aan gedachten en gevoelens zal gepaard gaan met emoties. Sommige daarvan zullen negatief, verdrietig en onplezierig zijn. Andere daarentegen zullen je vervullen met blijdschap, fijne herinneringen en plezier. Dat is volkomen normaal. *Vecht er niet tegen, laat het komen zoals het komt. Zodra je negatieve gevoelens laat komen en gaan zonder verzet, zullen ze als wolken verschijnen voorbij drijven en zo ook gewoon weer verdwijnen.* Als je ze probeert te verbergen of te verbloemen kunnen ze juist pijnlijk worden.

Wij adviseren je om elk gevoel in het moment gewaar te zijn en het zo direct te verwerken. Je vraagt je vast af wat dat nu precies betekent en hoe dat werkt?

Stel je voor dat je bij een enorm raam staat van een aquarium, zoals in het Dolfinarium in Harderwijk. Je staat daar met een vriend terwijl de dolfijnen voorbij zwemmen. Zodra er eentje passeert reageer je erop. Ten eerste komt er een prachtig sierlijk parelgrijs exemplaar voorbij. Met vinnen die zijdezacht bewegen. Je kijkt je vriend aan en zegt, "Wow, heb je ooit zoiets moois gezien?" Vrijwel direct daarna zwemt er een enorme walrus in je blikveld, met geweldige snorharen en tanden die glimmen in het water. Instinctief voel je je hart samentrekken en doe je een stap achteruit, want stel je voor dat dit gewichtige beest bovenop je zal vallen. Je zegt tegen je vriend: "Jeetje wat een enorme joekel, mijn hart gaat als een dolle tekeer." En net op dat moment zwemt een school roggen voorbij, die laag over de bodem glijden in een golvende beweging, allen net even anders van vorm en kleur. Je bent gefascineerd, en je zegt "Hoe weten ze toch welke kant ze op moeten zwemmen zonder elkaar steeds in de weg te zitten?"

Zo heb je een beeld gekregen van hoe je indrukken en bijbehorende gevoelens in het moment verwerkt. In het beeld dat we schetsten was de persoon vol verwondering over de schoonheid en sierlijkheid van de dolfijnen, vervolgens vol ontzag voor die enorme walrus, die ineens heel dichtbij kwam en daarna verbaasd over de geweldige variatie in vorm en kleur en de vele verschillen tussen de roggen.

In de situatie waarin je iets aan emoties ervaart en die gelijktijdig uit, ontstaat er ruimte voor de volgende. Die vraagt ook weer om aandacht en zodra je dat eraan geeft gaat het weer voorbij. Als we de analogie van het aquarium even aanhouden, zie je dat het voorbijkomen van deze hoe dan ook indrukwekkende zeedieren ook verschillende opeenvolgende gevoelens veroorzaakt. In het echte leven kunnen we vast komen te zitten in een bepaald gevoel. Of we brengen onszelf steeds weer terug naar dat gevoel dat we ergens bij hadden. Zodra je erachter komt dat je het zelf bent die steeds terugkeert naar oude gevoelens, kun je die met opmerkzaamheid verwerken. Herinner je zelf eraan dat het gewoonweg ernaar kijken, als naar een voorbijkomend zeedier, helpt om de bijbehorende gevoelens ook voorbij te laten drijven.

VASTZITTEN IN PIJNLIJKE VOORVALLEN

Een van de meest pijnlijke ervaringen wordt gevormd door het om het leven komen van een dierbare door een heel heftige gebeurtenis. Stel je voor dat je een ongeluk ziet gebeuren of met de gevolgen van een ongeluk hebt te leven. Het kan ook zijn dat je foto's van een rampplek hebt gezien. Of je hebt je beelden in je hoofd gevormd van wat er is gebeurd. Wat het ook is, voor velen blijven die beelden op het netvlies staan. Sommigen zullen vergelijkbare verontrustende beelden hebben waar het de laatste levensdagen of –weken van een dierbare betreft, die tevergeefs voor het leven vocht. Bijvoorbeeld als gevolg van een terminale ziekte. De verwoestende kenmerken van bepaalde aandoeningen veranderen het uiterlijk en/of innerlijk van iemand zo drastisch dat zo iemand bijna onherkenbaar voor ons wordt.

De meeste mensen die je vanuit oprechte vriendschap willen helpen, zullen je vertellen er gewoon niet meer aan te denken. Dat is echter vrijwel onmogelijk. Wij denken dat het je meer helpt om te erkennen dat deze voorstelling of verbeelding inderdaad verschrikkelijk pijnlijk is. We geloven ook dat iemand in rouw eraan

herinnerd moet worden dat ze nog vele duizenden andere beelden terug kunnen halen. De dood is meestal niet een soepel wegglijden van iemand, en dat is moeilijk om onder ogen te zien. Een vrouw vertelde ons haarscherp over een heftig detail van de laatste levensnacht met haar man in een ziekenhuis. We zeiden tegen haar "Wat een vreselijk laatste beeld moet dat voor je zijn." Vervolgens vroegen we, "Kun je je de eerste keer dat jullie elkaar ontmoeten nog herinneren?" Ze zei "Jazeker", waarop we vroegen of ze ons kon vertellen hoe hij er die dag uitzag. Wat ze graag deed.

We hebben allen tientallen, zo niet duizenden beelden, van onze dierbaren. Sommige daarvan zijn fantastisch en prettig om aan te denken. Andere zijn negatief of pijnlijk. En helaas zijn soms de laatste beelden erg pijnlijk. Zeker wanneer een heftige gebeurtenis of ernstige ziekte iemand haast onherkenbaar verminkt heeft. Het is niet realistisch om van iemand te verlangen dit uit het geheugen te verwijderen. Door te erkennen dat iemands einde vervelend en naar was, met alle pijnlijke beelden die ermee samenhangen, ontstaat er weer ruimte voor alle andere beelden die ook opgeslagen zijn.

Het erkennen van pijnlijke beelden en herinneringen aan al het andere dat er ook was, neemt niet weg dat de pijnlijke herinneringen er nog steeds zullen zijn. Zodra mensen in rouw

aangemoedigd en toegestaan wordt om hun gemoedstoestand van dat moment te delen, komen de gemoederen op de één of andere miraculeuze wijze tot rust. Omdat de pijnlijke gevoelens erkend en onder ogen gezien worden, kunnen ze als het ware sneller bezinken. Daardoor ontstaat dan ruimte om de hele relatie in ogenschouw te nemen en niet uitsluitend het einde ervan.

WAT TE DOEN BIJ NIEUWE ONTDEKKINGEN? HET VERHAAL VAN COLE OVER DE RUIT

Hier volgt een favoriet voorbeeld van ons dat illustreert hoe je je relatie bij nieuwe ontdekkingen alsnog kunt voltooien.

Toen John's zoon Cole acht jaar oud was, speelde hij graag met vrienden basketbal in de voortuin. John had ze op het hart gedrukt zo te spelen dat als ze het doel misten ze niet een bal dwars door de ruiten schopten. Dat ging een hele tijd goed, totdat ze het op zeker moment in het vuur van de strijd even vergaten. Cole haalde hard uit met een bal, die vervolgens niet bij ons thuis maar wel dwars door de voorruit van de buren ging.

Toen John thuiskwam vroeg hij Cole om hem de waarheid te vertellen. Cole legde uit wat er gebeurd was en waardoor het raam gesneuveld was. Veel gescheld en getier volgden van zijn kant. Want hij had ze nog zo gewaarschuwd dat Cole en zijn vrienden niet op de ramen mochten richten. Dus dat dit toch gebeurd was maakte hem razend.

Midden in het verhaal realiseerde John zich ineens dat hij helemaal niet meer luisterde. Hij was nog slechts bezig met het verzinnen van strafmaatregelen voor Cole. Deze alarmerende gedachte zorgde ervoor dat John aan Cole vroeg om even een pauze te nemen, zodat hij even rustig kon nadenken. John keek omhoog en vroeg zich af: "Waar komt toch in hemelsnaam de gedachte vandaan dat ik mijn zoon waar ik zielsveel van houdt en die me ook nog eerlijk vertelt wat er gebeurd is, zo vreselijk graag wil straffen?" En in een flits wist John waar dit vandaan kwam. Er kwam een beeld van hem boven van zijn eigen vader en het werd hem zo klaar als een klontje.

Hij ontdekte hierdoor dat er nog wat onvoltooide emotionele zaken in de relatie met zijn eigen vader waren, die hem nu in de weg stonden. Hij pakte pen en papier en schreef het volgende:

"Pa, ik luisterde net niet naar mijn zoon, waar ik meer van houd dan ik onder woorden kan brengen. Hij is één van de kleinkinderen, die je nooit meer hebt leren kennen. Toen hij me de waarheid vertelde over een ongelukje met een bal, die door de voorruit van de buren was gevlogen, stopte ik ineens met luisteren en merkte aan mezelf dat ik aan het verzinnen was welke straf ik hem moest geven. Dat voelde echter helemaal niet goed.

Dus heb ik eens bij mezelf naar binnen gekeken en onderzocht waar dit vandaan kwam. En dat heeft me het volgende heel heldere inzicht gegeven. Toen ik zo oud was als mijn zoon nu is, was ik allang gestopt met jou de waarheid vertellen. Jij strafte me namelijk toch wel, en dat was naast dat het pijnlijk was ook geen prettige eigenschap van jou, En dat moest ik regelmatig aan den lijve ervaren.

Pa ik wil mijn zoon, die de waarheid vertelt, niet associëren met strafmaatregelen. Ik zal de cirkel daarmee dus doorbreken, die tussen jou en mij ontstaan was. Ik vergeef je, omdat ik vrij wil zijn om de dingen op mijn eigen manier te doen. Ik vergeef je zodat ik volkomen vrij kan zijn om de waarheid te vertellen en mijn eigen waarden aan te houden in het leven. Ik wil namelijk mijn zoon het goede voorbeeld geven.
Ik moet nu gaan. Ik houd van je. Vaarwel Pa."

Zodra John dit aan zijn vader had geschreven, voelde hij zich vrij om verder met zijn zoon te praten. Want ze moesten het hoe dan ook wel hebben over de consequenties van zijn acties. Hij hielp Cole om zijn excuses bij de buren over te brengen. En hij maakte met Cole een stappenplan hoe hij samen met zijn vrienden de kosten kon vergoeden, die gemoeid gingen met het vervangen van de voorruit van de buren. Er volgde geen straf meer. Echter John had nog één stap te gaan om emotioneel voltooid verder te kunnen. De volgende dag las John deze brief aan zijn vader voor aan

Russell, waarna hij een knuffel van Russell kreeg.
John voltooide de communicatie door iemand echt
te laten luisteren. En wel aan een veilig en
vertrouwd iemand, die zijn oprechte woorden kon
horen. Elke nieuwe ontdekking vraagt van ons om
voltooiing via het verwoorden en vervolgens
voorlezen aan een veilig en vertrouwd iemand. Dit
is nodig om ruimte te maken voor een eventuele
volgende ontdekking. En zo herschrijven we als het
ware telkens het verhaal van ons leven.

TIPS BIJ HET VERDER WERKEN AAN RELATIEGRAFIEKEN EN VOLTOOIING BRIEVEN

Nu je het proces één keer doorlopen hebt, door
het maken van een relatiegrafiek tot en met een
voltooiing brief voorlezen, kun je dit ook toepassen
op andere verlieservaringen. Deze editie bevat
nieuw materiaal in het hoofdstuk *Meer over het
maken van keuzes en andere verliesvormen*, je kunt
dit lezen vanaf pagina 263. Je vindt hier tips om te
werken met verlieservaringen die betrekking
hebben op:

Het overlijden van een ouder op jonge
leeftijd

Afwezigheid van een ouder na een scheiding
of adoptie

Het verlies van een kind of
onvruchtbaarheid

Dierbare met dementie

Opgroeien in een gezin met alcoholisme of
andersoortige problematiek (die tot gevolg
hebben dat je je vertrouwen in mensen
verliest, je niet veilig voelt of niet echt kind
kon zijn)

Verliezen die te maken hebben met geloof,
gezondheid, werk of verhuizingen

Het is aan te raden om actie te ondernemen,
zodat je de invloed die deze verlieservaringen op je
leven hebben kunt verwerken. Dit vergroot de
werking van dit boek, zodat je de voordelen ervan
als verrijkend zult ervaren.

13

HOE NU VERDER?

Nu je deze actiestappen naar voltooiing van in het verleden opgedane verlieservaringen hebt doorlopen, is er nog steeds werk aan de winkel.

Door het opstellen van je verliesgrafiek ben je er waarschijnlijk achter gekomen dat er nog meer onvoltooide relaties zijn, waar je mee aan de slag kunt. We raden je aan daar meteen mee verder te gaan. Ons doel is dat jij emotioneel vrij wordt. Dit is het resultaat van het voltooien van in het verleden opgedane verlieservaringen.

Maak daarom een lijstje van relaties die volgens jou nog om voltooiing vragen. De meeste mensen hebben circa drie à vier relaties, waarmee ze nog een appeltje te schillen hebben, omdat er iets in doorwerkt dat hun nog steeds bezighoudt. Denk eraan dat je huidige relaties beïnvloed worden door onvoltooide oude stukken of situaties. Als je met een gesprekspartner aan de slag bent geweest, kun je hiermee verder werken.

Het proces gaat een tweede keer vaak sneller. Je hoeft namelijk je verliesgrafiek niet opnieuw te maken. Je kunt starten vanuit je relatiegrafiek. Blijf wel telkens de beloftes herhalen, dat je volkomen eerlijk, absoluut vertrouwelijk en met respect voor ieders individuele uniciteit zult werken.

Nadat je de andere onvoltooide relaties hebt afgerond, is het tijd om verder te gaan met vrijuit en volop leven. Je kent nu de principes en acties om verlieservaringen te verwerken. Dit is nu je nieuwe gereedschapskist, of misschien noem je het liever gebruiksaanwijzing, waarmee je verliezen, teleurstellingen en andere pijnlijke ervaringen hanteerbeer kunt maken. Oefen ermee, zodat het een nieuwe gewoonte wordt.

OPSCHOONWERK

Na voltooiing van verlieservaringen krijgen we een nieuw perspectief. Dingen zien er anders uit, omdat wijzelf van binnen anders zijn geworden. Voltooiing van relaties heeft dit bewerkstelligd. Omdat de binnenkant in beweging is gebracht, is het belangrijk nu weer naar buiten te kijken. Misschien wil je de omgeving of omstandigheden ook aanpassen, zodat ze beter aansluiten bij je nieuwe kijk op het leven.

De eerste stap in dit opschoonwerk is dat je bekijkt wat er in je omgeving en omstandigheden is dat je doet denken aan het verlies. We hebben eerder al genoemd dat er mensen zijn die zich vastklampen aan alles wat aan hun dierbare herinnert. Dit noemden we verafgoding. We bleven daaraan vasthouden, omdat we emotioneel onvoltooid waren door de verlieservaring. Sommige dingen zullen echter niet meer passen bij je nieuwe perspectief. Daar zal je dus afstand van gaan doen. Het is heel normaal dat je bepaalde dingen wilt behouden en anderzijds betwijfelt of sommige dingen nog wel passend zijn.

Wellicht zijn er goedbedoelende vrienden geweest die je adviseerden om alles gewoon weg te doen, zoals kleding, aandenkens, alles. Echter de meesten van ons willen niet alles wegdoen. Een vrouw vertelde ons dat ze de fout had gemaakt om alle bezittingen van haar man weg te doen. Omdat iedereen dit tegen haar zei had ze het uiteindelijk maar gedaan. Ze dacht dat ze daar goed aan deed, dus volgde ze de raad van al die anderen op. Op een dag dronk ze zichzelf moed in om dit daadwerkelijk te doen. In deze halfdronken staat gooide ze echt alles weg. De volgende dag had ze er spijt van als haren op haar hoofd, maar toen was alles al weg.

Dus voordat je overhaast beslissingen neemt, geven wij je een alternatief voorstel mee hoe hiermee om te gaan. *Doe dit opschoonwerk als dat mogelijk is niet alleen.*

Het wegdoen van kleding: maak status stapels

Een van de meest pijnlijke taken na een sterfgeval is de beslissing wat je met de kleding gaat doen. Een goed aanpak is het ABC plan. Deze benadering werkt ook voor andere persoonlijke bezittingen. Het wordt liefdevol de Status Stapels genoemd. Dit zal je duidelijk worden aan de hand van de hiernavolgende uitleg.

Houd het doel voor ogen dat je aan het eind van dit opschoonwerk datgene overhoudt wat je echt nodig hebt of wat je echt wilt bewaren. Neem alle kleding mee naar de woonkamer. Bedoelen we daarmee daadwerkelijk het fysiek verplaatsen van alle kleding? Inderdaad dat is exact de bedoeling. Ga ze vervolgens stuk voor stuk langs. Maak drie stapels van kleding. Als je over herinneringen die ze oproepen wilt praten, doe dat dan vooral met degene die je helpt of bel even iemand op om dit mee te delen. De drie stapels groepeer je als volgt:

Stapel A: dingen die je zeker wilt bewaren

Stapel B: dingen die je zeker wilt wegdoen. Die je bijvoorbeeld wilt verkopen of weggeven aan familieleden. En dingen die je aan goede doelen of de kringloop wilt doneren.

Stapel C: alle dingen waar je niet zeker van weet wat je ermee wilt. Als je twijfelt horen ze in deze stapel C thuis.

Er is geen haast bij dit opschoonwerk. We voeren gewoon aan dat dit een basisaanpak en een helder werkend plan is.

Als je in de kamer staat en naar deze stapels kijkt, snap je misschien beter waarom sommige mensen het de Status Stapels noemen. Ruim de stapels vervolgens op:

> Berg stapel A op in kasten.
> Geef stapel B weg aan de beoogde doelgroepen of verkoop ze.
> Leg stapel C voorlopig in zakken of dozen in een berging.

Daarna mag je jezelf belonen op gepaste wijze en degene die je behulpzaam is geweest bedanken voor deze klus. Breng een maand later Status Stapel C terug in de woonkamer en doe de hele exercitie nogmaals. Telkens weer en steeds bij voorkeur samen met iemand. Stapel A is voor de dingen die je bij nader inzien toch wilt houden. Stapel B is voor de dingen waar je toch alsnog afstand van doet. De rest gaat weer de berging in. Door deze klus op deze manier aan te pakken heb je de grootste kans dat je daadwerkelijk de dingen overhoudt die je nodig hebt en die echt van waarde of betekenis voor je zijn. Het voorkomt dat je te vroeg van alles wegdoet en dat je onnodige dingen overhoudt. Zo nodig doe je dit drie maanden later nogmaals. Uiteindelijk zal deze lastige klus geklaard zijn.

Een nieuwe bankrekening als oplossing

Een ander probleem dat mensen lastig vinden is de bankrekening met beider namen erop. Het is prima als je deze wilt laten voortbestaan. Echter veel partners ervaren, door het wijzigen van de benaming op de bankrekening, een soort schuldgevoel veroorzaakt doordat het onafhankelijkheid brengt. Opnieuw zien we dat mensen dit probleem vaak op de verkeerde manier aanpakken. In plaats van de benaming op de bankrekening aan te passen kun je ook gewoon een nieuwe bankrekening openen op je eigen naam. Bewaak dan elke maand of de boekingen goed verlopen via de nieuwe rekening. Zo wordt dit in zeer korte tijd je nieuwe patroon. Zo herinnert de oude bankrekening je niet steeds opnieuw aan je verlies. Neem bij het openen van een nieuwe rekening wel even iemand mee.

Het omgaan met speciale data

Zelfs nadat je alles hebt gedaan en opgeruimd, zullen er zich bepaalde verdrietige momenten voordoen. Dit komt omdat je allerlei vertrouwde patronen rondom je relatie met je dierbare hebt opgebouwd. Het goede nieuws is dat je deze momenten ziet aankomen. We noemen het gedenkdagen. Ze beperken zich niet tot de geijkte momenten. Elke dag die een speciale situatie of betekenis voor je markeert, is te typeren als een gedenkdag. Omdat we meestal weten dat er zo'n dag aankomt kunnen we ons erop voorbereiden.

Het probleem wordt vooral veroorzaakt als je de gevoelens die ermee samenhangen in stilzwijgen ondergaat. Velen komen in de verleiding om deze verdrietige dagen alleen door te brengen. Doe dat vooral niet. Het is volkomen normaal, zelfs als het een voltooide verlieservaring betreft, dat je je op deze gedenkdagen alsnog verdrietig voelt.

Het overlijden van beroemdheden

Na het overlijden van Diana, de prinses van Wales, stonden onze telefoons roodgloeiend. Vele mensen die zelf nog bezig waren met hun verwerkingsproces na een verlieservaring behoorden tot de bellers. Er kwamen veel verzoeken van nationale en internationale pers, die benieuwd waren wat de enorme uitingen van medeleven veroorzaakte.

De meest gestelde vraag die we kregen was: "Hoe komt het toch dat mensen zo intens veel verdriet ervaren, terwijl ze de persoon zelf niet eens gekend hebben?" Het antwoord was: *"Ze herkennen en begrijpen op universeel niveau dit verlies heel goed, ondanks dat ze haar nooit ontmoet hebben."*

Misschien herinner je je nog de uitleg die we gaven bij het overlijden van een kind. We hadden het over de emotionele relatie die je kunt hebben met iemand die je fysiek nooit ontmoet hebt. Wij allen hebben emotionele relaties met mensen die we bewonderen. Dit kunnen mensen zijn van het Koninklijk huis, pop- en sportsterren, acteurs, auteurs of zangers. In onze verbeelding hebben we ontmoetingen met hen en via hun werk ervaren we het alsof we iets gemeenschappelijks delen. Meestal is daar echter geen sprake van, en de meesten van ons schrijven ook geen fanmail. Als deze personen overlijden is er echter wel degelijk sprake van onvoltooide communicatie.

Aangezien dit eenrichtingsverkeer relaties betreft, is het onwaarschijnlijk dat er een relatiegrafiek nodig is. Je kunt wel een voltooiing brief schrijven. Dit om alsnog te vertellen wat je in hem of haar gewaardeerd hebt. Daarin kun je zeggen dat je het jammer vindt dat het nooit tot een echte ontmoeting is gekomen, waarin je dat hebt kunnen zeggen. Let op dat je ook deze voltooiing brief afsluit met (wanneer dat toepasselijk voor je is om te doen) "Ik houd van je" of "Ik zal je missen, vaarwel." Als het mogelijk is lees deze voltooiing brief dan voor aan een vriend.

Deel VIER

Meer over het maken van keuzes en andere verliesvormen

We presenteren hier met veel plezier aanvullende informatie gebaseerd op onderzoeken. Hopelijk is dit helpend om je vaardigheid te vergroten in het verwerken van verlieservaringen. Dit nieuwe deel bestaat uit twee onderdelen. Het eerst deel *Meer over het maken van keuzes* geeft je een uitgebreidere toelichting om je te helpen een keuze te maken met welke verlieservaring je aan de slag gaat. Deze is bepalend voor het kennismaken met de actiestappen. Het tweede deel *Richtlijnen voor het verwerken van specifieke verlieservaringen* bevat informatie betreffende de volgende verliezen:

Het overlijden van een ouder op jonge leeftijd of afwezigheid van een ouder na een scheiding of adoptie
Het verlies van een kind/onvruchtbaarheid
Dierbare met dementie
Opgroeien in een gezin met alcoholisme of andersoortige problematiek (verlies van vertrouwen of veiligheid/KOPP-kind)
Verliezen die te maken hebben met geloof, gezondheid, werk of verhuizingen

14

Meer over het maken van keuzes- Met welke verlieservaring starten

De keuze met welke verlieservaring je begint is belangrijker dan je op het eerste oog zult doorhebben. Ook al is de aanleiding om dit handboek te lezen een recente verlieservaring, waar je nog heel veel verdriet van hebt, dan hoeft dat nog niet te betekenen dat je daarmee ook moet beginnen. De beste manier om dit uit te leggen is als volgt: "Stel dat je een huis wilt gaan bouwen, zou je dan beginnen met het dak? En stel dat je dit zou willen doen, zou dit dak dan blijven staan?" Het meest logische antwoord op deze beide vragen is nee. Vergelijkbaar hiermee adviseren we mensen meestal terug te gaan in de tijd om te werken aan relaties, die aan fundament van hun leven staan. Ook al zijn dit momenteel niet de relaties die de huidige pijn veroorzaken. Het grote voordeel van het werken met deze relaties is dat er vaak

elementen vanuit deze vroege relaties zijn
meegenomen die doorwerken in huidige relaties.

BEGIN MET RELATIES WAARAAN JE HERINNERINGEN HEBT

Het is heel gebruikelijk dat mensen dit
handboek benutten vanwege het overlijden van
ouders op jonge leeftijd. Of dat er een scheiding
tussen de ouders was waardoor iemand lange tijd
geen contact met één van beiden heeft gehad. Zo
zijn er ook mensen die op jonge leeftijd geadopteerd
zijn, die zich vervreemd voelen omdat ze hun
biologische ouders niet kennen. Omdat een
sterfgeval of scheiding van ouders, of de mysteries
die rondom een adoptie blijven bestaan, enorm
betekenisvol en vormend kunnen zijn in iemands
leven, zijn dit meestal niet de meest handige
ingangen om met dit werk te beginnen.

Er zijn vele redenen om hiermee niet te
beginnen. De meest in het oog springende is de zeer
jonge leeftijd waarop dit mensen is overkomen. Als
een dergelijk verlies voor je zesde levensjaar heeft
plaatsgevonden, zal je weinig tot geen bewuste
herinneringen hebben aan de persoon. Laat staan dat
je een beeld hebt van de relatie die er tussen jullie
was. De toegang tot je bewuste herinneringen
daaraan is door de jonge leeftijd die je had veelal
beperkt. Daardoor zijn ze moeilijk bereikbaar om
mee te werken. Het is dus vrijwel onmogelijk om

een realistische relatiegrafiek te maken, zeker als je niet bij je bewuste herinneringen kunt komen. Het is bovendien riskant als je daarbij uitgaat van andermans opvattingen of verhalen en ervaringen over de gebeurtenissen, omdat het je eigen beperkte herinneringen ook nog eens vertroebelt.

We adviseren daarom aan de slag te gaan met relaties waar je de meeste bewuste herinneringen aan hebt. Over het algemeen zullen dat de ouders zijn die je hebben opgevoed. Daarmee willen we zeker geen afbreuk doen aan de waarschijnlijkheid dat het sterven of scheiden van ouders de meest invloedrijke verlieservaring in je leven kan zijn. Het betekent gewoon dat we willen voorkomen dat het je relatiegrafiek vertekent of dat je daarin vastloopt, omdat je je simpelweg onvoldoende herinnert. Mogelijk dat je later met de opgedane ervaringen in het werken met een recente verlieservaring hier juist beter toegang toe kunt krijgen. Wat veelal gebeurt, als iemand toch probeert hiermee te werken, is een herhaling van de slechte periode en de pijnlijke situatie die de afwezigheid van die persoon heeft veroorzaakt.

Het maken van een relatiegrafiek en het schrijven van een voltooiing brief is veel makkelijker te doen voor mensen die je bewust gekend hebt. Het zal je helpen om inzicht te krijgen wat emotioneel onvoltooid is gebleven in die relaties. Dit werkt zowel voor goede, slechte of afwisselend goede en slechte relaties. Ongeacht of deze mensen er nog wel of niet meer zijn. Door

hiermee te beginnen zal je daar naar alle
verwachting later baat bij hebben als je alsnog gaat
werken met de ouder die op jonge leeftijd uit je
leven verdween.

      Als je dit werk doet helpt het om te weten
dat in de meeste situaties waar het verlies van een
ouder betreft ook de andere ouder een
verlieservaring te verwerken kreeg. Hetzelfde geldt
voor ouders in een scheidingsproces. Het is heel
waarschijnlijk dat je beide ouders geen idee hadden
hoe zich te verhouden tot hun eigen verlieservaring.
Laat staan dat ze in staat waren om jou bij te staan
in het omgaan met de emoties die ermee
samengingen. Kinderen kijken de kunst vaak van
hun ouders af. Misschien herken je als je er nu op
terugblikt dat je het voorbeeld volgde van één van
je ouders. Er zullen sommige dingen bijzonder
behulpzaam zijn geweest in de gesprekken over
deze verlieservaring. Echter er zijn vast ook veel
dingen geweest die ze wel of niet zeiden of deden,
die juist belemmerend werkten in het omgaan met
de verlieservaring. Het helpt als je herkent wat je
van hen hebt overgenomen, zodat je het onderscheid
leert te zien. Vervolgens kun je je ontdoen van de
dingen die je niet nodig hebt en de acties
ondernemen om het verwerkingsproces te voltooien.

ANDERE ZAKEN DIE BIJ DE START VAN BELANG ZIJN: VERBORGEN OF VERMOMDE KEUZES

Eerder vermelden we al als aandachtspunt voor het maken van de keuze waarmee te beginnen, dat het weleens voorkomt dat datgene waarmee je het best kunt beginnen niet eens is opgenomen in je verliesgrafiek. Het komt vaak voor dat een alcoholist of anderszins moeilijkheden veroorzakende ouder eruit springt in de grafiek. Omdat deze zoveel problemen in je leven heeft veroorzaakt. Het verborgen verlies hieronder is dat daardoor ook de relatie met je andere ouder hierdoor verstoord werd. Deze komt mogelijk niet eens in je grafiek voor, omdat die zich juist aan de hele situatie onttrok. Dit springt meestal niet zo direct in het oog, echter hier is net zo goed sprake van een onvoltooide relatie. Dat komt omdat de andere ouder een duidelijke en misschien overmatige aanwezigheid vormde in je leven. Echter vanwege hun eigen verlieservaring met de problematische partner, veroorzaken ze vaak tegelijkertijd extra moeilijkheden voor jou. Het vuurwerk dat gepaard gaat met de problematische partner vraagt zoveel aandacht in je leven dat deze direct in het oog springt. Vaak is echter de andere partner een betere ingang voor het starten met een relatiegrafiek.

Sterfgeval of scheiding - begin bij het begin

Veel mensen worden aangetrokken door dit handboek als ze recentelijk een partner verloren hebben. Mocht je naar aanleiding daarvan reeds voorbereidende werkzaamheden hebben gedaan, op basis van dit handboek, dan ben je er misschien achter gekomen dat je nog meer onvoltooide relaties hebt. Met bijvoorbeeld je ouders of andere mensen, die in je leven van invloed zijn geweest. Het kan dan behulpzaam voor je zijn om hiermee te beginnen, voordat je gaat werken aan de relatie met je partner. Sta er goed bij stil dat de bagage die je meenam in je huwelijk voor een groot deel bepaald is door het voorbeeld dat je volgde of verfoeide van je ouders.

Ditzelfde moet je in gedachten houden als je aan dit boek begonnen bent vanwege een recente scheiding of relatiebreuk. Het is waarschijnlijk waardevol om eerst inzichtelijk te maken en te werken aan de relaties die aan de basis van je leven stonden. Dit geeft vaak verheldering over jouw aandeel in de beëindigde relatie. Het helpt veelal om eerlijker naar je eigen rol in de relatie te kijken. Anders bestaat het risico dat je volledig gefocust bent op wat je voormalige partner gedaan of nagelaten heeft en de impact daarvan op de relatie. In feite geeft het je inzicht in de emotionele bagage die je al meenam in dit huwelijk of deze relatie.

Het is geheel je eigen beslissing waarmee je verkiest te starten met dit werk. We willen alleen dat je weet dat je altijd de keuze hebt om eerst met eerdere relaties te beginnen. Onthoud dat je uiteindelijk de herstelstappen hierdoor leert, om uiteindelijk al je verliezen te verwerken via een relatiegrafiek.

15

Richtlijnen voor het werken met specifieke verlieservaringen

HET OVERLIJDEN OF AFWEZIG ZIJN VAN EEN OUDER OP JONGE LEEFTIJD

Als je op jonge leeftijd door een sterfgeval of anderszins de afwezigheid van een ouder hebt ervaren, hopen we dat je zoals we hebben aangeraden eerst een relatiegrafiek en voltooiing brief hebt gemaakt voor de mensen waarbij je bent opgegroeid. Indien dit zo is kun je nu meteen aan de slag met de relatie betreffende je ouder die door een sterfgeval of anderszins afwezig was in je allereerste levensjaren.

De richtlijnen voor het maken van een relatiegrafiek, en deze vertalen in herstel componenten, waarna je deze in een voltooiing brief kunt verwerken, zijn nog steeds van toepassing. De instructies voor het maken van een relatiegrafiek staan op pagina 206-212. Zoek deze erbij en herlees deze instructies voordat je begint (voor degenen onder jullie die geadopteerd zijn gelden deze instructies eveneens. Ook in het geval dat jullie werken met natuurlijke ouders die je nooit gekend hebt).

In het begin van dit handboek hebben we al vermeld dat mensen herinneringen neigen uit te vergroten. Dan treedt verafgoding of vervloeking van een persoon die overleden is op. Vooral kinderen van wie ouders door een sterfgeval of scheiding uit hun leven zijn verdwenen hebben de neiging zich in hun fantasie te verbeelden dat de relatie enorm positief was. Gezien deze tendens, om een afwezige ouder te verafgoden, of heel soms ook te vervloeken, herhalen we hier de specifieke instructie "Wees zo eerlijk en zuiver mogelijk in je relatiegrafiek, door tenminste twee dingen boven en onder de lijn op te nemen. Dit voorkomt het risico op verafgoding of vervloeking". We raden sterk aan dit op te volgen, zodat je de werkelijkheid van de relatie met deze ouder zo goed mogelijk benadert.

Veel mensen praten tot vervelens toe over de pijnlijke voorvallen, in het geval ze iemand verloren hebben. Ze realiseren zich niet dat deze herhalende klaagzang de belangrijkste reden is dat ze niet verder komen en als het ware vastlopen. Er zijn twee belangrijke sleutelaspecten in het herstellen van verlieservaringen in relatie tot een om wat voor reden dan ook afwezige ouder. De eerste sleutel is het herinneren van specifieke gebeurtenissen of situaties en wat je daar destijds bij voelde of nu nog steeds bij voelt. Dit helpt om het "verhaaltjes vertellen" te doorbreken, want anders blijf je er als het ware in hangen. De tweede sleutel is

voorkomen dat je allerlei verklaringen en
verstandelijke analyses maakt van wat er is gebeurd,
voordat je ouders afwezig waren.

Je relatiegrafiek starten

De relatiegrafiek met een afwezige ouder
begint bij je eerste bewuste herinnering aan deze
ouder. Er vanuit gaande dat je die hebt. Het is echter
ook mogelijk dat je geen enkele herinnering aan
deze ouder hebt. Hoe jammer dat ook is, je zult dit
wel eerlijk onder ogen moeten zien. Misschien heb
je wel verhalen gehoord en foto's gezien, maar
ontbreekt het je aan echte eigen herinneringen.

Een van de moeilijkheden bij het maken van
een relatiegrafiek met iemand die afwezig was, is
dat deze vooral aspecten bevat die helaas niet meer
gebeurd zijn. Hiermee kun je omgaan door je te
herinneren wanneer je je bewust werd dat je ouder
daadwerkelijk afwezig was. Dit kan bijvoorbeeld bij
een voetbalwedstrijd of een schoolvoorstelling
geweest zijn, waarbij je je ineens heel bewust werd
dat deze ouder afwezig was. Het kan ook zijn dat je
je anders voelde dan andere kinderen die wel beide
ouders hadden. Mogelijk voelde het niet veilig
genoeg om er met je andere ouder over te praten,
omdat je dacht dat jullie je dan samen veel te
verdrietig zouden voelen. Dit soort voorvallen
kunnen bij belangrijke momenten in je jonge leven
hebben gespeeld. Wellicht heb je hier enorm veel
gevoelens over, maar heb je ze opgepot. En onthoud

dat deze gevoelens niet slechts in je kinderjaren zijn ontstaan. Vele verdrietige herinneringen hangen ook samen met bijvoorbeeld afstuderen of trouwen, waarbij wederom deze afwezige ouder ontbrak. Terwijl deze normaalgesproken aanwezig had horen te zijn bij dergelijke belangrijke momenten.

Het is ook niet uitgesloten dat je pas later bent begonnen met het wegduwen van deze pijnlijke gevoelens. Daardoor kan het eruit hebben gezien alsof het je totaal niet bezighield of überhaupt nog raakte dat deze ouder afwezig was. Meer waarschijnlijk is het dat, hoe goed je deze gevoelens ook verdringt, ze je toch nog steeds beïnvloeden. Een van de belangrijkste doelstellingen van het verwerken van verlieservaringen is om te herstellen van wat onvoltooid is gebleven, zodat je deze gevoelens niet meer hoeft te verdringen.

Maak je relatiegrafiek met een afwezige ouder door terug te blikken op specifieke gebeurtenissen en onderzoek je emotionele reactie daarop. Er is bijna een oneindige reeks van gebeurtenissen die wel of niet hebben plaatsgevonden, in een relatie met een afwezige ouder. Dit heeft je leven beïnvloed of zal het nog kunnen gaan beïnvloeden.

Hierna volgt een aantal voorbeelden:

- Verjaardagen of vakanties
- Je eerste tand die wisselt
- Je eerste dag naar school
- Muzikale optredens, sportwedstrijden
- Eerste vriendje of vriendinnetje
- Ruzie met je stiefouder

Vanzelfsprekend zullen de dingen naarmate je opgroeit anders beleefd worden. Toch kunnen de gevoelens samenhangend met een afwezige ouder en het feit dat je dit niet met hen kunt delen, heel lang en sterk doorwerken.

Van relatiegrafiek naar herstel componenten en het schrijven van de voltooiing brief
Nadat je de relatiegrafiek hebt gemaakt, voor zover je het je kunt herinneren tot nu toe, bepaal je de herstel componenten die nodig zijn - verontschuldigen, vergeving en significante emotionele uitingen. Herlees daarom eerst de instructies hoe je de gebeurtenissen in de relatiegrafiek toebedeelt aan deze herstel componenten op pagina 216-224.

Aanvullend op deze instructies is het belangrijk dat je begrijpt dat elke negatieve en als overweldigend ervaren interactie samen dient te gaan met vergeving. Doe je dit niet, dan herhaal je eenvoudigweg de pijnlijke gebeurtenis

zonder tot voltooiing te komen. Veel mensen schrijven wel de pijnlijke en als overweldigend ervaren interactie op en slaan de stap naar vergeving over. waardoor er geen emotionele voltooiing volgt. Een voorbeeld om dit te illustreren: "Mam, doordat je slecht voor jezelf zorgde, ben ik je kwijtgeraakt. Op heel veel manieren en oneindig veel momenten is jouw afwezigheid pijnlijk in mijn leven." Om emotioneel herstel te voltooien is het belangrijk om dit aan te vullen met, "En ik vergeef je dit, zodat ik er vrij van ben en voluit verder kan met mijn leven."

Nadat je de gebeurtenissen in je relatiegrafiek hebt verdeeld over de herstel componenten, kun je beginnen met je voltooiing brief. Gebruik daarvoor de instructies op pagina 230-235. Houd je aan dit voorbeeld. Het werkt namelijk zowel voor deze relatievorm als het dat ook voor andere doet. Zodra je hiermee klaar bent, zoek dan iemand die echt bereid is naar je te luisteren (bij voorkeur een persoon met wie je de herstelstappen samen hebt doorlopen) en lees de brief voor. Hanteer de voorlees- en luisterinstructies op pagina 240-244.

VERLIES VAN EEN KINDERWENS, BIJVOORBEELD DOOR EEN MISKRAAM OF ONVRUCHTBAARHEID

Als je een kind hebt verloren of ze niet kon krijgen, herlees dan eerst pagina 206-208. Dit gaat specifiek in op VOORAFGAANDE HERINNERINGEN - HET OVERLIJDEN VAN EEN KIND. Dit zal je helpen bij het starten van het maken van een relatiegrafiek betreffende een kind dat je verwachtte (zwangerschap), maar dat nooit geboren is. Of betreffende een kind dat doodgeboren werd of kort na de geboorte is overleden. Dit lijkt vooral betrekking te hebben op moeders, het proces werkt echter ook wel degelijk voor vaders. Alhoewel beiden hun eigen emoties over de gebeurtenissen anders beleven, ten aanzien van wat ze liever anders of beter hadden gezien. Dit qua eigen unieke wensen, dromen en verwachtingen die ze met dat kind zouden gaan vervullen.

De instructies die we hebben uitgewerkt in het vorige deel die betrekking hebben op het afwezig zijn van een ouder zijn eveneens van toepassing op deze situaties. Aangezien je een relatiegrafiek van iemand maakt met wie je de kans niet eens kreeg om kennis te maken. Toch heb je wel degelijk een emotionele relatie opgebouwd. Dit geldt net zo goed voor onvruchtbaarheid, ook al is daar geen sprake van een zwangerschap geweest. We ontwikkelen een relatie met het kind dat we wensen, en alle hoop en dromen die daarbij komen kijken. Het is belangrijk te "rouwen" en te "herstellen" ten aanzien van de relatie met de droom een kindje van jezelf te krijgen. Dit maakt het mogelijk om andere keuzes in beeld te brengen, zoals bijvoorbeeld adoptie. Je kunt ook bewust kiezen om niet tot adoptie over te gaan en dit verlies te aanvaarden. Het is van belang dat je eerst herstelwerk verricht ten aanzien van eerdere dromen en verwachtingen, zodat er ruimte ontstaat voor nieuwe of andere keuzes.

Sommige mensen die zwanger waren en een miskraam kregen of een doodgeboorte meemaakten zijn nooit in staat geweest hun kindje een naam te geven. De relatiegrafiek met voltooiing brief bieden de mogelijkheid om dit alsnog te doen. Zeker omdat het recht doet aan de relatie die je met dit kindje had opgebouwd. Hetzelfde geldt voor mensen die onvruchtbaar zijn. Er is geen enkele reden om het kind waar je op gehoopt hebt, ondanks dat het nooit zal komen, toch een naam te geven. Of je nu wel of niet zwanger bent geweest, je had hoe dan ook al een relatie opgebouwd met de baby die je hoopte te krijgen. Door het geven van een naam aan deze baby kun je de relatiegrafiek en voltooiing brief alsnog adresseren.

ALZHEIMER - DEMENTIE

Eén van de meest pijnlijke dingen om te verdragen is het meemaken dat een dierbaar iemand ons ontglipt als gevolg van dementie. Zeker als die persoon uiterlijk nog exact hetzelfde blijft als daarvoor. Een klassiek voorbeeld is dat van een moeder die geleidelijk aan verdwijnt in een voortschrijdend dementieproces, waardoor haar volwassen dochter als het ware in een soort voorgeborchte belandt. In het beginstadium vergeet de moeder af en toe de naam van haar dochter of details van haar leven. Als de moeder steeds verder dementeert, probeert de dochter haar moeder te blijven benaderen zoals ze was. Echter dat lukt niet meer. Wat wel gebeurt is dat de situatie verder verslechtert. Uiteindelijk begroet ze haar dochter met: "Je lijkt me een aardige jongedame, hoe heet je?"

Als de situatie steeds verder achteruit gaat, raakt de dochter meer en meer gefrustreerd. En ze stopt uiteindelijk met het bezoeken van haar moeder in het verpleegtehuis. Simpelweg omdat ze het te pijnlijk vindt om dit te zien gebeuren. Een jaar na haar laatste bezoek ontvangt de dochter een telefoontje uit het verpleegtehuis dat haar moeder overleden is. Het verdriet daarover wordt versterkt door haar schuldgevoelens over het feit dat ze haar moeder helemaal alleen heeft laten sterven. Dit had voorkomen kunnen worden - tenminste het tragische einde van een verlaten moeder die

verstoken van haar dochter en enige familielid in
het verpleegtehuis zat. Vandaar dat de beste fase om
in actie te komen in het beginstadium is, wanneer
dementie bij een dierbare is geconstateerd.

Vanzelfsprekend kun je de relatiegrafiek en
voltooiing brief op elk moment maken, met de
bijbehorende instructies. Het proces van het maken
van de relatiegrafiek verandert op zich niet. De
sleutel zit hem in het onderscheid maken tussen de
twee verschillende levensfasen. Het eerste deel van
de relatie begint vanaf het moment van je eerste
bewust herinnering, tot het beginpunt waarop ze
fundamenteel zullen gaan veranderen door het
dementieproces. Schrijf een voltooiing brief die
betrekking heeft op die levensfase. Zodra je het
afsluitende vaarwel opneemt, betreft dat het
voltooien en afscheid nemen van de relatie die je
had tot het moment waarop het dementieproces
begon en deze persoon fundamenteel veranderde.
Daarna kun je een nieuwe relatiegrafiek maken, die
betrekking heeft op de veranderingen die de
persoon ondergaat als gevolg van dementie.

In dit tweede deel neem je dus de relatie op
met de door dementie veranderende persoon. Het
kan zijn dat er een heleboel frustrerende
gebeurtenissen, gepaard gaand met diverse emoties
in deze fase, opgenomen worden. Het kan zijn dat je
enkele verontschuldigingen kwijt moet, omdat je
minder tolerant en begripvol bent geweest jegens
deze persoon. Het kan ook zijn dat er het nodige te
vergeven is ten aanzien van de wijze waarop deze

persoon je niet meer aansprak of hoe die op je
reageerde. En er zullen pijnlijke en overweldigende
ervaren interacties te verwerken zijn, want het is
ongetwijfeld moeilijk voor je dat deze persoon zo
fundamenteel verandert.

Als je je relatiegrafiek en voltooiing brief
voor het eerste deel hebt afgerond begin dan met
een nieuwe vanaf het punt waarop je je bewust werd
dat deze persoon dementerende was. Het zal
bevrijdend werken als je de actiestappen doet om de
oorspronkelijke relatie te voltooien. Het maakt het
daarna makkelijker om tijd door te brengen met de
dierbare, weliswaar dementerende persoon. Zelfs
als deze in de verste verte niet meer lijkt op de
persoon zoals je die vroeger kende.

OPGROEIEN IN EEN GEZIN MET ALCOHOLISME OF ANDERSZINS PROBLEMATISCHE SITUATIES

Opgroeien in een gezin met alcoholisme of
in anderszins problematische thuissituaties, zoals
één of beide ouders met psychische problemen,
betekent een groot verlies. Beperk je niet tot
uitsluitend het werk met de alcoholist of de persoon
met psychische problemen. We raden je aan om
voor alle mensen die in je thuissituatie aanwezig
waren een relatiegrafiek en voltooiing brief op te
stellen. Volg daarvoor de instructies in de
bijbehorende gedeelten.

Ontastbare verliezen

We weten dat er verschrikkelijke dingen gebeuren in thuissituaties, zeker wanneer er misbruik in welke vorm dan ook in het spel is. En dat daarmee andere verliesvormen verweven raken. Hier volgen een paar voorbeelden: *verlies van elke normaliteit* - wanneer je gedwongen wordt om dingen die abnormaal zijn te verdragen of je daartoe te verhouden. Zeker wanneer je nog een kind bent, heeft dit ook tot gevolg dat je je *vertrouwen in mensen verliest* - het is voor een kind onmogelijk om in dergelijke omstandigheden een gevoel van vertrouwen op te bouwen. Daarnaast zal er *verlies van veiligheid* kunnen optreden - zeker wanneer irrationeel gedrag aan de orde is bij bijvoorbeeld alcoholisme of psychische problemen. Deze problemen zijn zo groot dat veiligheid uit den boze is.

Het is niet uitgesloten dat je in dergelijke situaties overleefde en pas veel later je uiteindelijk deze verliezen gewaar werd. Je realiseert je dan dat je geen normale jeugd hebt gehad en dat je deze *verloren jeugdjaren* nooit meer in kunt halen.

Het is zeer waarschijnlijk dat de effecten ervan nog steeds in je dagdagelijkse doen doorwerken. Zeker wanneer het gaat om intieme relaties die gebaseerd horen te zijn op vertrouwen en veiligheid. Helaas kun je niet herstellen door uitsluitend het inzicht te krijgen dat dit bij je speelt. Je zult echt veel werk moeten verzetten wil je opnieuw een gevoel van vertrouwen en veiligheid hervinden. Waarschijnlijk heb je dat toen je nog heel jong was wel gevoeld, maar helaas ben je dit onderweg kwijtgeraakt (opmerking: al deze ontastbare verliezen kunnen eveneens in op het oog normale gezinssituaties optreden).

Als je begint met het aanbrengen van herstel componenten vanuit je relatiegrafieken, houdt dit dan allemaal in het achterhoofd. Je zult dit bewustzijn van de overweldigend ervaren interacties van deze ongezonde patronen in combinatie met vergeving hard nodig hebben om te helen en te herstellen van deze verlieservaringen. Hier volgt een voorbeeld: "Pa, ik kon nooit vrienden mee naar huis nemen vanwege jouw permanente drinkgedrag. Ik voelde me niet veilig en kon er niet op vertrouwen dat je me niet in verlegenheid zou brengen met mijn vrienden erbij. Ik heb nooit een normaal thuisgevoel gehad. Als ik hierop terugkijk realiseer ik me dat ik altijd alert moest zijn. Ik heb gewoonweg geen fijne jeugd gehad. Ik vergeef het je, omdat ik er vrij van wil zijn". In deze paar zinnen zijn vrijwel alle ontastbare verliezen opgenomen, die we vermeld hadden dat zouden kunnen voorkomen bij iemand die in dit soort thuissituaties opgegroeide.

We hebben aangegeven dat sommige mensen zich puur richten op de alcoholistische persoon. Daarmee verliezen ze uit het zicht dat de andere persoon hen weliswaar op andere wijze ook beïnvloed kan hebben. In een situatie waarin de vader vrijwel altijd dronken was, kan de reactie daarop van de moeder minstens zo'n groot probleem of zelfs voor een vergroting van het probleem gezorgd hebben. De communicatie met de moeder zou er zo uit kunnen zien: "Ma je reactie op pa's drinkgedrag was enorm angstaanjagend. Daardoor voelde het voor mij alsof ik op een tijdbom zat die elk moment kon ontploffen. Ik kon me nooit eens ontspannen, waardoor ik nu als volwassene nog steeds ontzettend alert ben. Zelfs als hier geen enkele aanleiding toe is en het volkomen veilig is. Ik vergeef je dat je me besmet hebt met dit constante gevoel dat de hel elk moment kan losbarsten. Ik vergeef je, omdat ik er vrij van wil zijn om voluit verder te kunnen gaan met mijn eigen leven."

TRAUMA – PTSS

In dit boek hebben we steeds benadrukt dat we bij voorkeur geen diagnostische termen en etiketjes hanteren. Zeker wanneer het over gevoelens gaat die samenhangen met rouw. Echter de laatste tijd worden de termen "trauma" en "PTSS" steeds meer gebruikt, en helaas vaak in verkeerde zin. Daarom hebben we besloten om hier in deze herziene uitgave toch specifiek op in te gaan.

Trauma en PTSS zijn in het algemeen aanduidingen voor de impact van of de reactie die mensen op verlieservaringen vertonen.

Er bestaat een nauwe relatie met rouw als we het hebben over trauma en PTSS, zeker wanneer het onvoltooide rouwprocessen betreft. We zullen er daarom specifieker op ingaan. Dit om je uit te leggen hoe je kunt ontdekken wat de oorzaak ervan is en wat daaraan mogelijk heeft bijgedragen. Dit alles met als doel om ervan te herstellen.

Het woord *trauma* is niet nieuw – het wordt al een hele tijd gebruikt. In beginsel werd het begrip voor fysieke verwondingen gehanteerd. Via etymologische woordenboeken kunnen we het woord trauma al in 1690 traceren. De definitie destijds was: "Een verwonding of pijn; verslagenheid". Vanzelfsprekend is het eenvoudig om in deze drie woorden zowel een fysiek als een emotioneel aspect te herkennen. Sinds 1894 zien we dat het woord "trauma" nog slechts strikt voor emotionele aspecten wordt gehanteerd. De definitie wordt dan: "Een fysieke verwonding, die door de intense ervaring abnormale stressreacties veroorzaakt". Dat is tegenwoordig ook de betekenis die mensen bedoelen wanneer ze het woord trauma hanteren. Het woord stress in deze definitie plaveide het pad naar het veel later gebruikelijk geworden etiket Post-Traumatische-Stress-Stoornis (PTSS).

In het woordenboek wordt deze moderne terminologie voor trauma als volgt uitgelegd:

a) Een verwonding (als zijnde een fysieke wond) in een levend wezen toegebracht door een externe veroorzaker;
b) Een afwijkende fysieke en gedragsmatige staat veroorzaakt door intense mentale of emotionele stressoren of fysieke verwondingen;
c) Emotionele verwarring.

PTSS is wat ingewikkelder te duiden, en wordt ook pas recentelijk in ons taalgebruik toegepast. Het woordenboek van Merriam-Webster geeft een eenvoudige definitie van PTSS: *een mentale conditie die iemand treft wanneer deze iets intens schokkends of moeilijks heeft ervaren (zoals een oorlog), wat veelal gekarakteriseerd wordt door depressiviteit, angsten, etc.* Hier volgt nog een wat uitgebreidere definitie: *een fysiologische reactie die optreedt na een intens stressvolle gebeurtenis (bijv. oorlogsgeweld, fysiek geweld of natuurgeweld), die gekenmerkt wordt door depressiviteit, angsten, herhalend herbeleven, nachtmerries, en het vermijden van situaties die herinneren aan de gebeurtenis – afkorting PTSS – wat staat voor Post Traumatische Stress Stoornis.*

Er zijn dus uiteindelijk diverse termen samengevoegd tot de afkorting PTSS, en dat is sinds 1980 de gebruikelijke aanduiding. Het werd als eerste toegepast bij oorlogssituaties, vooral waar het de reactie van militairen betreft die in oorlogssituaties langdurig moeten vrezen voor lijf en leden. Vanaf 1678, kwamen diverse termen voor, waaronder: nostalgie, hartzeer, soldaten smart, oorlogstrauma, oorlogsneurose, oorlogsmoe, veteranenziekte, en uiteindelijk PTSS.

Het is duidelijk te zien dat al deze bovenstaande woorden verwijzen naar aan oorlog gerelateerde aspecten. Zeker in dergelijke situaties keken mensen daadwerkelijk de dood in ogen. Echter, zoals je opgemerkt zult hebben, wordt de afkorting PTSS tegenwoordig meer in algemene zin gehanteerd. Waardoor van alles en nog, wat dat ons in negatieve zin overkomt, dit etiketje heel gemakkelijk opgeplakt krijgt.

Ondanks de tegenwoordig gehanteerde definities, zijn volgens ons ook dezelfde principes en actiestappen uit dit handboek prima toepasbaar. Het leert je hoe je je beter kunt verhouden tot de impact die bepaalde gebeurtenissen en situaties op je hadden. En die dat mogelijk nog steeds hebben, ongeacht door wat het veroorzaakt is zijn wij van mening dat praten en pillen niet op kunnen tegen onze praktische aanpak. Vermeldenswaardig is ook het fenomeen dat militaire instanties tegenwoordig de term PTSS niet meer als zodanig hanteren. Ze geven er de voorkeur aan om slechts PTS te gebruiken, en laten het woord *stoornis* bewust weg.

Voor het doel dat wij voor ogen hebben, veranderen we de afkorting PTSS niet. Wel zullen we in basis ervan uit blijven gaan dat "rouw de normale en natuurlijke reactie is op wat voor verliesvorm dan ook". Met dat in het achterhoofd kun je gewoonweg de actiestappen uit dit handboek doorlopen. Je kunt dit toepassen op de relatie met iets of iemand, die je leven heeft beïnvloed. We reiken je nieuw vocabulaire met bijbehorende woorden aan, dat je kunt hanteren. Dit is opgenomen in het onderdeel met de titel *"Het omvormen van Trauma en PTSS door het specificeren van deze verliesvormen"*.

Het etiketteren van verliesvormen als trauma en PTSS brengt je verder van huis en niet zoals bedoeld dichter bij herstel.

Voor ons doeleinde gaan we de verschillende elementen die in trauma en PTSS aanwezig zijn in twee categorieën opsplitsen. Van daaruit zullen we ze vervolgens vertalen in meer specifieke termen.

Ten eerste er is sprake van een persoon, die voortdurend misbruik of mishandeling ervaart. Vaak begint dit al vroeg in de betreffende relatie met iets of iemand. En het misbruik of de mishandeling kan sinds de beginfase van de relatie langdurig en bij herhaling zijn opgetreden – meerdere maanden of jaren. Hiermee wordt niet bedoeld dat deze mishandeling slechts optrad in iemands jeugdjaren. Voor velen begint het echter op het moment, waarin ze niet de mogelijkheid of capaciteit hebben om zich te verdedigen of zich uit de situatie terug te trekken. Waarmee je je dus in vergelijkbare zin als een klein kind onmachtig voelt. Een kind bevindt zich ook in een situatie van volkomen afhankelijkheid van ouders of opvoeders. En jazeker, dergelijke ervaringen zijn traumatisch en kunnen daadwerkelijk PTSS veroorzaken. Zeker wanneer je de meest recente uitleg en definitie in ogenschouw neemt en als overtuiging hanteert.

Ten tweede, er kan sprake zijn van een op zichzelf staande gebeurtenis, die een enorme impact heeft op iemands leven. Eén van die situaties is bijvoorbeeld een verkrachting. Dat kan overduidelijk erg lang (soms zelfs levenslang) fysieke en emotionele gevolgen hebben. Een ander voorbeeld betreft betrokken zijn bij of getuige zijn van een afschuwelijk ongeval, zoals een moord of wat voor heftig ongeval dan ook. Waar het om gaat is dat je dingen zag die zo vreselijk waren dat je nauwelijks kan bevatten dat het daadwerkelijk gebeurd is. Die zo vreselijk waren om te zien dat alleen al het denken eraan zulke gruwelijke herinneringen bovenbrengt dat die je blijvend belagen. De constant herhaalde beelden van 9/11 zijn een voorbeeld van iets wat je nog steeds met afschuw kan vervullen, omdat het zo onwerkelijk was, en daarmee heeft het dus impact op je. Dit zijn voorbeelden van traumatische gebeurtenissen. En het gevolg of de impact daarvan op jou kan gedefinieerd worden als PTSS, om die term toch nog maar even te gebruiken.

Als je bekend bent met wat het fenomeen etiketjes plakken, zoals trauma en PTSS, met je kan doen, namelijk je voor eeuwig en altijd tot slachtoffer bombarderen, dan snap je het belang van een correcte herziening van deze woorden. Wij zullen dat hier gaan doen in de termen die bij verlieservaringen horen. Het is namelijk erg moeilijk, zo niet onmogelijk, om voorbij een verlies te komen laat staan het te verwerken, wanneer we onszelf daartoe blokkeren en belemmeren. Want wat we doen door er een etiket op te plakken is dat we het als het ware gaan worden. Dan zit je helaas voor eeuwig vast in je eigen gecreëerde gevangenis. Daarmee willen we zeker niet zeggen dat er geen sprake is van het feit dat je traumatische dingen hebt meegemaakt, die je leven enorm en intens hebben beïnvloed. Ook ontkennen we hiermee niet dat het je zeer zeker beperkt zal hebben in je vermogen en mogelijkheden om simpelweg van het leven te genieten en gelukkig te zijn. Wat we voor ogen hebben en ons ten doel stellen is jou aanwijzingen te geven hoe je de juiste taal kunt gaan hanteren die je helpt om emotioneel voltooid te raken en zo te herstellen. Want er zijn gewoonweg veel dingen onaf, die te maken hebben met de gebeurtenissen die verlieservaringen hebben veroorzaakt.

Voordat we je gaan uitleggen hoe je de gebruikelijke ideeën over traumatische gebeurtenissen kunt omvormen in specifieke verlieservaringen, die ze bij jou hebben veroorzaakt, gaan we eerst nog in op een aantal natuurlijke en onnatuurlijke rampen die je wellicht direct of indirect hebben beïnvloed.

De herhaaldelijk op televisie uitgezonden beelden van natuurrampen, zoals orkanen, tornado's en tsunami's, en de schade die deze kunnen veroorzaken staan waarschijnlijk op je netvlies gebrand. Dit zijn externe feitelijke veroorzakers van hele indrukwekkende en intense gebeurtenissen. De mensen die hier persoonlijk bij betrokken waren en het overleefd hebben zullen dit zeker anders beleven dan de mensen die de beelden slechts op televisie zagen. Echter zelfs als je er niet persoonlijk bij betrokken was, dus als je het alleen maar herhaaldelijk op televisie en in andere media hebt gezien, dan neemt dit niet weg dat allen, ongeacht de manier van beleving, voor langere tijd door angst bevangen kunnen zijn.

De verslaglegging op televisie van de onnatuurlijke ramp, die op 11 september plaatsvond, of schietpartijen op scholen en in wijken, dat alles kan eveneens trauma veroorzaken. Dus alleen al het zien van verschrikkelijke beelden kan dit veroorzaken. In deze huidige tijd, waarin dit soort beelden te pas en te onpas onophoudelijk over ons worden uitgestort via televisie en andere media, heeft dit effect op ons gevoel van veiligheid en het vertrouwen in de wereld waarin we leven.

Het is belangrijk dat we deze herhalende gebeurtenissen onderscheiden van de éénmalige, omdat de actiestappen van de Grief Recovery Method ietwat van elkaar verschillen. In het volgende deel gaan we hierop dieper in aan de hand van een voorbeeld van iemand die bij herhaling langdurig misbruikt werd.

Opmerking: ook al maken sommige mensen meerdere éénmalige gebeurtenissen mee, die hun stuk voor stuk dramatisch kunnen beïnvloeden, toch is er in die specifieke situaties veelal geen sprake van een relatie tussen slachtoffer en dader. Dan hebben ze wel degelijk een verlieservaring, maar dit gaat dan meer over iets als vertrouwen of veiligheid dan over een specifiek persoon met wie een relatie bestaat. Dit is dus heel anders in de situatie waarbij er wel sprake is van herhaaldelijk misbruik door één of meerdere bekenden. Om die reden zullen er verschillende actiestappen van The Grief Recovery Method worden toegepast, om voor beide verliesvormen een herstel bevorderende manier aan te reiken. Daar zullen we meer in detail op ingaan in het onderdeel met de titel "De impact van éénmalige gebeurtenissen."

Het omvormen van trauma en PTSS in specifieke verliesvormen

Mensen in rouw gebruiken vaak de termen "trauma" en "PTSS" om hun reactie op diverse gebeurtenissen en hun ervaringen daarbij te omschrijven. Deze hebben hoe dan ook emotionele en wellicht ook fysieke problemen veroorzaakt. In sommige gevallen krijgen ze die termen mee van therapeuten, of ze pikken ze op uit documentaires op televisie. Echter veel vaker halen ze deze termen uit de veelvuldig verschijnende artikelen in

tijdschriften of uit boeken over specifieke
onderwerpen. Dan ontstaat een soort
"zelfdiagnose", doordat ze deze termen onjuist op
zichzelf toepassen. Helaas belemmeren ze zo zelf de
mogelijkheid om te herstellen.

Wanneer mensen in rouw in gesprek met ons
deze termen toepassen, vertalen wij wat ze ons
vertellen in woorden die meer in verbinding staan
met rouw en verlies. Dat geeft henzelf en ons een
beter beeld van wat ze bedoelen. En vooral ook van
waar ze nu vooral behoefte aan hebben. Eerder
gaven we in dit hoofdstuk aan dat er ook ontastbare
verliezen kunnen ontstaan. Dat veroorzaakt bovenop
de oorspronkelijke verlieservaring ook nog een
continu gevoel van ongemak en onmacht. Veelal
wordt dit veroorzaakt doordat iemand bijvoorbeeld
opgroeit in een gezinssituatie, waarin alcoholisme
of anderszins disfunctionele gedragingen
voorkomen. De ontastbare verliezen die we daar
eerder al vermelden zijn: *vertrouwen, veiligheid,
normaliteit en jeugdigheid.* In het geval van
bijzonder pijnlijke ervaringen komt daar nog een
één en ander bovenop, zoals: *verlies van controle
over ons lichaam* en *verlies van het gevoel erbij te
horen.*

Hier volgt een voorbeeld, waarin we
omschrijven hoe we iemand behulpzaam kunnen
zijn, die ons tracht uit te leggen hoe ze beïnvloed
zijn door trauma of PTSS:

Persoon in rouw: "Ik ervaar trauma (of PTSS) als gevolg van het feit dat mijn grootvader me verkracht heeft tussen mijn 6^e en 14^e jaar".

Grief Recovery Specialist: "Jeetje, dat moet een vreselijk traumatische ervaring voor je geweest zijn. Ik kan me zo voorstellen dat je *verlies van vertrouwen, verlies van veiligheid* en *verlies van controle* over je eigen lichaam hebt ervaren".

Persoon in rouw: "Ja, dat is precies hoe ik dat effect ervan zou kunnen omschrijven. En nog op vele andere manieren, maar ik had er gewoon geen woorden voor en wist gewoonweg niet hoe ik het moest benoemen".

Grief Recovery Specialist: "Kun je je nog herinneren hoe het je nog meer beïnvloed heeft?"

Persoon in rouw: "Jazeker, nu we het er toch zo over hebben, realiseer ik me ineens dat toen ik de leeftijd had om verkering te krijgen, ik me steeds beschaamd en bezoedeld voelde, alsof ik het niet verdiende om verliefd op te worden of dat ik niet goed genoeg was".

Grief Recovery Specialist: "Wat een verschrikkelijke manier om zo je pubertijd in te gaan, met zo'n enorm *verlies van eigenwaarde* van wie en wat je was. Was het mogelijk voor je om er met je vader of moeder of iemand anders over te praten?"

Persoon in rouw: "O nee! Mijn grootvader bedreigde me stelselmatig met de woorden dat hij me te grazen zou nemen als ik het ooit aan *iemand* vertelde."

Als je kijkt naar dit voorbeeld, zie je dat het heel geleidelijk verschuift, van het generaliserende trauma/PTSS, naar een gesprek over misbruik en de onterechte overtuigingen die iemand als gevolg daarvan ontwikkelde. Dit alles zit opgesloten in de relatie met de grootvader, die het misbruik pleegde.

Toen je dit voorbeeld las, is het je waarschijnlijk opgevallen dat we verschillende verliezen benoemden: vertrouwen, veiligheid, controle en eigenwaarde. Het verlies van eigenwaarde kan ook worden beschouwd als het verliezen van het gevoel erbij te horen en ertoe te doen. Zeker waar het kinderen betreft speelt dit een belangrijke rol in hun verdere ontwikkeling.

De Grief Recovery Method focust zich in beginsel op de relatie, waarin het misbruik en de daarna volgende bedreiging optrad. Dit kan een ouder of een oppas zijn, maar ook een ander in de omgeving, die het niet opviel dat dat dit gaande was. Of die niet luisterden of het gewoon niet konden geloven wat hun verteld werd.

Je kunt dit voorbeeld gebruiken om bij jezelf na te gaan en zo te ontdekken aan welke relaties jij wilt werken. En om te detecteren welke verliezen er bij jou aan de orde zijn. De verschuiving van diagnosestelling en etikettering, zoals het geval is bij trauma en PTSS, naar een aan verlies gerelateerde vertaling, helpt je om je te richten op voltooiing van wat bij jou onaf is. Dit ten aanzien van wat gebeurd en onverwerkt is gebleven, waardoor deze traumatische gebeurtenissen een blijvende negatieve impact op je leven kunnen hebben.

In veel gevallen blijkt dat je eveneens de relatie met je vader en/of je moeder onder handen moet nemen. Zeker wanneer die niet opgemerkt hebben wat er aan het gebeuren was of erger nog dit zelfs negeerden of ontkende als je het ze duidelijk probeerde te maken. Het kan een beetje ongemakkelijk zijn, want het blijft onduidelijk of ze wisten of vermoeden wat er gebeurde. Dus of ze nu willens en wetens hun ogen ervoor sloten of dat ze simpelweg te druk met zichzelf waren, waardoor ze nalieten je goed in de gaten te houden. Daardoor kan het zijn dat je gedachten en gevoelens hebt, die leiden tot de opvatting dat ze gefaald hebben om je in bescherming te nemen. Desondanks vragen we je om vergeving toe te passen. Daarom is het belangrijk dat je de informatie die in dit handboek staat over vergeving goed begrijpt.

Beweging: van ontdekken naar herstellen

Het effect van misbruik door een grootvader, zoals in dit voorbeeld, is het verlies van vertrouwen, veiligheid, controle over het eigen lichaam, en een blijvend gevoel van "bezoedeling" en "niet ertoe doen". Al deze verliezen worden opgenomen in de relatiegrafiek en ze dienen toebedeeld te worden aan een hiervoor specifiek passende herstel component. Vervolgens kan ter afsluiting een voltooiing brief betreffende deze relatie met de grootvader geschreven worden. (Hoofdstuk 11 en 12 gaan specifiek in op hoe dit in de praktijk te brengen).

Belangrijk om te vermelden is dat de herstel component voor deze specifieke situaties, vooral wordt gevormd door het verwerken van overweldigend ervaren interactie. En dat deze, zeker waar het negatieve impact op iemands leven heeft, veelal gevolgd dient te worden door vergeving. En, let wel, deze vergeving doe je voor jezelf. Je vergeeft dus niet de oorspronkelijke daad, wel de opstapeling van gedachten en gevoelens die je richting deze persoon hebt. Want dat is de veroorzaker van de in jezelf blokkerende en belemmerende energie die je juist nodig hebt om vrijuit en volop verder te gaan door het leven. Herinner jezelf eraan dat het niet helpt om in je grafiek en brief een eindeloze herhaling van vergelijkbare voorbeelden op te nemen, van de vele keren dat er misbruik van je werd gemaakt. Het beste is om slechts drie of vier van die voorvallen op te nemen. Dit is namelijk vooral bedoeld om duidelijk te krijgen hoe dit je beïnvloed heeft en vooral daarop de vergeving toe te passen.

Nadat je dit hebt gedaan kun je een algehele vergeving opnemen voor de vele malen dat je overweldigd werd. Dit zou er als volgt uit kunnen zien:

"En ik vergeef je voor alle keren dat je me pijn hebt gedaan. Ik vergeef je voor het feit dat je me bedreigde met van alles en nog wat wanneer ik het iemand zou vertellen. *Ik vergeef dit allemaal omdat ik vrij wil zijn van alle gedachten en gevoelens die hierdoor veroorzaakt zijn*".

Dit zal je helpen om je emotioneel compleet en voltooid te voelen. Het helpt je op weg om vrij van je verleden te komen en volop verder te gaan met je leven.

Samenvattend: de noodzaak om van algemeen naar specifiek te werken om herstel te bereiken.

Wanneer een professional, zoals een psychiater of psycholoog (of iemand anders) de woorden trauma en PTSS gebruikt om de reactie van iemand op misbruik te duiden, wordt onbedoeld een soort scherm aangereikt, waarachter iemand kan schuilen. Als gevolg daarvan doet zo iemand niets meer om de pijnlijke relatie te voltooien. Daardoor blijven de herinneringen aan de persoon en de gebeurtenissen in een soort permanente herbeleving terugkeren. Zo kan een enorme opstapeling van pijn op pijn ontstaan. Ze herhalen bijvoorbeeld steeds dat ze PTSS hebben en daarmee zeggen ze in feite dat ze slachtoffer zijn van een traumatische gebeurtenis.

Zoals we hebben toegelicht zijn de begrippen trauma en PTSS slechts algemene termen, die geen enkel inzicht geven in de werkelijke impact van gebeurtenissen op iemand. Zo krijgt iemand geen verheldering over wat daardoor verloren is gegaan en kan deze persoon daar niet gericht een rouwproces op loslaten. Het voorbeeld, waarin we de gebruikelijke woorden vertalen naar wat er werkelijk aan verlies is geleden, maakt duidelijk hoe belangrijk het is om te begrijpen wat iemand voelt en wat waar is voor die persoon.

De sleutel is om van algemeen naar specifiek te bewegen, met als uiteindelijke doel iemand te laten ontdekken wat om voltooiing vraagt. Want dat is de enige weg om wat emotioneel onaf is te neutraliseren. En deze actiestappen beperken zich niet uitsluitend tot "de dader", vaak zijn de stappen ook nodig voor ouders en oppassers en anderen in de omgeving, die niet opmerkten wat er speelde of die dat wel deden maar niet optraden. En helaas maar al te vaak zijn er mensen die je in vertrouwen probeerde te nemen, die dat beschaamd hebben doordat ze je niet geloofden of je gewoon aan je lot overlieten.

Voor de duidelijkheid, de gebeurtenissen die deze verlieservaringen veroorzaken zijn feitelijk en tastbaar. We gebruiken het woord ontastbaar gewoonlijk om het onderscheid aan te brengen tussen deze gebeurtenissen en sterfgevallen, scheidingen of andere significante verliesvormen.

De impact van eenmalige gebeurtenissen

De actiestappen van The Grief Recovery Method zijn heel geschikt om toe te passen voor mensen in rouw, die te maken hebben met de effecten van gebeurtenissen die binnen een relatie speelden. Het maakt niet uit of dit nu betrekking heeft op personen met wie ze een goede, slechte of wisselende relatie hadden.

De methode heeft echter slechts beperkt effect wanneer het gaat over éénmalige gebeurtenissen, die enorm traumatische effecten hebben. Zo'n voorbeeld is verkrachting – waarin het slachtoffer de dader veelal niet kent en vaak niet eens zag. Zoals je je kunt voorstellen is het dan vrijwel onmogelijk om een "relatiegrafiek" te maken.

In dergelijke gevallen is het verwerken van de overweldigend ervaren interactie, gevolgd door vergeving, vaak wel toepasbaar. Zeker met in het achterhoofd dat je de vergeving voor jezelf doet, zoals vermeld op pagina 299-300. We weten dat veel mensen terugdeinzen wanneer we beginnen over vergeving, want hoe kun je nu iemand die je verkracht heeft vergeven. Dat komt omdat ze de betekenis niet begrijpen van de werking die vergeven werkelijk heeft. Het is juist bedoeld om bevrijd te worden van de walging en weerstand die ze voelen. Vergeving gaat niet over de ander, in dit geval de dader, en is daar ook niet voor bedoeld. Het heeft werking voor degene die lijdt onder de acties van die ander.

Tegelijkertijd willen we ook niet de schijn wekken dat het slachtoffer van verkrachting (of een ander geweldsincident) niet boos zou mogen zijn. Of dat we hiermee zouden suggereren dat het belangrijk is om fatsoenlijk te blijven door het toepassen van de indirecte stap naar vergeving. We weten dat je enorm pijnlijk getroffen bent door deze daad.

Een voorbeeld van indirecte communicatie gericht aan een verkrachter zou er als volgt uit kunnen zien: "Jij klootzak, ik haat je om wat je met me deed! Je hebt me enorm beschadigd en bang gemaakt en me ook nog eens beroofd van mijn gevoel van vertrouwen en veiligheid. Je hebt mijn lichaam seksueel en fysiek misbruikt, waardoor ik nauwelijks meer vertrouwen in mensen - en mezelf - heb. Laat staan dat ik nog intieme relaties aan durf te gaan. Ik wil niet de rest van mijn leven de werking van woede door deze gekoesterde wrok ervaren. Daarom heb ik besloten je te vergeven, omdat ik daar vrij van wil zijn. Echter deze vergeving doe ik puur voor mezelf, omdat ik vrijuit en volop verder wil in mijn leven. Ik hoop van ganser harte dat ze je alsnog te pakken krijgen en dat je de bak in gaat. Want ik moet er niet aan denken dat je nog een keer iemand aan kunt doen.

Vaarwel klootzak!"

Deze mini voltooiing brief dient hardop voorgelezen te worden aan iemand die je vertrouwt. Ja dit is uitermate belangrijk, ook al weten we dat je wantrouwen nu groter is dan ooit. Toch vragen we je om dit aan iemand toe te vertrouwen. Je toehoorder dient zich volledig te houden aan absolute vertrouwelijkheid, zodat de inhoud en – zelfs het bestaan van deze brief- met niemand anders gedeeld wordt.

Veel mensen vragen ons wat ze met hun brief moeten doen, nadat ze deze aan iemand anders hebben voorgelezen. We geven je een paar opties mee. Je kunt je er van ontdoen, op een zodanige manier dat niemand ooit weet zal hebben van deze brief. Dit kun je doen door de brief symbolisch in een ritueel te verbranden, waarmee je dit einde als een nieuw begin markeert. Je kunt de brief ook bewaren op een volkomen veilige plek.

Is vergeving in deze vorm voldoende?

Wanneer je de actiestappen tot het maken van een relatiegrafiek en voltooiing brief in zijn geheel, of slechts tot de stap van een mini brief, hebt doorlopen, zoals in het voorbeeld hiervoor, kan het toch nog zijn dat je je afvraagt of deze geschreven en voorgelezen vorm van vergeving voldoende is. Per slot van rekening bevat de inhoudelijke voltooiing brief vaak een opeenstapeling van herhaaldelijke en pijnlijke gebeurtenissen, die je zijn overkomen. Het kan zijn dat het je wat al te simpel lijkt om dit met één briefje teniet te doen.

Feit is dat deze éénmalige vergevingstap vreemd genoeg bij velen werkt. Het blijkt werkelijk te werken. En dit beperkt zich niet tot eenvoudige verliesvormen, want zelfs bij traumatische gebeurtenissen is de werking gebleken. Zelfs wanneer die onder de noemer PTSS vallen. Je kunt de actiestap naar vergeving gewoonweg gebruiken wanneer je die nodig hebt. In feite is het van groot belang om, telkens wanneer je gedachten en gevoelens op hol dreigen te slaan, er even bij stil te staan wat voor impact een gebeurtenis op je heeft en daar meteen vergeving op toe te passen. Doe je dit niet dan loop je het risico dat je woede en wrok blijft koesteren. En er is maar één iemand aan wie dat vreet en dat is helaas aan jou. Vergeving is het ultieme pad naar vrijheid. Het geeft je het vertrouwen terug in jezelf en anderen.

Aangezien we het hier hebben over voortdurende vergeving, is het meestal voldoende dat je dit bewust in gedachten doet. Dat helpt al voldoende om je gedachten niet met je aan de haal te laten gaan en om met beide benen op de grond te blijven staan. Echter soms en zeker in het begin kan het helpen als je de actiestappen doorloopt. Dan doe je dit daadwerkelijk in briefvorm en kun je, zelfs even per telefoon, iemand die je vertrouwt er deelgenoot van maken. Doe dit alleen wanneer je zeker weet dat niemand anders je kan horen. Blijf je voor ogen houden dat vergeving puur voor jezelf belangrijk is. Dit om vrij te worden van alle pijnlijke gedachten en gevoelens die je plakt op de gebeurtenis.

Opmerking: nu we aan het eind van dit onderdeel zijn gekomen, willen we nogmaals benadrukken dat we geenszins de bedoeling hebben om te bagatelliseren wat je is overkomen, doordat iemand je iets heeft aangedaan of juist iets heeft nagelaten. Geloof ons als we benadrukken dat we niks willen ontkennen of ontkrachten of ook maar enigszins willen verkleinen van wat je is overkomen. In de verste verte is dat niet wat we hiermee voor hebben. We willen je juist op weg helpen om de herhaling van de pijn te stoppen die veroorzaakt is door de oorspronkelijke gebeurtenis. Zelfs als dat al lang geleden gebeurd is, kan het nog steeds enorm doorwerken in je leven. Om je duidelijk te maken wat het belang van deze actiestappen is raden we je aan om pagina 107-113 te herlezen. Daarbij wordt specifiek ingegaan op *Wie is verantwoordelijk?* Hierin wordt toegelicht dat velen van ons geleerd hebben om anderen de schuld te geven voor onze gedachten en gevoelens. Echter dit maakt het tegelijkertijd onmogelijk om zelf de verantwoordelijkheid te nemen om iets anders te gaan doen. Per slot van rekening gaat het om onze reactie op de gebeurtenissen die ons beïnvloed hebben. Het sleutelwoord in deze voorgaande zin is "reactie", want dit is werkelijk het enige waar we zelf mee aan de slag kunnen. En de definitie van waanzin is niet voor niets: hetzelfde blijven doen en een andere uitkomst verwachten.

UNIEKE VERLIESVORMEN IN GRAFIEK VANGEN: GELOOF, CARRIERE, GEZONDHEID, VERHUIZINGEN

Door de jaren heen hebben we veel vragen gekregen over het werken met relatiegrafieken voor verliezen. Er zijn verliezen die heel anders lijken te zijn dan een sterfgeval of een scheiding. De meeste vragen hebben betrekking op *verlies van geloof, verlies of verandering in carrièreperspectief, verlies of verandering van gezondheid en zelfs over verhuizingen.* Het lijkt erop dat de rode draad hierin is dat de verliezen meer onszelf betreffen dan anderen. Echter wanneer we jullie uitleggen hoe je dit kunt aanpakken, zal je zien dat er grote overeenkomsten zijn. Het is niet zo anders dan de grafiek maken die betrekking heeft op mensen die van grote betekenis zijn of zijn geweest in je leven.

We zullen hierna een voorbeeld opnemen dat gebaseerd is op één van de hiervoor genoemde verliezen. Maar – en zelfs uitdrukkelijk met hoofdletters MAAR – voordat je een dergelijk verlies kunt verwerken is het belangrijk eerst alle actiestappen te doorlopen in relatie met mensen die je leven beïnvloed hebben. Als je dit fundament niet legt, zullen pogingen om te herstellen van deze verliesvormen naar alle waarschijnlijkheid verzanden in rationaliseren en analyseren. Echter, wanneer je onze richtlijnen volgt, zal je de grootste kans hebben op emotionele voltooiing van welke verliesvorm dan ook.

Dit onderdeel bevat drie belangrijke levensaspecten, geloofsovertuiging, gezondheid en carrière. De eerste verliesvorm waarop ingegaan wordt, geloof, is heel gedetailleerd uitgewerkt. Ook al heb je geen verlieservaring op dit vlak, raden we je toch aan om dit helemaal te lezen. Het geeft je namelijk inzicht in de werkwijze waarop je elke andere verliesvormen, die daarna zijn opgenomen, ten aanzien van gezondheid en carrière, kunt aanpakken.

Verlies van geloof

Er zijn twee gebruikelijke aanleidingen die maken dat mensen van hun geloof vallen. De ene is een tragische gebeurtenis, die een breuk met hun geloof veroorzaakt. De andere is een opeenstapeling van twijfels in je geloof, dat gedurende vele jaren is opgebouwd. Deze laatste aanleiding beperkt zich veelal niet tot God. Ook de grondbeginselen van de geloofsstroming, de kerkgenoten, familieleden en anderen, die hieraan gerelateerd zijn, spelen vaak mee. Het beslissende verliesaspect is vaak de druppel die de bekende emmer doet overlopen. Vaak zijn er al vele voorafgaande teleurstellingen in je relatie met God, de grondbeginselen van je geloof en je geloofsgenoten.

Wat de uiteindelijke oorzaak in dit verlies van geloof ook is geweest, we zullen je hierna laten zien hoe je kunt verwerken wat emotioneel onvoltooid is gebleven. Met deze hulpmiddelen kun je je emotioneel heel goed leren verhouden tot God, de betrokken personen, gebeurtenissen of de instelling, die debet waren of hebben bijgedragen aan het verlies van geloof. Deze grafiek helpt je om te ontdekken welke aspecten daarvan direct betrekking hebben op God, en welke betrekking hebben op de mensen die betrokken zijn bij het verlies van geloof. Begin met het maken van een relatiegrafiek van je geloof. Deze grafiek bevat een aantal mini relatiegrafieken van zowel mensen die dit geloofsdeel in je leven hebben beïnvloed als ook je relatie met God.

Herlees de instructies om een grafiek te maken - Voordat je start met het maken van je grafiek herlees de instructie in hoofdstuk 11, wat betrekking heeft op de relatiegrafiek. Kijk terug op gebeurtenissen en mensen en zet positieve of plezierige ervaringen boven de lijn en problematische of pijnlijk eronder. Bij sommige gebeurtenissen zal je je herinneren wat er wel of niet is gebeurd, zowel in positieve als negatieve zin. Vermeld de namen van personen die erbij betrokken waren en waar mogelijk het exacte jaartal. Laat je niet afleiden als je sommige namen of data of details niet precies meer weet.

Begin met je grafiek door het opnemen van je eerste herinneringen, betrekking hebbend op geloof. Dit kan bijvoorbeeld gaan over:

- Je ouders
- Priester, dominees, etc.
- Zondagsschool of de begeleider daarvan, kerk, tempel of moskee (vanaf nu hanteren we kerk)
- De grondbeginselen van je kerk

Op een bepaalde moment heb je vast geleerd welke gewoontes in je kerk gebruikelijk zijn. Het kan zijn dat je dit fijn vond, maar dat kan ook niet zo zijn. Er zullen vast periodes geweest zijn dat je hier je vraagtekens bij plaatste. Als het zo is dat je sterkte gevoelens of gedachten bij de religieuze en principiële uitgangspunten had, neem die dan op in je grafiek. Het is zeer waarschijnlijk dat ze deel uitmaken van wat je beïnvloed heeft. Een veelgehoorde klacht die we vaak krijgen is dat mensen in hun kindertijd soms kerkelijk leiders in de praktijk andere dingen zagen doen dan wat ze zeiden. Dat maakt ook deel uit van je relatie tot het geloof en hoort dus in je grafiek opgenomen te worden.

Zodra je de grafiek gemaakt hebt, verdeel je de dingen die je hebt opgenomen over de drie herstel componenten - verontschuldigen, vergeving en significante emotionele uitingen. Herlees voordat je hiermee begint de instructie in hoofdstuk 12 hoe dit in zijn werk gaat. Zodra je de dingen hebt toebedeeld aan één of meer herstel componenten, zal je duidelijk worden welke betrekking hebben op God en welke je kunt richten aan andere mensen die hierbij betrokken zijn. Neem hier de tijd voor en besteed serieus aandacht aan het ontdekken wat de goede categorie is om mee verder te werken. Des te degelijker je dit doet, des te effectiever zal de werking van je voltooiing brief zijn.

Er kunnen ook mensen zijn die je slechts kort gekend hebt, maar die je wel dankbaar bent voor hun invloed en de richting die ze je gaven in relatie tot religie. Misschien heb je bij deze personen geen behoefte aan verontschuldigen of vergeven en wil je ze slechts bedanken voor hun rol en bijdrage. Dat is dan simpelweg een krachtige significante emotionele uiting.

Herlees de instructies voor het schrijven van een voltooiing brief - Nadat je de gebeurtenissen uit je grafiek hebt toebedeeld aan de herstel componenten kun je beginnen met het schrijven van je voltooiing brief. Voordat je start herlees je de instructies voor het schrijven van een voltooiing brief. Besteed vooral bijzondere aandacht aan het bundelen van vergelijkbare aspecten, zodat je in je voltooiing brief niet in herhaling vervalt. Neem dan je lijsten met herstel componenten erbij en schrijf van daaruit je voltooiing brief. Onthoud dat deze brief gericht wordt aan diverse mensen en God. Het is daarom goed om je opmerkingen te beginnen met de naam van iemand, als je je die tenminste bewust herinnert. Dit helpt je om te onderscheiden aan wie een opmerking gericht is. Dit komt je later weer van pas om emotionele waarde te adresseren als je de brief hardop voorleest.

Aangezien je tegen meerdere mensen iets wilt zeggen, in aanvulling op hetgeen je adresseert aan God, zal de brief zich op verschillende zaken richten. Deze brief is dus allesomvattend en richt zich tot de mensen die in relatie staan tot je geloof en tot God zelf. Het is als een boom met diverse takken, waarin al deze mensen en gebeurtenissen gezamenlijk een totaalplaatje vormen. We raden je aan om je voltooiing brief met een iets andere opening te beginnen dan normaalgesproken gebruikelijk is. In dit geval zou dat kunnen zijn: "Ik heb teruggeblikt op mijn relatie tot religie, het geloof en God, en op alle mensen die een rol in dat religieuze leven van mij hebben gespeeld. Ik heb een aantal dingen ontdekt die ik nog wil zeggen."

Hoogstwaarschijnlijk zal je eerste kennismaking met het geloof in relatie staan tot je ouders. In elk geval begin je met de eerste kennismaking met het geloof die je in je grafiek hebt opgenomen. Hier volgen een paar mogelijke opmerkingen die betrekking hebben op positieve herinneringen: "Ma, dankjewel dat je me zoveel geleerd hebt over God die in de hemel is. Ik weet nog hoe veilig ik me als kind hierdoor voelde.

Mam bedankt dat je me naar zondagsschool bracht en me hebt aangemoedigd om de Bijbel te lezen."

Aan de andere kant kan het ook zijn dat je eerste herinneringen negatief zijn. Dan zou je wellicht kunnen zeggen: "Ma ik vergeef je dat je me gedwongen hebt naar zondagsschool te gaan. De begeleider was echt gemeen en daarom werd ik angstig, omdat ik dacht dat me wat zou kunnen overkomen als ik niet geloofde wat daar verteld werd. En ma ik vergeef het je dat je me niet geholpen hebt toen ik je daarover vertelde."

Dit zijn slechts enkele voorbeelden van positieve en negatieve ervaringen. Het kan zijn dat jouw herinneringen niet zo concreet zijn of heel anders. Het kan ook een mix van beiden zijn. Wees je er ook van bewust dat je verschillende gevoelens kunt hebben ten opzichte van je vader en moeder. Dan kun je je opmerkingen ook individueel tot hen richten en opnemen in de voltooiing brief. Zoals we al aangaven is het niet erg als je namen en data niet exact meer weet. Laat dat je er niet van weerhouden om dat wat voor jou belangrijk is toch op te nemen. De bedoeling is dat je voltooid wat er nog aan onvoltooide emotionele communicatie is. En dat doe je zo indirect richting mensen, die op welke manier dan ook invloed hebben gehad op je geloof. Mogelijk heb je de begeleider of je geloofsgenoten jaren geleden al eens bedankt, dat neemt niet weg dat je nu behoefte kunt hebben om het wat sterker en specifieker te benadrukken. Dat zou bijvoorbeeld zo kunnen klinken: "Pastoor Jakob, ik wil graag dat je weet hoeveel je begeleiding destijds in mijn leven heeft geholpen. Het is enorm van invloed geweest op de wijze waarop ik mijn kinderen met het geloof in contact heb weten te brengen. Dank je wel." Op dezelfde wijze kun je ook negatieve ervaringen uitspreken, echter dan gaat het gepaard met vergeven. Bijvoorbeeld: "Meneer Glazer, ik herinner me dat ik erg bang werd toe u vertelde over de duivel. Die angst heeft mijn leven lange tijd beheerst. Ik vergeef u omdat ik vrij van die angst wil zijn."

We vinden het belangrijk hierbij te vermelden dat er veel mensen boos zijn op God. Zeker wanneer henzelf of iemand die hen dierbaar of die belangrijk voor hen was iets ergs is overkomen. Het kan zijn dat je boos bent op God en je daar tegelijkertijd bijzonder ongemakkelijk bij voelt. Het kan zijn dat je God hebt te vergeven, en dat je dit een eng idee vindt om te doen. Alsof het niet respectvol zou zijn. Het probleem is echter dat als je wrok koestert tegen God, vanwege dingen die gebeurd of gelaten zijn, vergeving echt nodig is. Als je dit achterwege laat kun je het vertrouwen in God nooit herstellen. En zelfs als herstel van vertrouwen niet je bedoeling bij dit werk, willen we je meegeven hoeveel het waard is als je deze afkeer kunt loslaten. Omdat je deze anders in je hart en ziel met je mee blijft dragen.

Het kan ook zijn dat je hele positieve dingen wilt communiceren. In gevallen waarin je je door God gedragen wist, gedurende moeilijke periodes, kun je bijvoorbeeld zeggen: "God dank dat je er was, toen mijn familie en ik je hard nodig hadden.

Zeker toen onze neven bij een auto-ongeluk zijn omgekomen." Dat is een hele gebruikelijke manier om het te zeggen. Gebruik echter vooral je eigen woorden om datgene te zeggen wat je kwijt wilt en belangrijk voor je is.

We weten dat er allerlei verschillende meningen de ronde doen over het communiceren met God. We willen je geenszins in verlegenheid brengen of een ongemakkelijk gevoel geven, dus vind de voor jou passende vorm. Met deze kanttekening in het achterhoofd raden we je toch aan om wat je aan positieve en/of negatieve dingen tegen God te zeggen hebt zo direct mogelijk te doen. Ongeacht of het nu gaat om verontschuldigen, vergeven of verwerken. Hoe directer je bent in je uitdrukking van ideeën die hebt over het leven of over gevoelens die je hebt, des te beter is het voor je herstel.

Voltooiing brief afsluiten - De afsluiting, een soort eregroet, doe je in deze aan allen inclusief God. Er zijn vele juiste manieren, net zoals er vele mensen zijn, om deze brief af te sluiten. We kunnen niet genoeg benadrukken wat het belang ervan is om ook in deze brief een afsluitend vaarwel op te nemen. Inderdaad raden we je aan om tegen God, en alle anderen aan wie je deze bief hebt gericht, vaarwel te zeggen. Weet echter dat dit vaarwel niet het einde van je relatie markeert. Het markeert slechts het einde van deze communicatie. Een manier van afsluiten is om in algemene zin af te sluiten. Dat ziet er dan als volgt uit: "Ik moet nu

gaan, en ik laat alle pijn die ik associeerde met God
en het geloof en betrokken geloofsgenoten los." Of
je kiest er bijvoorbeeld voor om je in de afsluiting te
richten tot God en enkele individuele personen. Dat
is ook een mogelijkheid, de keuze voor de vorm
laten we aan jou over. Het belangrijkste is dat je
afsluit met vaarwel te zeggen.

Nadat je deze voltooiing brief hebt
geschreven is het laatste stukje van de puzzel om
deze brief voor te lezen aan een vertrouwd en veilig
genoeg voelend persoon. Gebruik hierbij de
instructies voor de lezer en de luisteraar op pagina
240-244. Het is essentieel dat de luisteraar zich
committeert aan absolute vertrouwelijkheid
aangaande de inhoud deze voltooiing brief.

Verlies of verandering van werk

De werkwijze voor het omgaan met aan
werk gerelateerde wijzigingen verloopt op
vergelijkbare wijze als behandeld bij
geloofsvraagstukken. Mocht je dit nog niet gelezen
hebben dan raden we je aan om dat alsnog te doen.
Dat maakt de komende instructies namelijk
gemakkelijker te volgen en te begrijpen.

Je relatie met werkaspecten begint bij de
eerste klusjes die je als kind kreeg. Dit gaat ervan
uit dat je die gedaan hebt. Echter wanneer dit niet
het geval is, is dat eveneens van belang. Het kan
zijn dat je zakgeld kreeg in ruil voor huishoudelijke
klusjes. Zo ja, neem dit dan ook op in je grafiek. Je

zult je waarschijnlijk ook herinneren wat je je ouders wel – of juist niet - zag doen in relatie tot hun eigen werkzaamheden. Hadden ze een regelmatige baan, of wisselden ze vaak? Gaven ze je een voorbeeld hoe een goede werkhouding eruit ziet? Stel dat je uit een gezin komt waarin de vader een baan had en de moeder het huishouden deed. Nam zij dit dan serieus en gaf ze je daarmee een voorbeeld hoe je de dingen van begin tot eind netjes aanpakt en afrondt? Of indien je moeder werkte en je vader thuis was, dan gelden dezelfde vragen. Alles wat je opmerkte gedurende je jeugd, of dat nu goed of fout was, draagt bij aan hoe je je eigen werk of carrière bekijkt.

Vul je grafiek in chronologische volgorde, vanaf je kinderjaren en jeugdjaren tot het huidige moment. Het kan zijn dat je klusjes overgingen in bijbaantjes, zoals tegen betaling grasmaaien of oppassen op je buurkinderen. Na je 16e heb je mogelijk ook al in een winkel in je omgeving gewerkt of een krantenwijk gelopen en daarmee je geld verdiend. Nu je een grafisch overzicht van je werk maakt, zal je je bazen, coördinatoren en collega's herinneren. Een aantal kon je goed mee opschieten en met andere mogelijk minder goed. Sommigen zullen je goed behandeld hebben en anderen niet. Neem dit allemaal op in je grafiek.

Zodra je daarmee klaar bent kun je de gebeurtenissen en personen indelen in de drie herstel componenten en onderzoeken welke opmerkingen je in je voltooiing brief wilt opnemen. Hier volgt een voorbeeld van een opmerking, die mogelijkerwijs voor een baas bestemd is, die je in je jeugdjaren bent tegengekomen: "Jarenlang neem ik het je al kwalijk dat je me op een dag toen ik veel te laat kwam naar huis stuurde. Tegelijkertijd heb ik er veel van geleerd. Sindsdien neem ik wat ik aan werk aanneem serieus en kom altijd op tijd. Ik vergeef je dat je me destijds naar huis stuurde; en ik ben je dankbaar voor de waardevolle levensles die je ermee gaf."

Het is in de zakelijke wereld van tegenwoordig geen uitzondering als je in salaris gekort wordt of dat je ontslag aangezegd krijgt. Zelfs als je een goed functionerende medewerker bent. Veelal wordt deze boodschap hierover echter gebracht zonder veel oog te hebben voor jouw welzijn of je emotionele reactie. Met dit in het achterhoofd is vergeving vaak een belangrijke component in voltooiing of verwerking.

Zodra je klaar bent om te starten met het schrijven van je voltooiing brief, gebruik je deze onafgeronde of onverwerkte stukken, zoals: "Ik heb teruggeblikt op mijn werkrelaties en nog wat dingen ontdekt die ik wil zeggen." Zoals we hebben toegelicht in het onderdeel waarin geloof centraal stond, zullen er diverse en verschillende relaties met vele mensen de revue passeren in je grafiek. Ze komen erin voor omdat ze op enigerlei wijze impact hadden op je werkzame leven. Eén van de gebruikelijke thema's in werk gerelateerde zaken is dat hoop, verlangens en verwachtingen over je werkzame leven niet altijd uitkomen. Benut deze voltooiing brief om "vaarwel" te zeggen tegen oude dromen, waardoor je de mogelijkheid krijgt om nieuwe dromen te creëren die haalbaar zijn.

Net als bij andere verwerkingsprocessen kunnen we niet genoeg benadrukken hoe belangrijk het is om "vaarwel" te zeggen aan het eind van je voltooiing brief. Een manier om dit te doen is door een algemene opmerking op te nemen, die gericht is aan alle betrokkenen. Dit zou er als volgt uit kunnen zien: "Ik moet nu gaan en ik laat alle pijn die ik gekoppeld heb aan werksituaties, en de mensen die daarbij betrokken waren, los. Vaarwel."

Verlies van Gezondheid – Veranderingen in Gezondheid

Dit deel is net als het vorige gebaseerd op de werkwijze die we hebben toegelicht in het onderdeel over geloofskwesties, zoals opgenomen in het begin van dit hoofdstuk. Mocht je dit nog niet gelezen hebben dan raden we je aan dat alsnog te doen, zodat je een indruk hebt hoe dit in zijn werk gaat bij gezondheidsproblemen.

Wederom nemen we je weer mee terug naar het begin, jouw begin welteverstaan. We vragen je om je relatie tot je fysieke zelf in een grafiek op te nemen. Was je als klein kind sportief? Danste je graag? Deed je veel fysieke dingen? Als het antwoord op deze vragen ja is, zal het vrij eenvoudig voor je zijn om een start te maken met je grafiek. Je zult je vast dingen herinneren die je graag deed. Opmerking: je zult je waarschijnlijk niet alle namen herinneren van diegenen met wie je als kind speelde. Ook zal je ongetwijfeld de exacte jaartallen niet herinneren. Dat maakt niet uit. Het is vooral van belang dat je je de emoties van pret, plezier en pijn herinnert die gepaard gingen met het gebruiken van je fysieke lijf.

Toen je opgroeide en ouder werd, zal je een positief of negatief gevoel over je fysieke lichaam hebben gehad. Hetzelfde geldt ten aanzien van je uiterlijke verschijning of wat je veronderstelde dat anderen daarvan vonden. Het kan ook zijn dat je ziek bent geweest of fysieke problemen had, die je belemmerden in het spelen met anderen. Denk daarbij aan het doen van dingen waarbij het gebruiken van je lijf nodig was, zoals fietsen en zwemmen. De mate waarin je plezier beleefde aan het doen van fysieke dingen, zal een graadmeter zijn voor de momenten of de manier waarop je die mogelijkheid verloor en daardoor niet mee kon doen.

Voor degenen die minder fysiek ingesteld waren, die niet aan sporten, dansen of buitenactiviteiten meededen, betekent het dat de grafiek er iets anders uit zal zien. Er zijn veel mensen die plezier hebben aan het doen van rustiger dingen in vergelijking met de hiervoor genoemde activiteiten. Echter ook dan, zullen bepaalde gezondheidsproblemen je mogelijkheden daartoe beperkt hebben. Ook bij het lezen van boeken of computerspelletjes, of wat dan ook, zal je bij gezondheidsproblemen belemmeringen ervaren in het doen van de dingen waar je van houdt. Dit betekent in het geheel niet dat je geen relatie met je lijf of gezondheid onderhield of dat vermindering van je gezondheid je niet beïnvloed heeft. In feite is het soms juist het verlies van fysieke mogelijkheden wat mensen er bewust van maakt dat ze niet genoeg tijd hebben genomen om juist fysieke dingen te doen.

Hoe dan ook, als je de grafiek betreffende je relatie met fysieke aspecten maakt, zullen er veelal andere mensen bij betrokken zijn. In sportactiviteiten zullen er teamspelers, coaches en andere ondersteuners zijn geweest. Daarvan zal je sommigen wel en anderen niet aardig hebben gevonden. Al deze personen vormen een deel van of zijn een mini relatie in het grotere geheel, waaraan je nog iets te zeggen hebt. Bijvoorbeeld: "Dank je wel dat je een sportief maatje was. Ik herinner me de constante aanmoedigingen nog, dat heeft me echt goed gedaan." Of, "Jij was degene die me bij het team vroeg en daar ben ik je enorm dankbaar voor. Ik vergeef je voor de zelfzuchtigheid in het spel."

Voor veel mensen vormen sporten, dansen en andere activiteiten een ontspannend tegenwicht voor werk en andere hectische bezigheden in hun leven. Het gebruik van ons lichaam kan heel therapeutisch werken om ons hoofd leeg te maken. Het verliezen van fysieke mogelijkheden kan een enorme verlieservaring zijn, die je niet over het hoofd mag zien of kunt bagatelliseren. Het is ook heel gebruikelijk dat ons gevoel van onafhankelijkheid afneemt als onze gezondheid vermindert. Dat hangt namelijk sterk samen met fysieke gezondheid. Onderschat niet dat bepaalde gezondheidsproblemen onze mogelijkheden om ons te verplaatsen of auto te rijden beïnvloeden. Dat berooft ons ook van ons gevoel van onafhankelijkheid. Verlies van gezondheid veroorzaakt veel meer nog dan andere verliesvormen bij mensen een gevoel van kwetsbaarheid. En dat gaat vaak weer samen met het verliezen van het gevoel van veiligheid en vertrouwen.

Bij het schrijven van je voltooiing brief zal een zekere mate van overweldigend ervaren interactie geuit worden naar mensen, die deel uitmaakten van de fysieke aspecten in je leven. Er zullen echter ook een aantal boodschappen direct gericht worden aan je eigen lichaam. Al klinkt het misschien wat vreemd, toch is het goed om je lijf te bedanken voor alle plezierige ervaringen die je had bij activiteiten waarvoor je lijf belangrijk was. In het deel waar we ingingen op carrière hebben we toegelicht dat de voltooiing brief een goede manier is om "vaarwel" te zeggen tegen hoop, verlangens en verwachtingen die we hadden en die niet meer mogelijk zijn. Dit schept ruimte om nieuwe mogelijkheden in kaart te brengen. Hetzelfde geldt voor gezondheidsproblemen. Het is belangrijk deze grafiek en brief als een kans te benutten om afscheid te nemen en zo te voltooien wat we nooit konden. Dit is belangrijk om de aandacht te kunnen verschuiven naar wat we nu wel kunnen.

In het adresseren van gezondheidsproblemen zal je je mogelijk realiseren dat sommige dingen veroorzaakt zijn, doordat je niet goed voor jezelf hebt gezorgd. Indien dit het geval is dan kun je de grafiek en brief goed gebruiken om jezelf te verontschuldigen voor het nalaten van goede verzorging. Dit klinkt misschien een beetje vreemd, en toch raden we je aan dit ook op te nemen. Sommige mensen gebruiken vergeving liever dan verontschuldiging. Dat is een keuze die we aan jou laten.

Een laatste opmerking: veel mensen hebben van ouders of anderen geleerd om negatief over hun lijf of hun sportieve of fysieke mogelijkheden en vaardigheden te denken. Deze beelden kunnen hun levenslang beïnvloeden en hun beperken in wat ze doen in relatie tot fysieke aspecten.

Weet dat de grafiek en voltooiing brief dan ook een goede manier zijn om mensen die dit op hun geweten hebben te vergeven.

VERHUIZEN

Verhuizen kan weleens de meest onderschatte verlieservaring zijn. Om dit te begrijpen hoef je eenvoudigweg de definitie van een verlieservaring erbij te pakken. Deze is: *de conflicterende gevoelens die veroorzaakt worden door een verlies of verandering in vertrouwde patronen en gedragingen.* Verhuizen omvat dit allemaal, omdat werkelijk op alle vlakken alles verandert.

De beste manier om dit te verduidelijken is het herhalen van een stukje uit een ander boek van ons, Als kinderen rouwen. Daarin is een stuk opgenomen betreffende John W. James en zijn gezin. Ondanks dat het vanuit het perspectief van John's zoon is geschreven, kan het beschouwd worden als relevant voor allen, ongeacht de leeftijd.

In 1987 bereiden John en zijn vrouw en hun zesjarige zoon Cole zich voor op een verhuizing. Van hun appartement in een wijk in Los Angeles verhuisden ze naar een huis in een ander deel van de stad. John had toen al veel ervaring met het begeleiden van mensen met verliesverwerking. Hij kende als geen ander de definitie daarvan, namelijk conflicterende gevoelens veroorzaakt door een verandering of verlies in vertrouwde patronen en gedrag.

John wist al geruime tijd dat de eerst verhuizing van het ene naar het andere huis één van de meest indrukwekkende gebeurtenissen in een kinderleven is. Hij wist dat het van generlei betekenis was of het nieuwe huis nu mooier of fijner is dan het oude huis. Hij wist ook dat het niet uitmaakte of je naar een andere stad verhuisde of dat je binnen dezelfde stad bleef.

Kinderen hebben vaak veel moeite met veranderingen, want die kunnen op hen behoorlijk beangstigend overkomen. Verhuizen betekent automatisch verandering in alles wat vertrouwd en veilig voelt voor een kind. En raad eens wie er nog meer door beïnvloed worden? Waarschijnlijk zeg je de ouders, en dat klopt inderdaad ook.

Echter veelal betekent een verhuizing ook nog iets anders. Bijvoorbeeld dat er meer geld is om naar een grotere woning te verhuizen. Dat zijn positieve dingen. Echter ongeacht de grootte of staat van dit huis, geldt dat kinderen gewend zijn aan de oude plek. Ze kennen dit huis en het lijkt hen te kennen. Ze kennen elk hoekje en gaatje, want het is hun huis. De opwinding van verhuizen naar een nieuwe plek gaat gepaard met het verdriet van het verlaten van de oude vertrouwde plek. Zelfs als ze het niet leuk vonden waar ze woonden, dan kennen ze het alsnog als oud en vertrouwd. Deze mix van positieve en negatieve gevoelens maakt duidelijk wat we bedoelen met de uitspraak "conflicterende gevoelens."

Soms is het zelfs omgekeerd en verhuizen ze van een grote woning naar een kleiner huis. Dergelijke verhuizingen betekenen niet alleen een verandering van vertrouwde omgeving, het voegt er

*ook nog eens een mogelijk negatief gevoel aan toe
samenhangend met eventuele financiële problemen.
Dat zal dan ook de ouders beïnvloeden en dit zal in
hun gedragingen naar de kinderen doorwerken.
Kinderen hebben haarfijn door wat de betekenis is
van wat ze horen aan argumenten over geld. Of ze
hebben een neus voor de non-verbale boodschappen
die tussen beide ouders worden gewisseld. Zo weten
ze dat er iets niet helemaal goed gaat.*

Het is belangrijk te weten dat elke grote verandering emotionele energie in zowel ouders als kinderen opwekt.

*Cole was opgewonden over het feit dat hij
een huis met een tuin en een zwembad kreeg. Hij
was ook blij dat hij een grotere kamer kreeg. En
tegelijkertijd was hij verdrietig omdat hij wegging
bij vriendjes die hij op school en in de buurt had
gemaakt. John wist dat het een geweldige kans was
om Cole te leren omgaan met deze verwarrende
gevoelens, die er hoe dan ook bij kwamen kijken.*

*John nam zijn familie mee op een emotionele
rondleiding door hun appartement. Ze praten met
elkaar over de dingen die ze in elke ruimte hadden
meegemaakt. Cole kwam vrij snel in de stemming en
deed volop mee. Ze spraken over zowel plezierige
als pijnlijke dingen die ze hadden meegemaakt. Ze
bedankten elke ruimte dat ze hun een veilige en
beschermde omgeving hadden geboden in zowel
heet als koud weer. Ze stonden stil bij belangrijke
momenten, zoals het wisselen van de eerste tand*

van Cole, en het leren schrijven van zijn eigen naam. En zodra ze klaar waren en vertrokken vanuit een ruimte zeiden ze "dankjewel" en "vaarwel".

Door dit zo te doen profiteerden ze er allemaal van, niet uitsluitend Cole. Ook John en Jess hadden zo de gelegenheid te baat genomen om veel herinneringen langs te laten komen, zowel goede als slechte. Dit proces was voor hun alle drie dus helend en helpend. Op de verhuisdag, zwaaide Cole met tranen in de ogen vaarwel naar hun oude woning. Het enige huis dat hij tot nu toe had gekend. Cole paste zich snel aan in zijn nieuwe huis. Het voltooien van zijn relatie met het oude appartement, heeft daar zeker bij beholpen. Zo ontstond er ruimte om een nieuwe relatie met het nieuwe huis op te bouwen. John en Jess halen nog regelmatig fijne herinneringen op aan hun oude appartement, waarin Cole in zijn jonge jaren heeft gewoond. En ze hebben op dat fundament van fantastische herinneringen kunnen voortbouwen in hun nieuwe huis.

Binnenkort gaat Cole studeren. Ongeacht of zijn kamer er nog zal zijn voor feestdagen en vakanties, heeft hij zich voorgenomen hetzelfde ritueel te herhalen dat ze 13 jaar geleden deden in het oude appartement. Omdat hij zich realiseert dat zijn dagdagelijkse doen enorm zal veranderen door deze verhuizing. John en Jess zullen dit samen met Cole doen, en herinneringen ophalen aan de afgelopen 13 jaar dat ze hier samen gewoond hebben. Hij zal de komende jaren veelal op de campus van het college doorbrengen. Daar zal hij nieuwe vertrouwde daarbij passende patronen en gedragingen gaan ontwikkelen. En vanzelfsprekend zal Cole over vier jaar weer een vergelijkbaar afscheidsritueel doen. We raden ieder van u lezers dit aan, ook al lijkt het misschien gek om het te doen.

We raden dit ten zeerste aan – zelfs wanneer u het een beetje vreemd vindt - als u gaat verhuizen. Doe dan dezelfde stappen die in John's verhaal hierboven staan, ook als je geen kinderen hebt. Het allerbelangrijkste is om dit markeringsmoment met iemand te delen. Zoals ook John, Jess en Cole dit samen deden, kan ieder voor zich de eigen herinneringen ophalen in elke ruimte van de woning. Zelfs als je ergens alleen hebt gewoond, zorg dan dat je dit samen met een vriend of vriendin kunt doen. Zodat deze gewoonweg luistert en hoort welke herinneringen je hardop uitspreekt en hoe je vaarwel zegt.

We kennen ontelbare voorbeelden van negatieve impact op volwassenen en kinderen, die niet op gepaste wijze de relatie hebben voltooid met zoiets belangrijks als hun huis. Dit simpele voorbeeld van een werkwijze helpt om de overstap naar een nieuwe woning soepel te laten verlopen.

Een van de bijvangsten van deze acties is dat je mogelijkerwijs ontdekt dat je nog wat onvoltooide emotionele communicatie hebt te uiten richting personen of relaties in het verleden. Je kunt

de acties die je geleerd hebt vanuit dit boek
terugwerkend toepassen en je nieuwe ontdekkingen
alsnog verwerken.

**Ook al lijkt het een vreemde oefening, we
kunnen je niet genoeg op het hart drukken hoe
belangrijk dit is. Dus doe het gewoon.**

DIVERSE TIPS

**Hoeveel ingangen en trefwoorden opnemen in je
verliesgrafiek, relatiegrafiek en voltooiing brief?**
Vaak krijgen we de vraag hoeveel ingangen
er in de verliesgrafiek en relatiegrafiek tenminste
opgenomen dienen te worden. Omdat mensen
allemaal anders zijn, kunnen we daar niet een exact
antwoord op geven. Een verschil alleen al is de
persoonlijke stijl van iemand. John heeft de neiging
zowel bij het schrijven als spreken weinig woorden
te gebruiken. Russell daarentegen is juist weer
breedsprakig. Als je hun verliesgrafieken vergelijkt
in dit boek, zie je duidelijk dat verschil. John
gebruikt negen ingangen in zijn verliesgrafiek,
terwijl Russell er 13 hanteerde. John heeft acht
ingangen in zijn relatiegrafiek met zijn broer, en
Russell had er 12 in relatie tot zijn ex-vrouw.
Realiseer je dat dit slechts voorbeelden zijn, die je
inzicht geven in de techniek.

Het zijn ook niet de originele volledige weergave van hun werk. Deze voorbeelden geven wel weer hoe de stijl tussen John en Russell verschilt.

Er is geen vastomlijnde of duidelijke regel voor het aantal ingangen die je kunt hanteren. Waar het om gaat is dat je zorgvuldigheid betracht. Daarbij is de hoeveelheid absoluut niet leidend. We kennen daarentegen ook voorbeelden van mensen die teveel ingangen op hun verliesgrafiek en relatiegrafiek hebben opgenomen, waardoor ze de werking teniet deden. Ze vervielen in herhaling door voorvallen van vergelijkbare strekking op te gaan sommen. Daarmee zeggen we niet dat er geen buitensporige hoeveelheid verlieservaringen kunnen zijn opgetreden tot een scheiding of sterfgeval de relatie verbrak. Een oplossing kan bijvoorbeeld zijn dat je overledenen, waarmee je een relatie onderhield, bundelt. Zonder een oordeel hierover te geven stellen we voor dat het overlijden van je tweede neef, die je slechts zelden zag, niet een prominente plek krijgt in je verliesgrafiek.

Ten aanzien van het aantal ingangen in je verliesgrafiek geven we als richtlijn mee dat deze tussen de 6 en 20 ingangen bevat. Van de duizenden verliesgrafieken, die we hebben gezien, is het gemiddelde zo ongeveer 15 ingangen. Mocht je hier ver bovenuit komen dan kan het zijn dat je in herhaling vervalt. Kijk dan goed of er vergelijkbare voorvallen tussen zitten, die je kunt bundelen. Of wees kritisch op de personen waarmee je slechts korte tijd en minder diepgaand contact had.

De relatiegrafiek zou zo tussen de 5 en 15 ingangen, zowel boven als onder de lijn, kunnen krijgen. Afhankelijk van de mate waarin de relatie overwegend positief of negatief was, kan het zijn dat de focus naar één van beiden doorslaat. Mocht je een grote hoeveelheid ingangen aan beide kanten hebben, kijk ook dan weer kritisch naar eventuele herhalingen van vergelijkbare gebeurtenissen. Het is niet nodig deze allemaal als herhaling op te nemen. Het risico bestaat dan zelfs dat je blijft hangen in pijnlijke herhalende herinneringen. Ook kan het zijn dat je een irreëel positief plaatje schetst van een relatie.

Dezelfde richtlijnen kun je hanteren voor je voltooiing brief, die je vanuit je relatiegrafiek gaat schrijven.

Compassie versus ontkenning

Een cliché dat in ons taalgebruik is geslopen kan problemen geven en moeilijkheden veroorzaken bij emotionele voltooiing. We zeggen vaak: "Hij heeft zijn best gedaan." Dit veelal over iemand met wie je een slechte relatie hebt gehad. Ook al is dit vanuit rationeel opzicht misschien waar, het is in emotioneel opzicht verre van helpend. We hebben diverse mensen meegemaakt die deze opmerking aan het eind van hun voltooiing brief opnamen. Later gaven die aan niet het gevoel te hebben van de opluchting en ontlading die bij echte voltooiing optreedt. In een voltooiing brief schrijven ze dan bijvoorbeeld het volgende: "Je hebt je best gedaan met de mogelijkheden die je had." Zodra je dit schrijft wordt onbedoeld de vergeving ongedaan gemaakt. Eerder was bewust opgenomen dat bevrijding van de pijnlijke emotionele communicatie beoogd werd met de voltooiing brief. Zonder dat ze het zich realiseren verlenen ze de ander alsnog excuses voor wat hen door het slechte gedrag is aangedaan. Rationeel gezien klopt het veelal dat mensen hun best doen, want anders hadden ze wel iets anders gedaan. Het verdrietige hieraan is echter het feit dat ze met "hun best doen" een bijna vernietigend effect hadden op iemand.

De eerlijkheid gebiedt ons te zeggen dat ongeacht of onze ouders of opvoeders zelf slachtoffers waren van een vreselijke jeugd en/of vervelende gebeurtenissen meemaakten, voor ons er daardoor toch echt een vervelende ervaring is ontstaan. Het kan zijn dat ze te maken hebben gehad met alcoholisme, geestesziekten of simpelweg misbruik in welke zin dan ook. En het kan zijn dat je daarvoor compassie kunt opbrengen. Het is echter zeer waarschijnlijk dat zij de impact daarvan overbrachten op anderen of op de een of andere manier meenamen in hun leven. En het bijeffect daarvan is dat ze jou ook hebben opgescheept met wat hen ooit werd aangedaan. Puur en alleen omdat ze er zelf niet mee in het reine zijn gekomen. Ongeacht wat ze je aandeden, waarvoor je wellicht compassie voelt, het is en blijft belangrijk dit op een helpende manier te uiten. In plaats van excuses aan te bieden door te zeggen "Je hebt je best gedaan", en daarmee het ontkrachten of zelfs ontkennen van de vergeving die je eerder in je voltooiing brief hebt opgenomen, kun je bijvoorbeeld beter zeggen: "Pa ik voel compassie voor je vanwege de dingen die je overkomen zijn en gevormd hebben. " Dit kun je ongeveer aan het eind van je brief opnemen. Het dient te worden opgenomen nadat alle noodzakelijke aspecten die om vergeving vragen zijn behandeld.

Geen vragen – maak alleen je punt

Een ander risico dat ontstaat in een voltooiing brief is het opnemen van vragen. Vanzelfsprekend kunnen vragen in een voltooiing brief aan een overledene nooit beantwoord worden. We hebben meegemaakt dat mensen dingen vragen zoals: "Pa, waarom heb je niet beter voor jezelf gezorgd?" Het stellen van vragen die onbeantwoord zullen blijven, dat geldt zelfs voor retorische vragen, betekent helaas dat je onvoltooid achterblijft.

De bedoeling van dit werk is emotionele voltooiing en daarmee herstellen van verlieservaringen. Daarom willen we voorkomen dat je dit teniet doet door achter te blijven met onbeantwoorde vragen! Het is zonneklaar dat overledenen je vragen niet meer kunnen beantwoorden. Echter zelfs wanneer iemand nog in leven is raden we je ook aan om vragen te vermijden in je voltooiing brief. We herinneren je eraan dat het delen van je voltooiing brief met een nog in leven zijnde persoon nadelige bijeffecten kan hebben. Veelal is iemand in het geval van vergeving geneigd om zich te gaan verklaren of verdedigen, wat geen recht doet aan de oprechte beleving die je te uiten hebt. Dit roept vergeving nou eenmaal op. Daarom doe je dit werk bij voorkeur indirect via iemand anders. Daarom is het belangrijk geen vragen op te nemen, want de persoon die het betreft zal die nooit te horen krijgen. Dat betekent niet dat je de vragen niet alsnog persoonlijk aan hen kunt stellen. Die keus is aan jou. Neem gewoonweg geen vragen op in je voltooiing brief.

Gebruik PS-briefjes voor aanvulleningen op je voltooiing

Het kan zijn dat er na het werken met je relatiegrafiek en voltooiing brief van bijvoorbeeld je ouders en/of anderen die je leven hebben beïnvloed er nog steeds een gevoel van onvoltooidheid resteert. Indien dit zo is, doe dan aanvullend werk op de specifieke aspecten van de relatie die daaraan hebben bijgedragen. Het kan zijn dat je later inzicht krijgt dat er toch nog sprake is van verlies van vertrouwen, veiligheid, normaliteit ten aanzien van bijvoorbeeld je jeugdjaren. Je kunt dan een mini grafiek maken en een PS-brief die specifiek op die situatie of gebeurtenis ingaat, zodat je ook ten aanzien van deze voorvallen tot voltooiing kunt komen.

Er staan specifieke richtlijnen voor PS-briefjes op pagina 250-253 onder het kopje, *Wat te doen met nieuwe ontdekkingen? Coles verhaal van het raam.* John richtte een PS-brief aan zijn vader, waaruit blijkt dat je niet alles helemaal over hoeft te doen. Het gaat er juist om de specifieke situatie die later opspeelde te voltooien. Dat is de essentie.

Nadat je je mini grafiek hebt gemaakt en de PS-voltooiing brief hebt geschreven is het belangrijk ook deze weer voor te lezen aan iemand die voor jou veilig en vertrouwd voelt, die als luisteraar kan fungeren. Gebruik de instructies voor de voorlezer en luisteraar.

AFSLUITENDE WOORDEN

Herstellen van rouw of verlies wordt bereikt via een aantal kleine en correcte keuzes en acties. Deze worden bewust gemaakt door degene die een verlies ervaart. Het doet ons goed, en het steekt veel mensen ook een hart onder de riem, dat we de mogelijkheid te baat hebben genomen deze versie van het handboek uit te breiden. In deze uitgebreide 20-jarige jubileum editie hebben we aanvullende richtlijnen opgenomen, die helpen om de actiestappen zo goed mogelijk te doen.

We weten zeker dat de vele mensen die dit nog gaan lezen er plezier en profijt van zullen hebben. Echter we weten ook dat velen niet echt de actiestappen naar herstel zullen zetten. We vinden het een eer dat u dit boek met waardering hebt gelezen. Het zou ons heel blij maken als u ook echt

daadwerkelijk de actiestappen doet, met of zonder
gesprekspartner. Denk alstublieft niet dat de
ervaring van voltooiing vanzelf wel komt na het
lezen van alleen dit boek. Voltooiing is het resultaat
van actiestappen.

Zoals altijd laten we u weten dat u onze
volledige steun en ons respect verdient voor de
getoonde moed en de bereidheid om zover te gaan.

John W. James en Russell Friedman

Diensten en programma's van The Grief Recovery Institute

The Grief Recovery Institute en duizenden partners bieden diverse programma's aan voor mensen die zich beter willen verhouden tot hun verlieservaringen. Gecertificeerde Grief Recovery specialisten faciliteren hierin, zowel in Amerika en Canada, en inmiddels ook wereldwijd.

The Grief Recovery Institute biedt uitreikende hulpprogramma's, die speciaal zijn ontwikkeld om mensen in rouw te ondersteunen en te begeleiden bij het verwerken van en zich te verhouden tot de pijn veroorzaakt door verlieservaringen. Deze hulpprogramma's zijn ideaal voor mensen die moeite hebben om een gesprekspartner te vinden om het werk en de actiestappen zoals omschreven in dit boek te doen.

Gecertificeerde en geautoriseerde Grief Recovery Specialisten, die u kunt vinden op de website van de Grief Recovery Institute, kunnen u begeleiding bieden. U hebt dan de garantie dat deze begeleider direct met ons in contact staat en het speciaal ontworpen programma hanteert. The Grief Recovery Institute verzorgt hun training om het certificaat te halen.

Daarnaast verzorgt en ontwerpt The Grief Recovery Institute intensieve seminars en workshops voor mensen in rouw en regelt sprekers voor een diversiteit aan organisaties.

Voor informatie over onze programma's
kunt u contact opnemen met:

In de Verenigde Staten:

Grief Recovery Institute

132 SW Crowell Way, Suite 100

Bend, OR 97702

(800) 334-7606

We raden u ook aan om eens een kijkje te nemen op onze website. Daar kunt u ook de in Nederland gevestigde Grief Recovery Specialisten vinden:

www.griefrecoverymethod.com

Je kunt ons ook per email bereiken, via:
info@griefrecoverymethod.com

Dankwoorden

Van John:

Na 30 jaar zijn er teveel mensen om
individueel te bedanken. Er zijn echter een aantal
die ik niet onvermeld kan en wil laten. Ik noem
persoonlijk: Tommy Atkinson, Dan Brittinger, Don
Borgwardt, Duane Chambers en Steve en Terry
Houston. Zei verdienen een specifieke vermelding,
omdat ik ze persoonlijk bijzonder dankbaar ben
voor hun inzet. Zeker in de eerste beginjaren,
waarin de methode gelanceerd werd. Daarnaast wil
ik Frank Cherry, de eerste partner bij de start,
persoonlijk bedanken.

Deze herziene editie heeft weer een eigen
lijst van mensen die hebben bijgedragen en dank
daarvoor verdienen. Het zijn: Jonathan Diamond,
onze agent, en Trena Keating, onze bijzonder
vaardige uitgever en prettige prater aan de telefoon
bij Harper en Collins.

Ik spreek speciale dank uit richting mijn
huidige zakenpartner en vriend Russell. Hij is de
vrijwilliger die nooit meer is weggegaan. Nu zijn
wij partners in het uitdragen van de missie. We
delen lief en leed en krijgen het voor elkaar om met
onze boodschap mensen te bereiken, die deze
boodschap het meest nodig hebben.

Ik wil mijn beide kinderen bedanken.
Allison was twee jaar toen ik de laatste keer een
dankwoord aan haar schreef. Gedurende de
afgelopen decennia heb ik mijn ogen ervoor
gesloten dat de tijd vliegt. Toen ik ze weer opende,
was ze een geweldige en prachtige vrouw
geworden. In de beginfase was mijn zoon Cole nog
maar zes jaar.

Op een zeker moment vroeg een interviewer
hem of hij wist wat zijn vader deed. Hij dacht daar
even over na en zei toen: "Papa helpt mensen die
verdrietig zijn". Hij had toen al gelijk en dat geldt
nog steeds. Hij is nu een volwassen kerel en een
boom van een vent van maar liefst 85 kilo. Ik heb er
geen woorden voor om uit te drukken hoeveel ik
van ze houd.

Ik voel me vereerd dat 10-duizenden mensen
in rouw hun pijn, hoop en dromen met me deelden.
Daarom wil ik, omdat ik er behoefte aan heb hun op
een of andere manier te bedanken dat ook hier op
deze wijze doen. Zonder hun eerlijke en openhartige
samenwerking in seminars was er nooit een Grief
Recovery Institute ontstaan, dat zo succesvol is in
het bereiken van zoveel mensen die pijnlijke
ervaringen willen verwerken.

Hoe kan ik ooit mijn vrouw Jess Walton
bedanken? Nadat mijn zoon overleed, dacht ik dat
ik de zon nooit zou kunnen zien schijnen. Net als
zoveel anderen lachte ik aan de buitenkant, terwijl
ik leed aan de binnenkant. Toen kwam Jess in mijn
leven. Ze is mijn steun en toeverlaat geweest in al

deze jaren. Ze heeft met veel plezier in de
pioniersfase meegewerkt en haar steentje
bijgedragen. Ze heeft doorstaan dat ik veel op reis
was, lange dagen maakte en al die huilende mensen
in ons huis liet ze gewoonweg toe. Ze gaat zelfs
naar spelavonden om geld te winnen voor haar
favoriete schenkingsdoel, The Grief Recovery
Institute. En dat is zeker bijzonder als er weer eens
een achterstallige telefoonrekening in haar blikveld
komt, die ik buiten haar beeld had proberen te
houden. Gedurende deze hectische periode, bleef ze
haar eigen werk doen als actrice. Ze wordt alom
geprezen door fans en collega's. Er staan zelfs
Emmy Awards op de schoorsteenmantel. Ze is een
schitterend mens en heeft geweldig beroep, terwijl
er niks schitterends is aan wat ik doe. Ik weet zeker
dat ze weet en begrijpt dat ik van haar houd en haar
waardeer, en toch wil ik het hier alsnog een keer
benoemen. Zo maak ik expliciet hoe erkentelijk ik
haar ben voor alles en dat ik van haar houd.

-    *John W. James*

Van Russell:

Vrienden en bekenden, die weten wat ik doe, vragen me steeds weer of wat ik doe niet enorm veel energie van me vraagt. Mijn vraag is stelselmatig: "Wat ik doe geeft me emotionele energie." Er zijn weinig dingen waarvan ik me voor kan stellen dat ik er met hart en ziel zo vol van zou zijn. Telkens als ik iemand in rouw begeleid, voelen zij zich daarna beter. En dat doet mij ook goed.

De principes en de actiestappen van The Grief Recovery Method hebben mijn leven fundamenteel veranderd en verrijkt. Nooit was ik gelukkiger dan nu. En als ik verdrietig ben, dan ben ik ook echt verdrietig. Wat ik tegenwoordig voel is gewoonweg puur en goed. Het leven is niet langer een lijdensweg, die ik worstelend ga, of iets wat ik maar te verdragen heb. Mijn speciale dank en liefde gaat uit naar:

Mijn moeder - ik mis je
Mijn vader - mijn vriend
Mijn levenspartner, Alice
Mijn zakenpartner en vriend, John W. James
Mijn dochter, Kelly
Mijn vriendin, Claudia
Mijn nichtje Gabi, en haar moeder, Liza
Mijn geweldige tweelingzussen, Margie en Patti
Mijn fantastische kleine broer, Ken
Mijn twee liefdevolle ex-vrouwen, Vivienne en Jeanne

Mijn persoonlijke steun en toeverlaat, Victor
Mijn golfmaatjes, Laurie, Willie, Frank en
Ken, die mijn wisselende
gemoedstoestanden net als mijn wisselende
golfprestaties steeds hebben doorstaan
En vanzelfsprekend nog vele anderen,
speciaal Kathleen en Deb
In november 2013 werd een hele speciale
dame geboren, namelijk mijn kleindochter,
Zoey Marie Yarmy. Ze geeft mijn leven
kleur en vervult mijn hart met veel vreugde,
ik heb er gewoonweg geen woorden voor.
Waarschijnljik hebben alle grootouders
ditzelfde gevoel. "Zoey – dankjewel voor
alle liefde en vreugde die je in mijn leven
brengt. Ik houd van je, je grootvader!"

-   *Russell Friedman*